高速公路收费管理标准

肖跃文　叶强筠　主审
汪　勇　主编

人民交通出版社

内 容 提 要

《高速公路收费管理标准》是湖北楚天高速公路股份有限公司结合当前高速公路飞速发展的格局、湖北省内高速公路运营管理现状和公司实际情况编写的国内首个企业级高速公路收费管理标准。全书对高速公路收费管理全过程中的每个环节进行了详细阐述，注重理论与实践的结合，分析与操作并重，具有很强的系统性、实用性和可操作性。

本书适合于从事高速公路运营管理的管理者和从业人员参考使用。

图书在版编目(CIP)数据

高速公路收费管理标准 / 汪勇主编. — 北京：人民交通出版社，2014.2

ISBN 978-7-114-11155-6

Ⅰ.①高… Ⅱ.①汪… Ⅲ.①高速公路－公路费用－征收－管理－标准－中国 Ⅳ.①F542.5－65

中国版本图书馆 CIP 数据核字(2014)第 017169 号

书　　名：高速公路收费管理标准
著 作 者：汪　勇
责任编辑：夏　韡
出版发行：人民交通出版社
地　　址：(100011)北京市朝阳区安定门外外馆斜街 3 号
网　　址：http://www.ccpress.com.cn
销售电话：(010)59757973
总 经 销：人民交通出版社发行部
经　　销：各地新华书店
印　　刷：北京市密东印刷有限公司
开　　本：880×1230　1/16
印　　张：15.5
字　　数：378 千
版　　次：2014 年 2 月　第 1 版
印　　次：2014 年 2 月　第 1 次印刷
书　　号：ISBN 978-7-114-11155-6
定　　价：60.00 元
(有印刷、装订质量问题的图书由本社负责调换)

前　言

弹指一挥间,改革开放三十余年来,中国经济以迅猛的势头蓬勃发展,综合国力显著提高。国运兴则交通兴,高速公路发展也踏上了疾行奋进的辉煌历史征程,截至2012年底,我国高速公路总里程突破9万km大关。随着通车里程的不断增长和人民群众出行服务需求的不断提高,如何充分发挥高速公路的经济效益和社会效益,对内实行规范高效的科学管理,对外树立文明优质的服务形象,实现"收好费、服好务、带好队"的总体目标,成为广大高速公路收费运营工作者探索和努力的目标。

楚天高速,神韵通途。湖北楚天高速公路股份有限公司既是湖北省内唯一一家高速公路上市企业,也是资产规模最大的省属国有企业湖北省交通投资有限公司旗下的核心子公司,肩负着汉宜高速、大随高速、黄咸高速三条干线公路的管理重任,是湖北公路板块企业中集"融资、投资、建设、管理、服务、运营"六位于一体的旗舰企业。楚天高速自成立以来,始终将收费运营视为企业运作的重心,在提升管理服务品质上的付出与努力从未间断。经过十年历练,十年经营,培育了一批优秀的收费管理人才,积累了许多宝贵经验,也形成了一些行之有效的工作机制和管理制度。

近年来,随着湖北省交通基础设施投融资改革不断向纵深推进,楚天高速也迎来了新一轮的发展机遇,资产规模迅速扩大,项目建设进展顺利,如何切实做好新建高速公路开通后的收费运营,确保"管理不松、水平不降",是楚天高速全体收费工作者所面临的重大挑战。为建立起标准化的管理体系,对收费管理实践形成有力指导,楚天高速充分顺应未来形势发展需要,按照湖北省交通投资有限公司的部署开展了收费管理标准编撰工作。公司于2012年4月成立了由12人组成的编撰小组,8月完成标准的初步编撰工作,8月底组织专家对全书进行评审,2013年3月又组织小组成员对全书进行再次修编。这本《高速公路收费管理标准》,参照标准的编写格式,对收费管理所涉及到的知识体系进行了系统的归纳与总结,对收费常用的名词术语进行了定义,在解决收费管理是什么、要做什么以及如何去做、怎么做好的问题上进行了深入的探讨,向读者呈现了高速公路收费管理的全貌,形成了系统完整的湖北楚天高速公路股份有限公司的标准化收费管理模式。在编写过程中,我们还注重紧密联系实际,紧扣管理实践中的关键环节,并附以大量翔实直观的图表,更好地发挥指导效用。

对高速公路实施标准化收费管理,是"开辟通途、永无止境"楚天精神的具体体现,是稳定收费管理品质、提高管理效率、推广管理经验的重要手段,更是探索新形势下实现收费管理科学发展的必由之路。

全书共分15个章节,分别为机构设置、岗位设置、制度建设、设施配置、服务管理、现场管理、监控管理、稽查管理、IC卡管理、票据管理、现金管理、报表管理、机电管理、安全应急、综合考核,是专门针对高速公路收费管理各个环节所制定的详细标准,进一步明确了收费管理的组织机构形式及职能，规定了主要岗位的名称、职责、任职条件和日常工作要点，从有利于后续运营的角度出发，提出了建设阶段收费设施的规划和设计要求，确定了收费管理各项流程的内容、要求和责任，建立了针对性较强的收费考核体系，对考核方式与内容都进行了详细的要求。本书是楚天高速在收费管理上多年求索经验的凝练与总结，一些经实践检验过的优秀工作做法得到固化和推广，有着较强的系统性、实用性和可操作性，可供从事高速公路收费工作人员参考和借鉴。

本书的主编工作由楚天高管人员肖跃文、叶强筠、汪勇等负责。编撰工作分工为：第1、2、4、8、15章由宋晓峰编写，第3章由王艳梅编写，第5章由徐严姣编写，第6、11章由黄袁新、张小莉编写，第7章由张振武编写，第9、10章由倪红编写，第12章由陈牧编写，第13章由许阳编写，第14章由杜彬编写，宋晓峰负责统稿。修编工作分工为：第1、2、3、4、14、15章由杜彬修编，第5章由王艳梅修编，第6、9章由黄袁新修编，第7章由张振武修编，第10、11章由张小莉修编，第12章由陈牧修编，第13章由许阳修编，全书修编核稿由杜彬负责。

高速公路发展多年来，建设、养护管理拥有齐全的规范文件和资料，但在收费运营上，没有成型和系统的具体标准和规范可供借鉴和参考，本书在内容和编撰思路方面在国内都是一次先行尝试，加之由于编者水平有限，书中缺点和差错在所难免，敬请广大读者和同行批评指正，我们非常愿意与广大同行携手促进我国高速公路收费运营管理水平再上新台阶。

编撰成书过程中，我们得到了来自湖北省交通投资有限公司、湖北省高速公路管理局以及其他路网兄弟单位多名业内专家的鼎力支持和指导，在此表示衷心的感谢！

编者

2013年11月

目　录

绪　论

一、高速公路收费管理的概念

高速公路收费管理是高速公路运营企业对收取车辆通行费活动进行计划、组织、领导、控制以实现收费目标的过程。

收取车辆通行费的活动主要指收费政策执行、收费标准测定、收费机构设置、收费设施配置、收费业务开展、收费秩序保障等。

收费管理的主要任务是指严格按照国家法律、法规、政策的规定，科学有序地开展收费工作，在为高速公路使用者提供安全、便捷服务的前提下收取车辆通行费，为高速公路管理企业赢取社会效益和经济效益。

二、高速公路收费管理的原则

收费管理的过程，既是国家法律、法规和政策意志的执行，又是高速公路公益性与经营性的双重体现，应遵循以下原则：

(1)依法收费原则。高速公路运营企业必须依据国家对于收取车辆通行费的有关规定，建立管理机构，健全规章制度，严格依照规定开展收费管理工作，维护好高速公路使用者和经营者的合法权益。

(2)诚信服务原则。营建整洁、舒适、畅通的缴费环境，按照诚信服务要求，公示收费依据、收费标准和服务承诺，提高工作效率，加强服务礼仪，热情、周到地满足驾乘人员的合理服务要求，充分体现高速公路的公益性这一基本属性。

(3)讲求效益原则。采取有力措施，加强管控力度，构建和谐、稳定的收费秩序，为收取车辆通行费做好保障，以实现高速公路正常的运营和养护，维护好运营企业的经济效益。

(4)标准管理原则。努力提高各收费管理机构的运转与协作水平，建立起系统的工作标准，统一收费政策的执行尺度，统一收费业务工作的规范要求，加强日常的检查与考核，确保各部门的相互协调和有机整合，实现标准化、规范化管理。

三、高速公路收费管理的基本职能

高速公路收费管理应具备以下基本职能：

(1)计划职能。计划是指对外部、内部的环境进行分析，评估环境因素对自身的影响，权衡运营企业的实际情况和发展需要，确定未来一定时期内的目标，对目标进行科学分解，编制可行的执行方案予以实施，根据实施的情况及时调整。高速公路收费管理的计划职能在于指明努力方向，提高管理效率，促使收费管理人员积极思考、应对变化。具体包括制订、分解和下达通行费计划目标，确定阶段性目标和具体措施的方案，制定管理制度作为工作规则等。

（2）组织职能。收费的组织工作是对实现收费管理目标所必需的资源和要素加以分类和归并，结合运营企业的具体情况，设计科学的收费组织结构，确定合理的收费管理幅度、层次和职权关系，实现组织机构分工合作、协调运转的过程。具体包括设置运营管理部、收费监控管理中心、收费管理所等收费管理机构，明确职能，在各机构设立相应的工作岗位并负责职能的履行。

（3）领导职能。领导是收费管理人员运用组织赋予的权力，凭借自身管理能力，营建组织文化，通过指挥、指导、激励等手段，对员工的思想和行为产生正面影响，使其为实现收费管理目标而积极努力的过程。开展收费业务培训、组织收费比武竞赛、对优秀员工进行表彰、加强企业文化建设等都是领导职能的体现。

（4）服务职能。服务是指高速公路运营企业向所有高速公路使用者提供合法的便利与帮助，以促进国民经济的发展，实现社会公众的安全便捷出行。其职能具体主要包括通行服务、收费服务、执法服务、信息服务、救援服务、配套服务等。

（5）控制职能。即加强监督和防控，根据既定的标准对工作的开展情况进行衡量，对可能产生的偏差进行预测并采取有效预防措施，对发现的问题及时分析原因并予以纠正，保证收费管理按照既定的计划、部署有效实施。收费日常管理中的稽核、班审、日审，以及收费管理月度抽查、季度目标责任制检查都属于控制职能的范畴。

（6）协调职能。协调是收费管理人员从实现总体目标出发，依据正确的政策、原则和工作计划，运用恰当的方式方法，及时排除各种障碍，理顺各方面关系，促进收费管理机构正常运转和工作平衡发展的一种管理职能。

（7）创新职能。收费管理是处在动态的环境之中的，需要不断对管理活动的目标、内容进行创新，以适应环境的变化。创新职能总是在与其他职能的结合中表现其存在，通过服务措施创新不断提升高速公路使用者的满意度，提升高速公路使用者自觉交费的认知程度；加强管理制度创新，调整和优化管理方法，通过协调、运转，不断提高高速公路收费管理效率，建全创新管理职能机制，对高速公路运营企业的持续发展是非常必要的。

四、实施标准化收费管理的意义

标准化收费管理的涵义是：为使收费管理达到最佳秩序和效益，针对实际或潜在的问题，制定普遍认同的和可重复使用的规则，并发布和实施的过程。

1. 实施标准化收费管理的背景

（1）履行社会责任已成为高速公路行业的重要使命。随着社会的发展，社会公众的需求日益增长，高速公路的服务内涵不断丰富和延伸，在提供安全、舒适、便捷的通行服务的同时，完善的配套服务、全面的信息服务、温馨的窗口服务都成为收费管理新的课题，制定一套管理标准对服务行为进行统一要求和规范，以满足社会公众的服务需求，显得非常迫切和重要。

（2）高速公路行业进入建管并重的发展阶段。经过一段时期的蓬勃发展，高速公路由大规模建设为主逐步进入项目建设与运营管理并重的阶段，已形成联网收费网络并趋于完善。但就收费管理而言，由于管理主体多元、从业人员众多，目前存在着服务质量不平衡、政策尺度不一的现象，影响了行业管理的整体利益，亟需以标准化管理为切入点，形成完善的从业准则，对各管理单位的收费行为加以规范和促进。

2. 实施标准化收费管理，对于提升管理的整体品质和增强员工的专业化水平，有着重要的积极作用

（1）有利于稳定管理品质。在收费管理各个机构、各个岗位实行标准化，对机构、人员的责任和权限加以明确，对所涉及的技术规范、工作准则、管理要求进行统一，督促所有的员工共同严格遵循标准，形成全面衡量管理品质的标尺，将衡量绩效的基准上升到较高水平，使收费管理的品质稳定化，效应整体化，避免在不同的站所、不同的岗位，管理的品质出现不均衡的状况。

（2）有利于提高管理效率。实施标准化收费管理，将管理制度体系化，将管理标准系统化，既为技术储备和培训教育提供了参考，也使得管理者、一线员工都能在掌握和执行收费管理标准的基础上，对照自身的岗位实际，掌握工作重点和要求，减少工作偏差，并且能根据标准，准确查找管理中存在的问题并研究相应的解决办法，有效提高工作效率。

（3）有利于推广管理经验。制定收费管理标准的过程，就是汲取行业管理先进经验和总结公司过往经验的过程，也是收集全体收费工作人员合理化建议的过程。标准的制定，直接为收费各项业务的开展提供了必须共同遵循且能重复使用的准则，有着较好的适用性和指导性。在企业的发展和扩张过程中，将包含机构设置标准、岗位职责标准、业务管理标准、考核管理标准等涉及收费管理方方面面的标准体系合理的复制、移植，能有效缩小不同单位之间的管理差距，为新单位的运营打下牢固基础和提供健全的管理体系。

3. 收费管理标准的制定工作要充分考虑的因素

（1）能衡量。标准应内容明确、条理清晰，对如何进行管理质量评价有着量化的指标，能够作为标尺在日常工作中发挥衡量的作用。

（2）可执行。标准应从收费管理的实际出发，深入到工作中的具体环节，让员工愿意且能通过努力，很好地执行标准。

（3）易推广。应注意总结标准实施过程中的经验和问题，持续地对标准进行完善，使得标准有更好的适用性和推广价值。

第1章 机构设置

1.1 总则

1.1.1 目的

明确高速公路运营企业收费管理的总体架构,界定各级收费管理机构的职权范围。

1.1.2 适用范围

高速公路运营企业按本标准严格执行,各子公司、委管路段应参照执行。

1.1.3 编制依据

(1)《关于湖北楚天高速公路股份有限公司机构设置及人员编制的批复》。

(2)《湖北省高速公路联网收费管理办法》(试行)。

(3)《楚天公司收费管理办法》(2013年修订稿)。

1.2 收费管理机构设置

高速公路运营企业设立运营管理部、收费监控管理中心、各管理所作为专门负责收费管理的管理机构。

收费管理机构一般实行二级管理。运营管理部作为一级单位,主要负责收费工作的部署和督办;收费监控管理中心是二级单位中协助运营管理部实施收费管理的机构,负责收费信息、监控稽查和机电管理;管理所是设立在收费站的二级管理机构,负责收费业务的具体开展和实施。

各机构的人员编制均由上级主管部门核定。

1.3 职权范围

1.3.1 运营管理部

(1)负责宣传、贯彻、执行国家和地方有关高速公路收费的法律、规章、制度,结合企业实际制定具体的管理制度和规定,并做好组织实施和检查考核。

(2)负责编制、分解、下达通行费收入计划,指导和监督收费任务的完成。

(3)负责公司及各收费站收费许可证的办理、审核和更换工作。

(4)负责组织公司所辖路段收费标准的申报、调整和实施工作。

(5)负责与联网收费管理部门的联系协调,保障公司通行费收入及时、准确清分到账。

(6)负责收费报表的编制、统计、校核、分析与存档,按要求提供各项收费数据。

(7)负责车辆通行费票据的印制、发放、核销工作。

(8)负责做好收费稽核工作的组织实施和检查,查处违章逃费行为,参与查处违纪违规行为。

(9)负责督促检查监控及机电工作,确保全程监控核收、机电系统正常运行。

(10)负责收费营销活动的策划、组织和实施。

(11)负责收费人员的业务指导、培训考核工作,提高收费人员整体素质。

(12)负责规范指导和督促检查各权属单位、委托管理高速公路的收费运营管理工作。

(13)负责收费软件系统和收费信息综合分析系统的管理、升级和协调维护工作。

(14)承办公司领导交办的其他工作。

1.3.2 收费监控管理中心

(1)负责本路段收费政策、法规的宣传、执行和落实,做好收费工作相关信息的上传下达,确保信息渠道的畅通。

(2)负责本路段联网收费机电设备的管理,做好维护和改造,及时排除故障,保障收费机电系统正常运行。

(3)负责对路段内各站所的日常收费业务进行指导和监督,及时通报有关问题。

(4)负责本路段IC卡的领用、调配、清洗、盘点,对各所的管理情况进行监督,确保IC卡的正常供应和规范使用。

(5)负责本路段通行费票据的登记、录入工作,随时掌握票据使用情况,对票据的管理情况进行监督。

(6)负责本路段各类收费报表的统计分析、装订归档等工作,按要求做好相关收费数据和信息的上报工作。

(7)负责本路段高速公路路况信息的收集、整理、发布和上报工作。

(8)负责本路段办公网络的管理和维护,确保办公网络安全稳定的使用。

(9)负责监测与公司运营管理有关的网络舆情,并及时上报。

(10)负责服务热线的受理、反馈和记录工作,并对各站所客户投诉的处置情况进行管理。

(11)负责本路段电子支付业务的管理,做好宣传和推广工作,加强对电子支付客服点的规范管理。

(12)负责本路段堵漏增收的审核和统计上报。

(13)协助公司收费主管部门开展收费稽查和考核工作。

(14)配合公司做好机电系统管理培训及收费人员业务技能培训等工作。

(15)按公司要求加强机电设备的固定资产管理。

(16)完成公司交办的其他工作。

1.3.3 管理所

(1)严格执行收费政策,落实公司各项规章制度,确保收费工作正常有序开展。

(2)严格执行公司的现金、票据、IC卡等管理规定,确保通行费的及时、足额、安全解缴。

(3)加强收费现场管理,开足道口,做好文明服务和安全保畅工作。

(4)加强安全管理,及时发现和排除安全隐患,确保人身和财产安全。

(5)加强本所的收费内外稽查工作,规范员工岗上行为,堵塞管理漏洞,对逃费车辆进行严格查处,杜绝内部经济违纪。

(6)加强与路政、养护等有关部门的协调配合,有力维护公司路产路权。

(7)加强本所内务管理,根据公司统一规定,健全各项规章制度,严格实行绩效考核,每月召开一次所务会,提升规范化管理水平。

(8)加强本所队伍建设,开展岗位练兵活动,每季度组织一次业务技能测试,培养高素质的员工队伍。

(9)加强所内环境和各类设施的管理,确保办公区、庭院、收费亭、收费广场及周边的环境整洁卫生,各类工作、生活设施齐全完好。

(10)加强精神文明建设,积极组织开展创建活动,提升收费窗口服务形象。

(11)负责地方协调工作,积极争取地方各级党委、政府和有关部门的支持,优化管理环境。

(12)完成公司交办的其他工作。

第2章　岗 位 设 置

2.1　总则

2.1.1　目的

通过科学设置收费岗位，明确岗位职责，梳理作业内容，规范上岗资质，使收费工作者对自身岗位的内容、权责有清晰的了解，提高员工与岗位的匹配度，增强收费管理的质量。

2.1.2　适用范围

高速公路运营企业按本标准严格执行，如有确需进行较大调整的情况，应结合企业实际提出详细方案，经对应职能部门批准后方可实施。

2.1.3　编制依据

(1)《湖北省高速公路联网收费管理办法》(试行)。

(2)《湖北楚天高速公路股份有限公司收费管理办法》(2013年修订稿)。

2.2　岗位设置

高速公路运营企业在管理所设有所长、副所长(分管收费工作)、综合管理员、内业管理员、收费监控员、机电维护员、收费班长、收费员、稽查员等主要岗位，负责各项工作的开展。

其中每个管理所的所长、副所长、综合管理员、内业管理员岗位人员数量均为1人；收费监控员、收费班长岗位人员数量与班组数一致；每班组的人员数量由运营管理部会同人力资源部根据收费站的流量构成、通行能力具体核定；各管理所根据自身的稽查工作开展需要来设立专职或兼职稽查员，专职稽查员数量一般不超过3人。机电维护员岗位一般不设专职，由其他岗位员工兼任。

2.2.1　所长

1)岗位职责

(1)负责对本单位的管理工作进行科学的安排和布置，积极采取有力措施完成公司下达的任务目标。

(2)负责本单位制度建设，做好日常检查考核工作，确保员工收费行为规范，杜绝违规违纪行为发生。

(3)负责本单位服务管理，营建良好的服务环境，督促员工按照要求做好文明服务，展示良好的社会形象。

(4)负责本单位员工队伍建设,加强职业道德教育,丰富企业文化活动,增强员工队伍的业务素质与能力。

(5)负责本单位安全生产、应急处置和所务管理等工作,保证人身、财产的安全,营造和谐稳定的工作环境。

(6)负责本单位的客户和投诉管理,了解周边客户需求,改进服务质量,妥善处置各类投诉事件。

(7)负责本单位的对外公共关系协调,构建良好的发展环境。

(8)配合公司职能部门完成交办的其他工作。

2)工作地点

日常工作地点为管理所,平均每天现场办公(包括收费现场和收费管理室)时间应不少于工作时间的1/3。

3)工作时间

平时为周一至周五的8:00~17:00。

节假日值班期间按照值班要求履行值班职责。

4)工作要点

(1)掌握管理所任务目标的完成情况。

(2)督促所内各岗位人员按责履职,并做好考核。

(3)每月召开所务会,处理管理所内部事务。

(4)制订计划,对工作进行布置。

(5)加强与员工的思想和感情交流,了解员工思想动态,激发员工工作热情。

(6)关注收费现场的情况,及时处理重大突发事件并上报公司相关部门。

(7)落实安全管理要求,消除安全隐患,提升队伍应急能力。

(8)与地方政府、公安等公共职能部门保持联系,加强协调。

(9)定期组织开展安全应急演练活动。

5)知识技能

(1)熟悉国家基本的法律法规。

(2)熟悉收费政策和联网收费各级规章制度,且具有一定的政策研究能力。

(3)具备较好的学习能力。

(4)具备一定的现代管理学知识和人力资源管理知识,具有较强的组织能力。

(5)具备良好的人际沟通和协调能力。

(6)具备良好的公共关系处理和应急能力。

(7)具备一定的公文书写知识,有较好的语言组织能力。

(8)有一定的演讲和表达能力。

6)个人素质

有较强的事业心和责任感,政治思想坚定,工作作风扎实,廉洁奉公,大胆管理,锐意进取,勤于思考,敢于创新。

2.2.2 副所长

1)岗位职责

(1)积极协助所长做好收费管理,对收费计划进行科学分解,采取有力措施完成目标任务。

(2)做好本单位收费形势的调查分析,及时掌握收入和流量的变化情况,制订相应的对策。

(3)协助所长做好收费日常检查考核,加强对员工业务和行为的督促。

(4)组织业务学习和培训,经常性开展岗位练兵和劳动竞赛,培养爱岗敬业、业务精湛的收费员工。

(5)协助所长做好收费稽查,对特情操作情况进行审核,及时向监控中心和公司上报稽查信息。

(6)加强收费业务指导,督促员工做好收费内业管理工作,及时妥善处理各类违章逃费行为和收费争议纠纷。

(7)负责收费现场的环境管理,督促员工做好清洁卫生,营造整洁、美观的窗口形象。

(8)做好收费一线上岗人员的安排和调配。

(9)配合所长做好所务管理及其他工作。

2)工作地点

日常工作地点为管理所,每天现场办公(包括收费现场和收费管理室)时间应不少于工作时间的1/2。

3)工作时间

平时为周一至周五的8:00~17:00。

节假日值班期间按照值班要求履行值班职责。

4)工作要点

(1)掌握管理所任务目标的完成情况,定期对收费形势进行分析。

(2)监督所内收费管理的开展情况,经常性开展内部稽查。

(3)每月召开收费管理例会,布置收费工作。

(4)密切关注收费现场的情况,对可能存在的收费漏洞进行预判和防控,对发生的收费争议及时处理、协调,重大事件及时上报。

(5)组织收费劳动竞赛活动,并抓好活动过程的绩效考核。

(6)经常性组织业务知识、收费案例的学习和培训活动,每季度组织一次业务测试。

(7)加强服务质量管理,处理客户投诉,督促窗口文明服务要求的落实。

(8)定期走访周边重要客户,了解客户的服务需求。

5)知识技能

(1)熟悉国家基本的法律法规。

(2)熟悉收费政策和联网收费各级规章制度,且具有一定的政策研究能力。

(3)具备较好的学习能力。

(4)具备良好的数据分析能力。

(5)具备一定的现代管理学知识,有较好的团队管理能力。

(6)具备一定的公文书写知识,有较好的语言组织能力。

(7)具备一定的公共关系处理和应急能力。

6)个人素质

有较强的事业心和责任感,政治思想坚定,工作作风扎实,廉洁奉公,大胆管理,锐意进取,勤于思考,敢于创新。

2.2.3 内业管理员

1)岗位职责

(1)协助所长、副所长做好日常管理、应急处置和考核等工作。

(2)负责特情操作的稽核,对异常情况做好说明和记录。

(3)负责通行费管理,确保按时、安全、足额解缴。

(4)负责备用金的管理,确保零钞的供应充足。

(5)负责IC卡的发放、回收、盘点、清洁等管理工作。做好预制卡的制作,无卡、丢失卡的索赔登记,异常卡的登记分析工作。根据通行卡每天实际发出、回收量,及时向分中心申请调配,保证本所通行卡正常供应。

(6)负责计算机打印票据、定额票据的管理,做好票据的领用、发放、核销以及使用过程中的稽核工作,随时掌握票据的使用及结存情况。做好废票的登记保存工作。

(7)负责收费报表的统计、校核、存档装订,对收费数据定期进行深入分析。

(8)负责稽查工作的具体开展,做好各类稽查信息的收集、整理和上报工作。

(9)负责收费员业绩的统计和管理工作。

(10)负责本单位员工堵漏增收情况的审核、统计、公示。

(11)负责客户投诉的具体受理,做好反馈和回访,将处理情况及时上报监控中心,并做好登记。

(12)完成上级交办的其他工作。

2)工作地点

日常工作场所为收费管理室。

3)工作时间

平时为周一至周五的8:00~17:00。

节假日值班期间按照管理所的值班要求履行值班职责。

4)每日工作要点

(1)核对日报表,对数据的异常进行分析和查证。

(2)进行班审,检查收费人员业务操作和行为规范情况,做好考核记录。

(3)核对收费信息综合分析系统中录入的收费数据、特情、稽查等信息。

(4)在图像稽查机上对免费车、货改客、闯关车、无卡、卡坏、无称重等特情进行稽核。

(5)检查通行费足额存缴和备用金零钞结余情况,将缴款记录录入到收费信息综合分析系统中。

(6)对IC卡进行盘点,掌握使用和库存情况,处理和上报异常情况。

(7)对票据使用情况进行记录,做好异常票据登记和管理。

(8)做好考勤、考核管理,公示业绩和考核结果。

5)周期工作要点

(1)每五日完成《现金缴款明细表》的编制。

(2)每周收集和整理收费管理案例,在收费信息综合分析系统中发布交流。

(3)每周到现场检查收费工作开展情况,了解近期收费政策文件和工作要求的传达落实情况。

(4)每旬对票据进行一次盘存。

(5)每月组织监控员召开内业例会。

(6)每季度组织员工进行业务测试。

(7)每月3日前,公示上月收费员工的考勤、考核情况。

(8)每月3日前,将上月收费报表、分析、“绿色通道”车辆分析报告上报运营部。

(9)每月5日前,将收费基础报表导入到收费信息综合分析系统中。

(10)每月10日前,完成上月各类报表的核对和装订。

(11)每月10日前,对上月堵漏增收数据进行核对,向监控中心提出返还申请。

(12)每年1月5日,将上年收费报表和年度分析上报运营部。

(13)每年1月15日前,完成上年各类报表的核对和装订。

6)知识技能

(1)熟悉收费政策和联网收费各级规章制度。

(2)熟悉联网收费系统收费站级、车道级分系统的各类操作。

(3)了解各类收费设备的工作原理和维护管理要求。

(4)熟练掌握收费数据产生、采集等工作原理。

(5)熟悉收费业务操作流程,发挥指导作用。

(6)能够独立完成收费业务报表的编制和数据的分析。

(7)熟练使用办公软件。

(8)熟练使用收费信息综合分析系统。

(9)具备一定的团队管理知识。

7)个人素质

有较强的尽职履责意识,能吃苦耐劳,为人正直诚实,敢于坚持原则,大胆管理,工作认真、耐心、细致,勤于钻研和创新。

8)工作经验

从事收费员岗位工作半年以上,以及3个月监控岗位工作经验。

2.2.4 监控员

1)岗位职责

(1)熟悉收费政策和联网收费规章制度,熟练掌握联网收费系统收费站级、车道级分系统的各类操作,对收费现场进行业务指导。

(2)负责对收费现场的行为规范、文明服务、道口保畅、环境卫生等情况进行监督,对违反制度规定的及时纠正,并做好考核记录和离岗登记。

(3)负责本单位所有特情操作和堵漏增收的实时监控、核查和记录,及时发现和处理各类特殊情况,遇突发事件第一时间向领导上报,并做好图像、影音资料的保存。

(4)认真落实值班要求,负责各类信息的接收、传达和督导,保障信息渠道的畅通。

(5)正确使用监控室的各种设备,保持机房卫生,随时检查设备的运行情况。设备发生故障时立即上报,并联系维护人员进行修复。

(6)负责对数据、抓拍图像的实时监视工作,随时掌握各车道的运行情况,并按要求上传各类数据、图像。

(7)负责将各收费班次的通行费收入、IC卡和票据等数据准确录入到联网收费系统中,做好班次报表的打印,准确无误地完成封账工作。

(8)负责各类数据、图像、影音资料的导出、保存、备份、查询和保密工作。

(9)协助内业管理员完成通行费、IC卡、通行费票据的管理工作。

(10)做好电话的接听,使用文明用语,对各类咨询、求助、投诉电话及时答复和处理。

(11)完成上级交办的其他工作。

2)工作地点

日常工作场所为监控室。

3)工作时间

工作班次循环运转,为全天不间断状态。

4)每日工作要点

(1)保持监控室的环境卫生。

(2)规范管理和正确操作监控系统设备。

(3)对收费员的工作情况进行监督和管控。

(4)对收费现场管理的事件进行记录。

(5)协助和指导收费员做好收费稽查工作。

(6)将车道收入、收费特情、稽查增收信息录入到收费信息综合分析系统中。

(7)对收费信息进行传达和公告,并做好交接。

(8)向上班人员发放IC卡、备用金。

(9)收缴下班人员上交的IC卡、备用金和通行费。

(10)做好信息的录入、报表的核对以及收入封账。

(11)通过信息显示屏发布服务信息。

(12)对收费机电设备的运行状况进行监控,发生异常情况时联系维护人员到场处理。

5)知识技能

(1)熟悉收费政策和联网收费各级规章制度。

(2)掌握联网收费系统收费站级、车道级分系统的各类操作。

(3)熟练使用收费监控和通信设施。

(4)掌握收费数据产生、采集等工作原理。

(5)熟悉收费业务操作流程,发挥指导作用。

(6)熟练使用办公软件。

(7)熟练使用收费信息综合分析系统。

6)个人素质

有较强的尽职履责意识和团队合作精神,吃苦耐劳,能适应监控工作机制的需要,为人正直诚实,敢于坚持原则,大胆管理,工作认真、耐心、细致,勤于钻研和创新。

7)工作经验

从事收费岗位工作半年以上,以及1个月监控岗位学习经验。

2.2.5 机电维护员

1)监控中心机电维护员职责

(1)熟练掌握联网收费系统及各分系统的结构原理、技术性能、操作要领和维修、测试方法,确保本路段收费系统的正常运行。

(2)负责对本路段供配电系统进行检查和维护,保证机电系统正常的电力供应。

(3)负责本路段通信系统的维护、保养工作,保证收费数据及时上传,图像传输通道畅通。

(4)负责本路段收费设备的维护、保养工作,确保分中心、收费站设备完好。

(5)负责各种软件系统和数据库的管理、维护工作。

(6)负责本路段办公网络的安全维护,保证日常工作的正常开展。

(7)负责本路段收费机电设备升级改造项目的具体实施。

(8)及时了解全线设备运行情况,制订维护及检修计划,发现异常及时处理,并做好相关记录。

(9)配合公司做好机电系统维护培训和检查考核工作。

2)管理所机电维护员岗位职责

(1)认真执行供配电和联网收费机电设备管理规定,熟练掌握设备的日常维护办法和操作细则,保证本所收费系统正常运行。

(2)负责定期对机电设备进行认真检查、保养和记录,对隐患问题及时上报处理。

(3)负责本单位机电设备的使用、保管、保养、日常清洁及人员培训工作。

(4)负责本单位机电突发故障的简易处置,对难以解决的问题及时做好确认和报告。

(5)积极配合公司实施设备改造、升级和检修工作。

(6)配合内业管理员、监控员做好收费业务管理工作。

(7)完成上级交办的其他任务。

3)工作地点

日常工作场所为机房和收费现场。

4)工作时间

每日8:00～17:00,其余时间处于待命状态。

5)基本工作要点

(1)按要求定期对收费机电设备进行认真检查、清洁、保养,记录设备运行情况。

(2)维修出现故障的设备,无法排除故障的及时上报联系维修事宜。

(3)将具备借鉴价值的故障处理经过编写成为案例。

详细的工作要点与事项按照机电管理要求执行。

6)知识技能

(1)熟悉收费机电设备的运行原理,掌握设备维护的要领。

(2)具备较好的专业技术应用能力。

(3)具备一定的学习能力,能及时更新知识。

7)个人素质

吃苦耐劳,责任心强,能坚守岗位,工作认真、耐心、细致,勤于钻研和创新。

8)资质要求

(1)计算机、通信或相关专业毕业。

(2)取得《电工证》。

9)工作经验

从事收费岗位工作半年以上,以及1个月维护岗位学习经验。

2.2.6 收费班长

1)岗位职责

(1)认真执行收费政策和联网收费规章制度,熟练掌握收费现场操作的业务技能,做到"应收不漏,应免不收"。

(2)负责班组的岗前讲评,传达有关工作要求,督促班员做好上岗前的准备工作。

(3)负责收费现场秩序的维护,坚持亭外执勤,做好收费广场及收费亭内外的清洁卫生,督促班员开足道口,确保车道安全畅通,环境干净整洁。

(4)负责窗口服务管理,督促班员按照要求做好文明服务,妥善处理当班期间的收费争议。

(5)配合开展对外、对内稽查工作,当班期间负责现场的收费稽查工作,督促当班工作人员严格执行收费政策,杜绝违规违纪行为。

(6)负责现场的安全管理,及时清理现场闲杂人员,注意异常情况和安全隐患。按规范处置突发事件,并在第一时间上报,做好事件经过的记录。

(7)负责当班期间收费现场设施的保管和正确使用,督促班员认真填写值班日志和各类班次报表,做好交接班工作,督促准备交班班员及时将应交通行费、回收的通行卡(含坏卡和空卡)、备用金和长款收入、通行卡赔偿收入、通行卡赔偿票据等逐一清点好,放入指定票箱。

(8)负责组织召开班务会，认真组织班员开展业务学习。每月班务会不少于3次。

(9)经常性开展班组文明创建活动，加强与班员之间的感情交流和思想沟通，对情绪波动的班员及时疏导，正确引导他们及时纠正不良的工作情绪，做到及时察觉及时疏导，对于不能解决的问题要求及时上报，寻求上级领导的帮助。

(10)积极向所领导反馈一线工作的具体情况和热点难点问题，以及对管理创新的意见和建议。

(11)积极参加全所各项管理，认真完成领导交办的其他工作。

2)工作地点

日常工作场所为收费现场。

3)工作时间

工作班次循环运转，为全天不间断状态。

4)日常工作要点

(1)督促班员按时到岗，做好上岗前准备，开展岗前讲评。

(2)带领班员进行交接，督促班员做好财产、卫生、设备运行情况和遗留工作交接手续，避免遗漏现金和IC卡的情况。

(3)疏导和维护收费广场通行秩序，必要时开启备用车道。

(4)处理收费争议和突发事件，及时做好上报。

(5)保持车道和收费广场的环境卫生，及时清理弃票。

(6)协助和指导班员做好收费稽查工作。

(7)班员离岗时做好顶岗工作。

(8)合理安排班员用餐时间。

(9)协助班员完成IC卡、通行费、备用金的上缴。

5)周期性工作要点

(1)每轮班组织开展一次班务学习活动，学习业务知识，总结工作经验。

(2)收集和编写班组典型案例、好人好事。

6)知识技能

(1)熟悉收费政策和联网收费各级规章制度。

(2)熟悉联网收费系统车道级系统的各类操作。

(3)了解车道收费设备的工作原理，能对基本故障进行处理。

(4)有较丰富的稽查经验，善于发现和查处逃费行为。

(5)具备一定的团队管理知识，有较好的组织能力。

(6)具备良好的沟通能力和一定的应急能力。

(7)具备一定的文字处理能力。

7)个人素质

吃苦耐劳，责任心强，能坚守岗位，工作认真、耐心、细致，勤于钻研和创新。

8)工作经验

从事收费岗位工作3个月以上。

2.2.7 收费员

1)岗位职责

(1)认真执行收费政策和联网收费规章制度,熟练掌握收费现场操作的业务技能,做到"应收不漏,应免不收"。

(2)严格遵守收费工作流程和规范,及时足额上缴车辆通行费收入、长款收入、通行卡赔付收入和IC卡,特情操作报监控员批准后执行。

(3)坚守工作岗位,不迟到、早退、脱岗、串岗、睡岗和私自顶岗,不带私款上岗,不从事与工作无关的事。

(4)当班期间负责保管工作区域内票卡等公共财产及机电设备,做好当班期间收费亭和收费广场的环境卫生,认真填写值班日志,做好财产登记和交接。

(5)做好收费稽查工作,认真查处逃费车辆,妥善处置收费争议。

(6)坚持开足道口,维护收费现场的畅通环境。

(7)坚持佩证上岗,落实各项服务管理规定,热情为驾乘人员服务,做好政策宣传和答疑,塑造良好的窗口服务形象。

(8)严格执行安全管理规定,坚持关门作业,离开岗位时锁闭门窗,确保票款的安全。

(9)对有肇事逃逸嫌疑的车辆进行认真核查,配合路政人员做好路产路权的维护。

(10)积极参与全所各项管理,完成领导交办的其他工作。

2)工作地点

日常工作场所为收费现场。

3)工作时间

工作班次循环运转,为全天不间断状态。

4)工作要点

(1)按时到岗,做好上岗前的准备和登记。

(2)在班长的带领下进行交接,做好财产、卫生、设备运行情况和遗留工作交接手续,避免遗漏现金和IC卡的情况。

(3)按规范流程进行发卡或收费、收卡操作。

(4)根据收费政策的要求,做好车辆的查验、上报和通行费的减免处理。

(5)严格按照制度规定对各类特情进行上报,然后根据指令操作。

(6)开展收费稽查工作,对逃费行为进行处理。

(7)及时清理收费亭内、外的弃票。

(8)妥善保管收费亭内的IC卡、票据和现金。

5)知识技能

(1)熟悉收费政策和联网收费各级规章制度。

(2)熟悉联网收费系统车道级系统的各类操作。

(3)了解车道收费设备的工作原理。

(4)有一定的稽查经验,具有独立发现和查处逃费行为的能力。

(5)有一定的假钞识别能力,熟练掌握点钞、点卡等基本业务技能。

(6)具备良好的沟通能力。

(7)具备一定的应急能力。

6)个人素质

吃苦耐劳,责任心强,能坚守岗位,工作认真、耐心、细致。

7)工作经验

进行至少1周的收费岗前培训,以及收费岗位1个月的学习经验。

2.2.8 稽查员

1)岗位职责

(1)认真按照规章制度要求开展内外稽查,查处各类违章逃费行为,规范收费人员岗位行为。

(2)做好稽查信息的收集、整理和分析,科学安排稽查工作,定期开展专项稽查。

(3)坚持亭外执勤,维护收费现场的通行秩序。

(4)积极参与现场管理,妥善处理岗上各类纠纷和突发事件。

(5)对有肇事逃逸嫌疑的车辆进行认真核查,配合路政人员做好路产路权的维护。

(6)协助当班收费班组开足道口,保障道口畅通。

(7)协助做好社会投诉和违规违纪行为的调查工作。

(8)积极参与全所各项管理,完成领导交办的其他工作。

2)工作地点

日常工作场所为收费现场。

3)工作时间

平时为周一至周五的8:00~17:00。

其他时间按照管理所稽查活动的需要开展工作。

4)工作要点

(1)掌握本单位稽查规律的变化情况,适时开展稽查活动。

(2)监督和指导收费员认真执行收费政策和规章制度的要求。

(3)做好亭外执勤,及时疏导指挥交通,处理收费纠纷。

(4)向驾乘人员宣传解释收费政策,制止和查处逃费行为。

(5)收集和编写收费稽查案例,掌握最新的逃费手段和查处方式。

5)知识技能

(1)熟悉收费政策和联网收费各级规章制度。

(2)熟悉联网收费系统车道级系统的各类操作。

(3)了解车道收费设备的工作原理。

(4)有丰富的稽查经验,熟悉各类逃费行为的查处技巧和方式。

(5)有一定的假证识别能力。

(6)具备良好的沟通能力。

(7)具备一定的应急能力。

6)个人素质

有较强的尽职履责意识和团队合作精神,吃苦耐劳,责任心强,能坚守岗位,为人正直诚实,敢于坚持原则,大胆管理,工作认真、耐心、细致,勤于钻研和创新。

7)工作经验

从事收费岗位工作半年以上。

第3章　制度建设

3.1　总则

3.1.1　目的

围绕收费管理各项工作的开展，建立规范化的制度进行指导和约束，维护正常的工作、学习、生活秩序，形成积极向上的价值导向，保证收费管理的有序开展。

3.1.2　适用范围

高速公路经营企业所属各管理所应严格按本标准要求进行制度的制订和完善，各子公司、委管路段原则上应保持一致，有较大调整的应经公司对应职能部门同意后实施。

3.1.3　编制的依据

(1)《楚天公司规范性文件汇编》。

(2)《湖北楚天高速公路股份有限公司收费管理办法》(2013年修订稿)。

3.2　管理制度

3.2.1　制度框架

管理所应当按照公司规章制度的要求，结合实际情况做好管理制度的建立、健全和落实，一般情况下包括以下制度：收费业务管理制度、收费服务管理制度，钱、票、卡管理制度，收费监控管理制度、交接班管理制度、特情管理制度、收费稽查管理制度、收费信息管理制度、绩效考核制度、考勤管理制度、收费培训管理制度、收费设施管理制度、机电管理制度、收费档案管理制度、党风廉政建设责任制、安全管理制度、例会制度、值班制度、资产管理制度、车辆管理制度、食堂管理制度、员工宿舍管理制度、环境卫生管理制度、门卫管理制度、水电管理制度等。

3.2.2　制度要求

1)收费业务管理制度

(1)收费业务管理制度是为了规范收费业务管理，根据行业管理需要，明确各单位的内部组织职能和各岗位工作要求，清晰收费工作各项业务的流程。

(2)制度用于收费站各收费业务管理，其内容应包括现场、稽查、服务、内业等方面进行细化规定，对一线工作法、岗前讲评、客户走访、轮岗交流、四定一保负责制等工作如何开展进行具体的规定。

2)收费服务管理制度

(1)收费服务管理制度是为了规范收费服务行为,明确收费岗位基本语言、行为、着装、仪表规范,提高员工整体素质,确保收费服务质量,提高驾乘的满意程度,树立良好的窗口形象。

(2)制度用于收费站各收费岗位服务管理,其内容应包括着装管理、仪容仪表、语言、工号牌等管理规范。

3)钱、票、卡管理制度

(1)钱、票、卡管理制度是为了通过规范票款卡的现场管理和存放管理,完善清查制度,保障票款卡的安全管理,满足一线收费工作的正常需求,同时杜绝收费过程中的违规现象。

(2)制度用于收费站票据、通行卡、收费现场和通行费收入的管理,其内容应包括通行卡(含纸质通行券、储值卡等)、通行费票据、现金管理、账表等管理规范。

4)收费监控管理制度

(1)收费监控管理制度是为了完善和规范监控管理,对收费、监控和通信系统的运行过程进行控制,保证系统处于良好的运行状态,为收费现场及社会驾乘提供良好的服务。

(2)制度内容应包括监控机房、监控值班、值班记载、保密制度、信息传递、特情处理、服务投诉等管理规范。

5)交接班管理制度

(1)交接班管理制度是为了规范班组交接班过程管理,明确职责,促进班组管理规范化,确保交接班工作安全稳定运行。

(2)制度适用于收费站收费各岗位交接班规范管理,其内容应包括收费员、收费班长、监控员和票卡管理员交接班管理规范。

6)特情管理制度

(1)特情管理制度加强收费管理,规范收费行为,提高安全意识,杜绝和防止违规违纪、通行费流失、安全事故等状况发生,促进收费现场特殊情况处理规范化、程序化、合理化。

(2)制度用于收费站特情处理管理工作,其内容应包括收费特情操作规范、特情操作流程、便携机的使用、特情稽核填写规范、特情稽核上报及要求等方面。

7)收费稽查管理制度

(1)收费稽查管理制度是为了加强营运管理,充分利用收费系统的功能,完善检查监督机制,净化收费的外部环境,优化收费的内部秩序,确保收费管理各项政策的顺利实施。

(2)制度用于收费站收费稽查工作的管理,其内容应包括稽查方式和措施、稽查内容和处理程序、稽查内业管理和要求、稽查人员岗上风纪和行为规范等方面。

8)收费信息管理制度

(1)加强管理所信息化系统管理,规范信息化系统的安全使用,向社会公众提供各类出行服务信息,及时受理各类咨询、救援、投诉和建议。

(2)用于收费站的信息管理工作,其内容应包括信息发送的方式、发送的内容及格式、发布的要求及流程。

9)绩效考核制度

(1)绩效考核制度是为了促进工作规范有序的开展,提高员工的工作能力和业务水平,激发员工的工作热情,确保收费任务顺利完成。

(2)制度用于收费站收费业绩考核各项工作,明确管理所内各岗位的考核内容和要求,内容应包括业务指标、考核结果兑现、奖惩政策和公示要求等方面。考核的指标包含但不限于企业考核制度中的指标,业绩指标(包括收费额、收发卡数,堵漏增收额、操作指标等内容)的比重至少应在50%以上。

10)考勤管理制度

(1)考勤管理制度是为了通过加强考勤管理,规范工作秩序,严肃组织纪律,确保收费站的各项工作正常开展。

(2)制度适用于收费站所有收费岗位人员的顶换班考情管理,应包括请销假、顶换班等管理制度。

11)收费培训管理制度

(1)收费培训管理制度是为了通过培训提高员工基本素质水平,充实知识能力,提高收费的整体服务水平。

(2)制度应当以一线收费人员为主体,对与收费相关的其他岗位人员进行培训,其中应包括:收费员、收费班长、监控员、票卡管理员、稽查员、机电维护员等。

(3)制度内容应包括培训的种类、培训方式和会议管理制度等方面。

12)收费设施管理制度

(1)收费设施管理制度是为了加强对营运现场收费设施的日常维护和保养,保障营运设施的正常使用,有效利用设施效能,确保收费系统稳定运行。

(2)制度用于收费各设施设备的使用管理,其内容应包括票管室、票库室、监控室、岗亭内外、上岗准备室、收费现场、机电设备、服务承诺牌等规范。

13)机电管理制度

(1)机电管理制度是为了以服务收费工作为中心,规范机电系统设备的维护维修工作,培养机电系统管理人才,发挥机电系统的功能作用,确保机电系统安全稳定运行。

(2)制度适用于全省高速公路机电系统所有业务的管理,其内容应涵盖机电保养、维修、巡查等管理规范。

14)收费档案管理制度

(1)收费档案管理制度是为了加强收费资料工作的科学管理,逐步实现档案工作规范化,加强档案的集中统一管理,确保各类收费档案的完整、准确、系统、安全和有效利用。

(2)制度用于收费站收费档案的收集、整理和管理工作,其内容应包括基础数据、收费文件、收费培训、收费服务、班组建设、稽查管理、业绩考核和装订存档等规范等方面。

15)党风廉政建设责任制

(1)党风廉政建设责任制是为了明确领导班子、干部在党风廉政建设中承担的责任,有效规避和防范廉政问题的出现。

(2)制度的内容应包括:党风党纪和廉政建设教育的内容、频次和要求;检查考核的评价标准、指标体系,明确检查考核的内容、方法、程序;党风廉政的责任追究机制等。

16)安全管理制度

(1)安全管理制度是为了通过对收费现场、收费设施、监控室、票管室、收费人员交接班及现金解缴安全的管理,有效地防范安全责任事故的发生,保障员工生命安全及财产安全。

(2)制度用于收费站所的安全管理,其内容应包括:收费亭、收费广场、票管室、票库室、交接班、现金解缴、收费信息、系统设备、机电设备等安全管理制度和规范;安全领导小组及成员的确定;各重点的具体责任人和安全管理重点事项和要求;隐患排查、安全演练的主体、对象、范围、频次、预案和具体要求;安全管理责任的追究事项等。

17)例会制度

(1)例会制度是为了传达上级和本单位有关文件精神,总结前期工作开展情况,布置安排下阶段工作,其会议形式包括:所长办公会、职工大会、收费管理会、班务会等。

(2)制度内容应包括:各类例会的会议时间、主持人、参加人员、会议内容以及会议的记录人;各类例会的记录要求;会议记录的保管、检查要求等。

18)值班制度

(1)值班制度是为了明确相应责任人工作要求,有效进行工作管控,加强站所日常管理,及时处置各类突发事件。

(2)制度用于收费站值班管理,其内容应包括:排班的方式;值班的时间段和公示要求;值班期间的工作和纪律要求;值班期间突发事件的处理程序以及相应考核要求等。

19)资产管理制度

(1)资产管理制度是为了强化设施设备、固定资产及低值易耗品的管理,建立固定资产管理系统和管理台账,明确各类资产责任人。

(2)制度内容应包括:固定资产的购置、登记、使用、核销程序;易耗品、贵重物品的领用登记手续和归还、交接手续;大宗物品的采购程序等。

20)车辆管理制度

(1)车辆管理制度是为了进一步加强收费站内部用车的管理,严格车辆使用程序,规范驾驶员责任要求,确保交通安全,防止出现意外事故。

(2)制度内容应包括:车辆管理的纪律要求;车辆台账的管理流程;车辆管理的负责人;车辆的准驾条件;安全和文明驾驶的重要事项;车辆使用流程及规范;派车单填写及审批;车辆的故障、事故处理手续等。

21)食堂管理制度

(1)食堂管理制度是为了完善食堂管理,保障单位食堂的正常运转,为员工提供良好的就餐质量和用餐环境。

(2)制度内容应包括:食堂的工作时间;食堂伙食和服务质量应达到的水平;食堂的收费方式和登记手续;盘点清查食堂账目的频次和账目的公布时间;食堂工作人员从业资质、纪律和卫生要求;食堂的卫生、安全管理要求;食堂客餐招待的管理要求等。

22)员工宿舍管理制度

(1)员工宿舍管理制度是为了使员工宿舍保持良好的清洁卫生,整齐的环境及公共秩序,使员工获得充分休息,以提高工作效率。

(2)制度内容应包括:宿舍内部环境的总体要求;对居住宿舍的条件进行限定;宿舍管理的负责人;员工对所住宿舍的维护义务;宿舍卫生检查的频次、时间、主体和内容;以及节约能源和安全管理的角度对水、电的使用所作具体规定等。

23)环境卫生管理制度

(1)环境卫生管理制度是为了加强工作生活环境卫生管理,创建文明、整洁、优美的工作、学习和生活环境,增强员工的责任感和归属感,树立良好的窗口形象。

(2)制度用于收费站环境卫生管理工作,其内容应包括收费现场、亭院、办公楼、生活区等场所环境卫生的管理规范;管理所的卫生管理分区域指定负责人;对办公、生活、现场等区域的卫生要求的规定;员工义务劳动的参与人员、劳动区域和频次;卫生检查的频次和奖惩措施等。

24)门卫管理制度

(1)门卫管理制度是为了强化门卫职责,规范人员进出,确保收费站院落安全。

(2)制度内容应包括:门卫人员的职责和管理内容;门卫人员的形象和纪律要求;外来人员、车辆的接待手续和要求等。

25)水电管理制度

(1)水电管理制度是为了规范收费站水电管理,确保水电设备、设施正常运行,水电正常安全供给,避免不必要的浪费和安全责任事故。

(2)制度内容应包括:日常水电管理的责任人员和技术资质要求;水电设备新增或更换的手续;水电使用的纪律要求;水电设备故障的处理流程等。

3.3　工作机制与方法

结合企业收费管理的实践经验,各管理所应强化以下工作机制与方法的完善和落实:协同管理机制、"四定一保"负责机制、一线工作法、日审、收费例会、班务会、轮岗交流、大客户走访、岗前讲评。

3.3.1　协同管理机制

与内部路政、养护、经营开发等部门和外部的交警、运管等部门加强协作和联合,通过多方的联动配合形成实现收费工作目标的强大合力。各管理所每年至少要组织一次多方参与的联席会议,加强协同联动。

3.3.2　"四定一保"负责机制

"四定一保"即"定人、定点、定额、定责、保目标",对收费任务进行层层分解,管理人员实行分片包干,定期督导,将收费任务目标的完成情况与相应负责人的绩效考核挂钩。

3.3.3　一线工作法

所领导应将收费现场和收费管理室作为工作重要场所,坚持经常性到现场进行检查和指导,使收费工作的情况第一时间得到反映,要求第一时间得到执行,问题第一时间得到解决。

所长每天现场办公时间应不少于工作时间的1/3,副所长每天现场办公时间应不少于工作时间的1/2。

3.3.4 日审

所领导每天上午到监控室对前一天所有特情操作、岗亭风纪及收费业务的考核情况进行检查,不能如期完成的,应尽快进行补审。

3.3.5 收费例会

每月至少召开一次收费管理例会,对管理所的任务完成情况进行通报,对收费形势进行分析,指出收费工作中存在的不足和问题,提出相应的管理要求,推广好的经验与做法。

3.3.6 班务会

每轮班收费班长应组织班员至少召开一次班务会,及时学习和掌握新的收费知识,对班员近期的工作情况进行点评,对工作的热难点问题进行讨论。

3.3.7 轮岗交流

以多岗位学习、多环境适应、多方式锻炼的形式,增强员工素质与能力,做好人才梯队培养,在内业管理员与监控员之间、收费班长和监控员之间、收费员和收费班长之间开展轮岗交流。

3.3.8 客户走访

管理所根据通行费收入的构成情况建立客户档案,每年至少进行一次上门走访,征求服务建议,了解服务需求,宣传服务举措。

3.3.9 岗前讲评

上岗前,收费班长召集班员列队集合,检查班员的着装规范和收费用具的携带情况;清理现金、通信工具、电子产品等严禁携带的物品;对上班的注意事项做简要安排。收费班长还应提前到收费管理室了解上一班次的收费信息,并传达给班员。

3.4 工作记录

管理所应认真做好以下工作记录的规范填写和保管:《收费亭值班日志》、《监控值班日志》、《上下班交接登记本》、《收费信息督导记录本》、《客户投诉登记本》、《机电设备维护记录本》、《收费员业绩管理手册》。

各类工作记录本由运营部统一制作和下发。

3.4.1 《收费亭值班日志》

每个收费车道配发一本,由收费员负责填写,收费班长负责检查,所领导到现场签字审核。主要记录财产交接情况、当班期间的工作通知和重要事件。填满后交内业管理员保管,保管时限至少1年。

3.4.2 《监控值班日志》

配发给监控室,由监控员负责填写,由所领导负责检查,主要记录当班期间的检查记录、考核情况和重要事件。填满后交内业管理员保管,保管时限至少3年。

3.4.3 《上下班交接登记本》

配发给收费管理室,由收费员填写,由内业管理员负责检查,主要记录IC卡、备用金的领取数量和人员,记录IC卡、备用金、通行费、长款的上缴数量和人员,记录计算机票据的销售情况和起止号码。填满后交内业管理员保管,保管时限至少3年。

3.4.4 《收费信息督导记录本》

配发给监控室,由监控员填写,由内业管理员负责检查,所领导到现场签字审核。主要记录收费信息的内容、接收、传达和落实情况。填满后交内业管理员保管,保管时限至少3年。

3.4.5 《客户投诉登记本》

配发给收费管理室,由内业管理员填写,所领导负责检查,主要记录客户投诉的内容、处理和反馈情况。填满后交内业管理员保管,保管时限至少3年。

3.4.6 《机电设备维护记录本》

配发给监控室,由机电维护员填写,所领导负责检查,主要记录机电设备的运行、巡查、维护和故障处理情况。填满后交内业管理员保管,保管时限至少3年。

3.4.7 《收费员业绩管理手册》

配发给综合管理室,由综合管理员填写,所领导负责检查,主要整理和记录员工的劳资资料(包括劳动合同、身份证、专业文凭和证书等劳资资料的复印件)、考评情况(历年的考评记录)、业绩记录(每月的工作业绩情况)、奖惩记录、业务培训和测试记录、工作调动和职位变更记录,以便于全面考察员工的工作表现,对其职业发展进行科学评估。手册由综合管理员负责保管。

第4章　设施配置

4.1　总则

4.1.1　目的

按照国家的有关规范,结合实际制定本标准,保障收费广场的畅通和安全,实现管理所工作业务的正常开展,提升窗口服务质量,降低日常管理成本。

4.1.2　适用范围

高速公路运营企业所辖新建路段应按本标准的有关规范进行规划和建设。已建成高速公路站所改扩建原则上参照本标准执行,因地形和工程投资等因素限制,在标准不降低的前提下可作合理变动。

4.1.3　编制依据

(1)《收费公路联网收费技术要求》。

(2)《高速公路监控技术要求》。

(3)《高速公路通信技术要求》。

(4)《公路网运行监测与服务暂行技术要求》。

(5)《湖北省高速公路联网收费管理办法》(试行)。

(6)《湖北省高速公路联网收费并网检测规范》(试行)。

(7)《高速公路收费站及收费广场设计规范》(送审稿)。

(8)《公路收费亭》(GB/T 24719—2009)。

(9)《道路交通标志和标线》(GB 5768—2009)。

(10)《民用建筑设计通则》(GB 50352—2005)。

(11)《办公建筑设计规范》(JGJ 67—2006)。

(12)《宿舍建筑设计规范》(JGJ 36—2005)。

(13)《饮食建筑设计规范》(JGJ 64—89)。

(14)《低压配电设计规范》(GB 50054—2011)。

(15)《建筑物防雷设计规范》(GB 50057—2010)。

4.2　术语和定义

4.2.1　收费站

收费站是开展收费业务的基层单位,配备有相应的收费设施,根据收费广场类型主要分为主线收费站和匝道收费站。

4.2.2 收费站设施

泛指收费站开展收费业务所需的建筑、硬件设备和软件系统等。收费站设施主要包括收费广场、收费车道、收费岛、收费亭、收费机电设备、交通服务设施以及场地建筑。

4.2.3 收费广场

在高速公路的某个位置将公路扩宽用来设置多条收费车道的地方称为收费广场,收费广场分为主线收费广场和互通立交匝道收费广场。

4.2.4 收费车道

在收费广场用收费岛隔离出来供车辆出入高速公路的通道,根据车辆的行驶方向分为入口车道和出口车道。

4.2.5 收费岛

是用于分隔收费车道、安放收费亭和收费机电设备、线缆并带有安全防护功能的平台,分为岛头、岛身、岛尾三部分。

4.2.6 收费亭

是安装在收费岛上的收费人员工作间,也是车道收费系统的安装平台,根据用途分为单向亭和双向亭。

4.2.7 收费天棚

安装在收费广场用于遮阳、遮雨、遮雪的遮盖物。

4.2.8 信息显示屏

用来实时发布各类出行服务信息的可变换显示内容、形式的 LED 点阵显示屏。

4.2.9 管理所房区

供管理所工作人员办公和休息的区域。

4.2.10 联网收费

指在一定的路网范围内,将分属不同经营管理单位的若干条高速公路纳入一个统一的封闭式收费系统,对各经营管理单位实行"集中账户、统一清分"的收费运营和管理方式。

4.2.11 收费机电设备

通过电气原理或智能控制系统控制机械实现收费工作相应功能的组合成品,根据其实现的功能主要分为收费、监控、通信、供配电四类系统。

4.2.12 收费系统

主要通过计算机控制车道设备完成对车辆收费的操作,并将收费数据信息汇集后通过专网传送,集中处理,实现电子稽查、清分校核、数据分析等功能的管理系统。

4.2.13 监控系统

主要通过现场的监控摄像机、语音采集、音视频传输、录像、控制和报警装置、动态电子信息显示屏等共同构成,能及时、准确地收集、发布收费运营管理所需的相关信息,实现有效加强收费现场管控和调度的综合管理系统。

4.2.14 通信系统

为湖北省高速公路联网收费各级管理单位之间传输收费数据以及语音、视频的数字传输系统。

4.2.15 供配电系统

由低压供配电设备、发电机、不间断后备电源和供电电缆等组成,向机电设备正常运行提供电力保障的系统。

4.2.16 假日免费保畅设备

是指为执行国家重大节假日小型客车免费通行政策所必须的设备,主要包括:限高龙门架、客货分道指引标识等。

4.3 规划年限

管理所各类设施的最低规划和使用年限如下:

(1)收费广场、收费岛、天棚:自使用开始15年。

(2)管理所房区、收费广场用地以及建筑和土方工程:自使用开始20年。

(3)收费系统机电设备:根据具体的设备种类确定,使用寿命一般为3~10年。

4.4 收费车道及广场

4.4.1 收费车道

收费车道是为保障通行车辆安全,便于对通行车辆进行服务管理的车辆专用通道。

1)收费车道数量

(1)收费车道数量按照设计小时交通量DHV、服务时间和平均等待车辆数进行计算确定,必须能够满足本收费站车流量高峰时段的需要,具体数量不得低于正常时段开放车道数量的2倍。

(2)新建收费站的收费车道数量应采用工程可行性研究报告中的预测交通量相对值作为计算收费车道数的依据,必须设置ETC车道数量不得少于一进一出,每个收费广场一个方向最少应建设2条收费车道。

(3)对于现有收费站的改造项目,应提前进行交通量调查与预测,改造方案报请公司批准后,才能进行施工。

2)收费车道宽度

每方向右侧最外侧通道作为超宽车道,供超大型货车及工程机械车辆通行,其他车道为内侧车道,宽度标准见表4-1。

收费车道宽度　　表4-1

收费方式	人工半自动收费		电子不停车收费	
	标准值(m)	推荐值(m)	标准值(m)	推荐值(m)
内侧车道	3.2	3.5	3.5	3.75
超宽车道	4	4.5	—	—

3)收费车道路面

(1)车道路面采用水泥混凝土路面,在岛长范围内应采用素水泥混凝土路面结构,以便于安装环行线圈车辆检测器等机电设备。

(2)计重车道在划分板块时应考虑称台的埋设。计重称台应埋设在一个板块的中心,不得设置在混凝土板块接缝处。该板块的长度可设为5m(也可根据实际情况适当增大),并应待计重设备预埋件埋设后再进行浇筑。

4)收费车道排水及防护

(1)收费广场路基排水、边坡防护等应纳入路线路基排水及防护的整体设计,且应符合《公路排水设计规范》和《公路路基设计规范》的有关规定。

(2)有条件的收费广场可在收费岛之间预留排水孔,避免广场雨水纵向流入收费车道,保持排水良好。

(3)采用计重收费的车道,可在称台两端的收费岛上各设置一个手孔,用于称重设备的排水和管线接续。各个手孔之间用排水管连接,使得积水统一排到广场外侧边沟内或边坡外。

(4)收费车道启用前,应进行排水试验,对于有积水隐患的,要及时整改和处理。

4.4.2 收费广场

1)广场规划建设的一般规定

(1)收费广场应设置在通视良好,通风、易排水、环境优美、易于运营管理和交通、生活相对便利的地点。

(2)收费广场应尽可能设置在平坦的直线路段。不得将收费广场设置在易超速的凹形竖曲线的底部或长下坡路段的下方。

(3)收费广场设置应满足收费业务和管理业务的要求。一般宜在收费方案确定后,按照系统要求和工艺要求进行收费广场规划和设计,规划布局力求合理,适应公路建设总体发展需求。

(4)主线收费广场距特大桥、隧道应大于1km。

(5)除非管理确有需要,否则每个收费站只建设一个收费广场。

如收费场区属分期修建的,则收费广场路基、收费天棚、地下通道(地下管道)等必须一次建设到位,其他配套设施、收费设备等可按确定的收费车道数进行配置。

2)广场线形和路面设计标准

广场的设计应符合《收费公路联网收费技术要求》中附录F的规定。

(1)主线收费广场直线段长度宜大于150m(极限值为100m);匝道收费广场直线段长度宜大于70m(极限值为50m)。

(2)主线收费广场宜设置在直线段上或不设超高的平曲线上;匝道收费广场所处平面线形的最小半径宜大于200m。

(3)收费广场设置在竖曲线上时宜设置在凸型竖曲线的顶部;不应设置在凹型竖曲线的底部;竖曲线半径最小为800m,最大纵坡一般为2%,极限值为3%。主线收费站广场的最小坡长一般为800m,极限值为700m;匝道收费站广场的最小坡长一般为100m,极限值为50m。

(4)收费广场的横坡标准值为1.5%,最大值为2.0%。

(5)收费广场路面必须采用水泥混凝土路面,路面平整,无破损,标线规范清晰。

(6)收费广场渐变段的渐变率一般1/7~1/5,最大渐变率极限值为1/3。

(7)主线站收费广场中心收费岛端部至中央分隔带端部的距离应不小于50m;匝道收费站从收费广场中心线至匝道分岔点的距离应大于75m,至被交叉公路的平交点距离应不少于150m。

3)照明设计标准

(1)10车道以上的收费广场宜设置高杆照明,10车道以下的设置中杆照明,在收费广场两侧对称布设,亮度应满足《公路照明技术》9.2的推荐值。

(2)光源建议采用LED节能灯具。

(3)推荐采用泛光灯和投光灯相结合的灯具,以取得较好的照明效果。

(4)照明装置应实行分回路控制,包括时钟自动控制和人工手动控制。

4.4.3 收费岛

1)收费岛尺寸

收费岛分为岛头、岛尾和岛身三部分,岛身的中轴线位置应与广场道路中心线重合。尺寸标准见表4-2。

收费岛主要尺寸　　表4-2

项目		长度(m)	宽度(m)	岛面高度(m)
主线收费站	标准值	36	2.2	0.2
	推荐值	—	2.4	0.3
匝道收费站	标准值	28	2.2	0.2
	推荐值	—	2.4	0.3

注:计重收费岛应增长收费岛岛头侧的长度,使岛头端部至收费亭中心线的距离为27~30m。

2)设计标准

(1)收费岛设计以防撞和美观、整体协调为主。岛头的混凝土标号不低于40号。

(2)安全岛宽度不得小于2.2m,岛身两侧高度不得小于0.30m;收费岛岛头(迎来车方向)应设计成流线型,高度不得小于1.5m且不得影响收费亭内收费员前方视线,长度不超过9m。岛头应设置雾灯,可设置必要的引导及防撞设施。

(3)收费岛岛尾设计成流线形,岛尾可高出岛身,也可与岛身同高,长度不超过3.3m。

(4)收费岛内应为收费车道外围设备预埋(留)基础和管线,预埋管的内径不小于50mm,并为穿缆线预留穿线带(或铅线),强弱电、信号线的管道分开。

(5)收费车道外围设备或机箱距收费岛边缘的安全距离标准值为0.5m,极限距离为0.25m。

(6)收费亭与收费岛侧外缘的间距不能小于0.30m。

(7)收费岛岛身两侧外沿实行钢管包边,钢管与岛身内钢筋焊接后整体浇注,以减少岛身在日常使用中的损坏。钢管壁厚应达到6mm,钢管两端应进行平滑处理,以防止对车辆安全形成隐患。

(8)为方便进行清洁卫生,应充分考虑供水,按每2条车道配备1个供水设施的要求,选择合适的收费岛,在岛头与岛身交接处设置水阀,水阀距岛面高度应为30~50cm。

(9)收费岛外立面可选择瓷砖或涂料,应按国家标准《道路交通标志和标线》(GB 5768—2009)的要求喷涂黄黑相间的反光标记,线宽约为10~15cm,岛头标线应向行车方向一侧倾斜。

(10)收费岛上可设置绿化带,种植绿化植物,绿化收费广场,美化收费环境。

4.4.4 收费亭

(1)收费亭是安装在收费岛上的收费人员工作间,也是收费机电设备的安装平台,根据用途分为单向亭和双向亭。因此既要满足收费岛的特殊环境需要,还必须考虑机电设备安装运行和维护的需要以及收费人员便利、舒适的需求,做到安全、美观、经济、实用。

(2)新建或改造项目所使用的收费亭,应按照交通行业标准《公路收费亭》(GB/T 24719—2009)的有关规定生产加工,并通过了国家计量认证的交通部交通工程相关检测机构检验合格。

(3)同一收费广场,收费亭的外观与式样应保持一致。新建或改造项目不再使用砖混结构修建收费亭。

(4)新建路段在规划时,应充分考虑收费亭的朝向,以实现较好的采光、集热和通风。

(5)收费亭主要技术要求与指标。

①收费亭的外形尺寸见表4-3。

收费亭尺寸 表4-3

参数	标准		调整区间	
	单向亭(m)	双向亭(m)	单向亭(m)	双向亭(m)
长度	2.6	4.4	2.40~2.80	3.60~5
宽度	1.6	1.6	1.40~1.90	1.40~1.90
高度	2.5	2.5	2.40~2.60	2.40~2.60

单向收费亭亭内面积不得少于3.5m^2,双向收费亭面积不得少于6.5m^2,亭内净高不小于2.3m,内宽不小于1.3m,收费亭地面与车道地面高度差不小于30cm。

②考虑到户外的环境因素,以及汽车废气、油类对收费亭外表面的侵蚀,收费亭外表面材料选用厚度为不低于1mm优质亚光发纹不锈钢板。

③收费亭内部主要骨架材料应选用优质碳素巨型钢管,巨型钢管壁厚≥1.2mm,主要支撑架型钢壁厚≥2mm。

④收费亭内部装饰材料为铝塑板,厚度≥3mm。

⑤收费亭前部使用全景玻璃视窗,采用热弯钢化玻璃,贴遮阳膜(可见光透射比不小于70%),使用宽边密封黑色胶条固定,保证通视良好。侧窗采用5mm钢化中空玻璃,边框材料采用成型硬质铝合金。窗户玻璃性能应满足国家标准《建筑用安全玻璃第2部分:钢化玻璃》(GB 15763.2—2005)和《中空玻璃》(GB/T 11944—2012)的有关要求。

⑥收费亭外顶部密封板采用镀锌钢板,厚度≥1.0mm,全部采用满焊缝,防止出现渗漏。配备空调支架及预留连接管洞,夹层内应留有空调排水管,在技术条件满足的情况下,与排水井相连,避免排水至车道造成湿滑。亭内棚顶应采用隔音、阻燃、绝缘的铝扣板。

⑦收费亭地板使用符合国家标准《计算机机房活动地板的技术要求》(GB 6650)的防静电活动地板。

⑧收费亭前部下方设配电舱,深度为300mm,其隔板应采用绝缘材料。配电舱设有一个向内开的舱门,舱门应密封严密并安装锁具。

⑨单向亭采用后外开门,双向亭使用侧内开门。

(6)收费亭内附属设施要求。

除收费、监控等机电系统外,收费亭内应放置必要收费辅助设施,包括操作台、票据盒、验钞点钞机、对讲机、拾音器、椅子、置物柜、政策文件夹、冷暖设备、通风系统、遮阳窗帘、杯架、衣帽钩、吸顶灯、垃圾篓等。

①收费亭顶部设有排水管孔,采取暗埋方式置入收费亭内。实际应用中,排水管出口应与收费岛上排水管道相连,确保费亭顶部的空调冷凝水及雨水能及时排出。

②操作台使用不锈钢材质,应保持平整,台面距防静电活动地板高度为760mm。台面靠近前景窗处设圆形走线孔。

③显示器、键盘、打印机、IC卡读写器、票据盒、验钞点钞机、对讲机、拾音器等收费设备放置于工作台面,线路应用理线带整理后经走线孔与电源连接。

④摄像头应安装在亭内顶棚,位置应在前景窗与收费员座位右侧墙面相接处。微笑服务监控摄像头可结合实际需要安装在操作台面,高度为250~300mm。

⑤置物柜材质推荐使用不锈钢,推荐尺寸为(700×350×700)mm,单向亭放置于进门处右侧,双向亭放置于进门处前方。政策文件夹一般安装在置物柜所靠墙面的墙壁上。

⑥冷暖设备、通风系统主要为分体式空调,分机的位置应安放在收费亭内部中央区域顶部。空调主机的安装位置应在收费亭外顶部后方,主机的摆放应美观、整齐,并充分考虑冷凝水的影响,不得将水滴在收费亭的外壳上。

⑦吸顶灯应安装于工作台上方，照明亮度应控制在300～500lx之间。

⑧收费亭内设置多功能插座，位置应在收费员座位右侧墙面，安装高度应高于亭内地板表面30cm，插座采用镶嵌式，至少应配置电源插孔4个，其中两脚插孔2个，三脚插孔2个，均使用单相AC220V、50Hz电源。

⑨衣帽钩安装于置物柜上方，垃圾篓置于操作台下，人手便于触及的位置。

⑩座椅的选择以舒适、耐用为主，椅面尺寸在450×450mm左右，应带扶手，具备可调节升降、旋转和椅背功能，采用易清洁的黑色面料。

⑪报警器按钮安装在工作台下方便于触及的隐蔽处。

⑫收费亭门锁可采取IC卡、指纹或人脸识别等电子锁装置，为便于统一管理，该类型设备须支持网络管理功能。

(7)收费亭防护要求。

收费亭两侧应设置防撞护栏，其长度不小于收费亭长度，防撞护栏用槽钢制作，规格不低于150(腰高)mm×75(腿宽)mm×5(腰厚)mm。收费亭前方应配置涂装黑黄相间警示色的防撞立柱，防撞立柱用壁厚不低于3mm的钢管制作，且应高出收费亭250mm。

4.4.5 收费天棚

1)收费天棚主要功能

收费天棚主要功能是遮阳、遮雨、遮雪，并给驾驶员醒目的视觉效果，提示驾驶员注意前方有收费站。

2)收费天棚尺寸

(1)通行净空高度不得小于5.5m，收费车道超过10条的大型收费广场，为避免产生压抑感，可适当增加其净空高度。

(2)收费天棚的总长度原则上与广场宽度保持一致并能覆盖广场最外侧超宽车道。

(3)天棚宽度最小值为14.00m。一般情况下天棚的投影面积应大于收费岛长度与收费广场宽度之积的60%为宜，以保证良好的防雨、防晒效果。

3)收费天棚建筑形式

(1)收费天棚正立面造型宜简洁明快、实用、庄严大方，体现当地建筑风格，具有时代气息。

(2)收费天棚宜采用钢网架、轻钢或其他大跨径结构形式，不得采用砖混结构。收费天棚结构设计应符合国家相关技术规范的要求，有利于广场空气流通及减轻广场汽车废气的污染。

(3)天棚立柱的数量应尽量减少，立柱断面尺寸不得过大，中间立柱一般情况下应小于0.40m。在宽度方向的柱距宜大于10m，以保证收费员和司机通视良好。

(4)天棚顶部视觉良好位置应安装地址站名牌，内容与省政府批复一致，单字宽度应不小于1.5m，且日夜清晰可辨。收费天棚上不宜设置广告标牌，避免分散驾驶人注意力。

4)收费天棚附属设施

在收费天棚正立面的前后，收费通道的正上方位置应设置通行信号灯，天棚下部设置照明灯具，应综合考虑各类设施管线的布置，缆线敷设应隐蔽，不得采用明线敷设方式。

5)收费天棚排水

收费天棚屋面排水应统一排向收费广场路基边沟，并应与收费广场及站房区周边公路的排水系统统一设计。天棚排水不得流入收费车道而影响收费业务。

4.4.6 收费广场附属服务设施

按照将收费站打造成“信息站、服务站、救助站”的要求，应配备以下附属服务设施并加以完善。

1）标志、标线设施

（1）收费广场应严格按照国家标准《道路交通标志和标线》（GB 5768—2009）设置标志、标线（包括减速标线）设施。

（2）计重收费广场前应设置“计重收费减速慢行”和“限速5km”的标志。

（3）每条收费车道的正上方应设置收费车道的类别。人工半自动收费车道设置“收费车道”、“超宽车道”，电子不停车收费车道设置“ETC专用车道”。

（4）各收费站应在出口车道中选择一条车道作为“绿色通道”车辆通行专道，在车道上方收费天棚处悬挂有“绿色通道”字样的标牌。

（5）电子不停车收费车道前方2km、1km和500m处应设置预告标志和路面标记。

2）公示牌

收费外广场的一侧醒目处应设置公示牌，数量不少于一块，用于公示收费站名称、收费单位、收费标准、审批机关、收费起止年限、监督电话等。公示牌有效面积不小于$8m^2$，公示牌离地高度不低于0.6m且不高于4m，最小字体宽度不小于3cm。

3）卫生间

（1）应根据地形条件在广场周边区域的高速公路护栏外沿设置卫生间，面积$10m^2$左右为宜。

（2）卫生间的朝向推荐与收费广场中心线垂直。

（3）内部应合理布置洁具，考虑拖把、扫帚、水管等清洁工具的悬挂和摆放空间。

（4）应根据户外具体的地理条件，做好防雨、防潮、防滑的处理。

4）服务承诺牌

（1）固定安装于收费亭外侧表面，位于服务窗口的旁边，底部与窗口下沿平齐。

（2）服务监督牌面积不小于$0.3m^2$，最小字宽不小于2cm，推荐尺寸为100cm×60cm，可根据实际适当调整。

（3）应公示服务人员照片、工号、服务承诺、服务项目、服务热线、监督电话和温馨提示等内容。

（4）服务承诺牌的材质推荐使用不锈钢，内容通过活动插板显示并可更换。

5）绿化

应当按照经济、美观、协调的原则，对收费广场进行适当的绿化布置。平时可摆放绿色植物，国家法定节假日期间，可增添花卉营造节日气氛。植物的品种应适宜户外条件，与季节的变化相协调。

绿化植物应摆放在收费广场中心区域的收费岛岛身靠近岛头处。

有条件的广场两侧边坡应种植灌木常青植物。

6）便民服务箱

（1）每个收费广场必须至少设置一个便民服务箱，可选择一条位于收费广场中心区域的收费岛，安装于收费亭前方。

(2)应以不锈钢为材质,内部必须备有医药箱(外用)、工具盒、灭火消防设施、行车指南、周边通达图、饮水设备等便民服务设施。

7)信息显示屏

每个收费站的进口和出口均应配置横幅式或矩形式电子显示屏,用于发布相关信息。横幅式应放置在收费天棚下方或紧邻收费天棚的前端,宽度不小于收费天棚来车方向部分宽度的1/2,高度不小于1m。矩形式的应放置在收费亭上,数量不少于车道数量的1/2,宽度不小于费亭宽度的3/4,高度不小于1m。

8)限高龙门架

用于重大节假日小型客车免费通行时专用通道限制通行,一般限高为2.2m,采取外漆黄黑相间条纹的可移动式龙门架,宽度一般与车道宽度一致,顶部使用蓝底白字标明“七座以下客车专用通道”和限高标志。

9)客货分流指引牌

用于重大节假日小型客车免费通行时指引车辆通行,一般为白底黑字,标明小型客车行驶方向和大型车辆行驶方向,一般置于小型客车专用通道和非专用车道之间,也可悬挂在广场高杆立柱上。

10)安全隔离设施

收费现场应根据需要配备足够数量的水马、反光锥等交通安全隔离设施,且摆放规范有序。

4.5 管理所房区

4.5.1 一般要求

(1)在进行管理所房区的规划和建设时,应选择生活条件相对便利、具有水源、地势平坦、易于排水的区域,按照《民用建筑设计通则》(GB 50352—2005)的要求进行设计。

(2)管理所中的建筑用房必须包括办公楼、宿舍楼、食堂、发电机房、仓库。其中办公楼为管理所核心建筑物,是开展收费业务的主要场所。宿舍楼、食堂、配电房作为附属建筑物。

(3)如因条件所限,管理所地处区域自来水供应不稳定的,应进行勘测,钻井获取地下水源,设置水泵房和相应的净水、储水设施,保证水质的卫生。

(4)管理所主体建筑办公楼的设计应符合《办公建筑设计规范》(JGJ 67—2006)的要求,面积标准参照交通部、建设部等编制和颁布的《公路建设项目用地指标》要求。

(5)其他附属建筑物的面积根据管理的实际需求确定。

4.5.2 办公楼

(1)办公楼应布置在收费广场出口一侧,与收费广场边缘的间距应大于15m。

(2)在场地条件适宜的情况下,办公楼应为南北朝向,且角度应能使监控室与收费广场中心线成30°~45°角为宜,利于观察和控制收费广场及车道的工作情况。在办公楼与收费广场之间不得修建永久性建筑物及有碍视线的构筑物。

(3)办公楼应设计成2层或2层以上,通过门牌标识房间的用途,必须具有以下用房。

①所长办公室:应采用大玻璃窗,保证通视良好,易于观察到收费广场的全貌,建议布置在3楼。

配置的办公设施：计算机、打印机、办公家具、办公电话。

②副所长办公室：应采用大玻璃窗，保证通视良好，易于观察到收费广场的全貌，建议布置在所长办公室附近。

配置的办公设施有：计算机、打印机、办公家具、办公电话。

③收费管理室：作为收费管理核心区域，应设置在2楼的里端，依次由班组活动室、通信机房、监控室、内业工作室、库房构成。收费管理室与外界相连区域必须使用防盗门，窗户外必须安装防盗格栅，并配有专用卫生间、盥洗室等附属区域。

a. 班组活动室：用于召开班务会议（例会、学习），收费班人员进行班前准备，存放私人物品的场所，应与交接班室连通，也可合并。在场地条件允许的情况下，可配备收费员个人专用的置物柜，以供上下班时存放个人物品。物品存放柜数量应满足收费人员人均一个的需要。会议桌椅的规格应能满足一个收费班全体人员再加上不少于3名其他人员同时开会的需要。

b. 通信机房：按计算机机房标准和国家二级防火标准设计，满足温湿度、荷载等方面要求，布置在紧邻监控室的同一侧面。通信机房中设施按照《湖北省高速公路联网收费并网检测规范（试行）》的规定配备，并根据机房大小配备柜式空调。通信机房必须使用防盗门，铺设防静电活动地板，窗户外必须安装防盗格栅。

c. 监控室：一般设置在办公楼二楼，室内应可直接观察收费广场全貌。8车道以下的收费站面积在60～80m^2，8车道以上的应在100m^2左右，监控中心监控室应在150m^2左右。监控室应与通信机房相邻，并在中间墙壁设立观察窗，以便监控员实时查看机房设备的运行。监控室中除按照行业相关的规范配备监控、通信等机电设施外还应配置操作台、座椅、档案柜等。操作台长不小于3m，宽不小于0.9m，可供至少3人同时办公。操作台上应放置办公电脑、网络打印机、办公电话/传真、点卡机、文件夹等办公用品。监控室内必须使用防盗门，室内安装监控镜头，铺设防静电活动地板，窗户外必须安装防盗格栅。使用监视幕墙的，幕墙距操作台不小于1.5m，可视面积应不小于2m^2，幕墙和工作区域之间可安装高通视度的玻璃隔离装置，以降低噪音影响。

d. 内业工作室内分为内业管理员工作区域和工作交接区域。至少安装两个广角摄像头，分别对交接区域的收费工作台和工作区域的保险柜进行全天监控。配置的办公设施有交接操作台、档案柜、文件柜、保险柜、座椅、投包机等。操作台应放置办公电脑、打印机、点钞验钞机、点卡机、电话，其长度应按照单人使用尺寸70cm的标准，至少能满足本站一个收费班出口收费员同时使用。

e. 库房内配置仓库专用柜，用于存放收费票据、IC卡、报表、工作记录本等物品，并安装广角摄像头进行全天监控。库房安装防盗门，门窗和柜子平时均保持锁闭。

④综合管理室：建议设置在2楼或以上楼层，选择具有较长日照时间的房间，以防止档案、文件潮湿、霉变。

配置的办公设施有：保险柜、文件柜、计算机、打印机、复印机、照相机、摄像机、办公家具、办公电话。

⑤档案室：位于综合管理室附近，面积在30～50m^2为宜，不安排于顶楼和楼两端，按照小型档案室的建设标准规划设计。

配置的办公设施有：档案柜、工作台等办公设备，以及装订机、切纸刀、温湿度计等用品。

⑥多功能室：应合理规划空间，能满足召开大型会议和举办文体活动的需求，面积不能小于30m^2。

配置的办公设施有：会议专用桌椅、会议音响系统，卡拉 OK 系统、投影仪、40 寸以上大屏幕电视、沙发、茶几等。

⑦职工书屋：以满足员工求知和学习需求，培养终身学习能力为目的，应按照公司学习型组织建设的要求设立职工书屋，配备丰富的图书资源、放置书刊的书柜和足够数量的阅览桌椅。同时还应配置计算机 4 ~ 5 台，供员工学习、工作使用。

配置的办公设施有：书柜、报架、桌椅、计算机、电话。

⑧职工之家：应为职工开辟用于休闲、健身的职工之家，放松身心，缓解工作压力。

具体放置的设施根据职工的需要进行购置，一般应配备图书柜、电脑、桌椅等。

⑨电源室：电源室应设置在 1 楼，处于监控室正下方，安装 UPS 电源等供电设施。

⑩仓库：应使用防盗门，仓库内应配置货架，各类用品和物资摆放整齐。

⑪接待室：一般设在办公楼一楼便于进出的房间，用于接待重要来客，面积约 $40m^2$，房间设计主要以现代、简约、大气为主，房间照明设施齐全，视觉效果上能让人感觉到宽松、舒适，配以色调淡雅的沙发、座椅和茶几，条件允许可配置其他接待设施。

⑫荣誉室：为管理所荣誉展示的平台，必须符合企业发展理念，体现企业Ⅵ标准，具有完整的设计风格，要求简洁、庄重、现代，易以冷色或其他色为色调为主。在进门左侧或者右侧墙面设置一组展示柜，可与接待室进行一体设计。

(4)门牌设置。

门牌一般采用亚克力有机玻璃材质，采用丝印印制，颜色必须符合企业Ⅵ标准，内容包括：办公室名称、英文注释、房间编号、公司 LOGO 等，字体采用宋体、行楷或者黑体为宜。

4.5.3 附属建筑物

(1)宿舍楼、食堂、配电房等附属建筑物应与办公楼分开布置，推荐设置在办公楼的后部或侧面。

(2)管理所房区应设有一定的停车位和出入车道，设置良好的绿化、环保及安全等设施，使出入的工作车辆流向合理，安全、顺畅、方便。庭院内醒目处应至少设置宣传橱窗两块，用于介绍收费站基本情况，介绍相关法规或宣传本收费站文明创建、活动开展情况等。整个庭院绿化面积不低于整个庭院面积的 40%。

(3)为丰富员工的业余生活，管理所应设置必要的生活(晾晒区域)和文体活动场所(篮球场、足球场等)，其面积应不小于 $200m^2$。

(4)宿舍楼应参照建设部制定的《宿舍建筑设计规范》(JGJ 36—2005)进行规划和设计。

①宿舍楼应选择采光、通风良好，便于排水的区域建设，朝向应能满足充分的日照需求。

②考虑到高速公路收费工作的性质，每间宿舍内居住人数不宜过多，推荐为 2 人一间，房间净高不低于 2.8m，面积不低于 $25m^2$。房间之间应有良好的隔音条件，室内噪音应小于 45dB，满足员工的休息需要。公用洗衣机数量不低于每 10 人 1 台。

③宿舍内应设置盥洗室、卫生间和晾晒空间。

④宿舍楼的空调和热水器的安装应统一规划，室外的机件摆放应整齐美观。

⑤宿舍楼内各房间应使用单独的电表，以便管理。

(5)食堂参照《饮食建筑设计规范》(JGJ 64—89)进行规划和设计。

①食堂餐厅的面积根据管理所的人数确定,人均使用面积不能低于 1.1m^2,净高不低于 3m。

②厨房应按原料处理、主食加工、副食加工、备餐、食具洗存等工艺流程合理布置,严格做到原料与成品分开,生食与熟食分隔加工和存放。厨房净高不低于 3m。

③应处理好厨房的通风、排气,避免油烟、气味污染餐厅。

④食堂地面应进行防滑处理。

(6)配电房严格按照国家标准《低压配电设计规范》(GB 50054—2011)进行规划和设计。

①配电房在管理所房区的建设中作为重点,适宜设置在周围环境干燥、尘埃少、腐蚀介质少和无剧烈振动的地表场所,不宜过于靠近收费广场,并适当预留发展余地。

②配电房屋顶承重构件的耐火等级不应低于二级,其他部分不宜低于三级。配电房应使用外开门。

③配电房的顶棚、墙面及地面的建筑装修,应使用不易积灰和不易起灰的材料,顶棚不应抹灰。

④配电房内的电缆沟,应采取防水和排水设施。配电房的地面宜高出本层地面 5cm 或设置防水门槛。

⑤配电房可设一窗户用于采光和通风,但窗户面积不宜过大。配电房使用带有通风防鼠网的防盗门,门口安装防鼠板,门、窗关闭应密合;与室外相通的洞、通风孔应设防止鼠、蛇类等小动物进入的网罩,其防护等级不宜低于《外壳防护等级(IP 代码)》(GB 4208—2008)的 IP3X 级。直接与室外露天相通的通风孔还应采取防止雨、雪飘入的措施。

⑥配电房内应加装排风扇,以利于空气流通。

4.6 收费机电设备

作为确保收费业务正常开展的基础,收费机电设备主要分为收费系统、监控系统、通信系统、供配电系统四个部分。每个系统均由其相应的基础设备构成。

4.6.1 收费系统

高速公路联网收费系统的物理架构一般分为四级管理,即由联网管理部、路段监控中心、收费站和收费车道级系统组成。

1)监控中心级收费系统

(1)系统应具有数据存储、IC 卡管理、票据管理、图像稽查、报表统计、综合管理、数据采集传输和收费网络等子系统来实现相应的功能。各子系统应运行稳定,软件功能正常,收费设置、收费参数下发准确。

(2)系统必须配备数据服务器、管理工作站、显示器、非接触式 IC 卡读写器、激光打印机、数据交换机等主要基础硬件设备。

(3)各基础设备的技术要求如下:

①服务器:为独立的服务器,必须采用市场主流产品的中、高档品牌 PC 服务器,至少具有企业级双 CPU 结构, 24×7 高可用性的配置,具备优良的系统扩展性。配置达到以下要求:2.5GHz 以上处理器,2G 以上内存;100/1000M 自适应网卡;安装 RAID 磁盘阵列卡,配置 RAID5 系统;配置 2 个热插拔电源,

提供冗余电源和风扇。

②工作站：至少配备3台收费管理计算机，用于收费管理、IC卡管理、收费稽查。所有计算机中至少一台配备IC卡读写器。收费管理计算机采用市场主流产品，具有品牌的性能稳定、安全可靠性强的商用机。推荐使用一体机，减少布线的影响。配置达到以下要求：P2.4GHz以上的处理器，2GB以上内存；硬盘≥500GB；高分辨率彩色显示器；标准键盘、鼠标器；DVD刻录光驱；10/100M以太网卡等。

③显示器：使用液晶显示器，能清晰显示当前设备工作状态，以便进行下一步操作。

④IC卡及读写器：非接触式IC卡、IC卡读写器由省级高速公路主管部门负责统一制作、统一发行、统一调配、统一管理。IC卡卡盒采用高速公路联网收费统一的卡盒标准。新建路段的IC卡采购数量由联网管理部根据路网实际情况确定，并统一分配号段。

⑤激光打印机：宜采用黑白激光打印机，使用大容量硒鼓，以降低日常的耗材使用成本。

⑥数据交换机：必须采用具备网管三层交换机，保证与联网管理部网络互联互通。

⑦企业级路由器：将各收费站局域网和监控中心局域网连接为广域网，路由器应充分考虑其性能及冗余、稳定性、安全性。

(4)监控中心级收费系统软件应由以下模块构成：综合报表系统、收费监视系统、图像稽查系统、设备管理系统、数据检索系统、清分校核系统、IC卡管理系统、票据管理系统、人员管理系统、时钟同步软件、数据采集系统、数据库管理系统等模块，负责整个路段的收费和管理。

(5)监控中心级收费系统软件应具有以下功能：

①符合联网收费的要求，能够无缝地并入联网收费运行体制；

②采集所辖收费站的各类收费数据，确保各类数据的存储与备份安全；

③对所辖路段的通行费收入进行清算及校核；

④对所辖路段的收费情况、设备状态进行即时监视；

⑤具有丰富的报表功能，便于财务以及决策分析管理；

⑥具有完善的IC卡管理功能；

⑦具有完善的票据管理功能；

⑧具有丰富的收费稽查手段，强化收费监管机制；

⑨路段内各级计算机系统最终与结算中心时钟服务器同步时钟；

⑩具备登陆站级和车道级系统的权限，可实时查看车道操作。

2)收费站级收费系统

(1)系统应具有数据存储、收费监控、通行卡管理、票据管理、图像稽查、报表统计、综合管理和收费网络等子系统来实现相应的功能。各子系统应运行稳定，软件功能正常，收费设置、收费参数接收、数据传输准确。

(2)系统必须配备数据服务器、工作站、显示器、交换机和IC卡读写器、激光打印机等主要基础设备。设备的要求与监控中心级收费系统设备相同。

(3)收费站级收费系统软件应由以下模块构成：综合报表系统；收费监视系统；图像稽查系统；数据录入模块；数据检索系统；IC卡管理系统；票据管理系统；班次管理模块；人员管理系统；系统参数查看；

按键查看模块;IC 卡路径查询;时钟同步软件;数据库管理系统。

(4)收费站级收费系统软件应具有以下功能:

①符合联网收费的要求,能够无缝地并入联网收费运行体制;

②具有数据录入、数据封账功能;

③具有丰富的报表功能,满足日常财务、交通流分析等管理工作需要;

④即时对车道的收费情况、设备状态进行监视;

⑤提供丰富的收费稽查手段(图像、数据),强化收费监督机制;

⑥具有完善的 IC 卡管理功能;

⑦具有完善的票据管理功能;

⑧具有完善的人员管理功能;

⑨具有完整的数据备份功能,保证各类数据的完整性;

⑩接收结算中心下传的系统运行参数,系统运行参数主要包括费率表、黑名单、免费车种类表等;

⑪与结算中心时钟服务器进行时钟同步;

⑫具备登陆车道级系统的权限,可实时查看车道操作。

3)车道级收费系统

(1)由入口车道、出口车道系统构成,应具有数据处理、过车处理、通行卡处理、车牌识别、设备控制、通行费处理、车辆称重,以及电子支付储值卡处理和 ETC 不停车处理、软件系统等子模块来实现相应的功能。

车道级收费系统必须具有以下基本功能:

①实现车道发卡、收卡、收费、打印票据等正常收费功能,收费数据存入本地计算机,同时自动上传到收费站数据库系统。

②对车道外围设备进行有效控制,包括自动栏杆的升起(自动栏杆的下落由栏杆自身控制)、雨棚灯的切换、通行信号灯的切换、声光报警器的开启和关闭、费额显示器的显示等。自动识别全车牌,能够实现电子支付车辆储值金额在车道自动圈存的功能。

③接收收费站级系统传输的参数信息,包括同步时钟、费率表、储值卡黑名单表、OBU 的有效启用日期、收费站信息表、收费员信息表等系统设置参数等,并具有对黑名单车辆的报警功能。

④入口车道安装的自动发卡设备,必须实现全车牌自动识别及刷储值卡功能,全天正确识别率必须达到 92% 以上(8:00 ~ 16:00 期间应在 95% 以上)。

⑤出口车道能够动态获取货车称重数据,具有计重收费功能。

⑥当网络出现故障时,收费系统能独立正常工作,待网络正常后数据能自动上传。

升级为 ETC 车道的系统还应具备以下扩展功能:

①探测车辆的到来和离开并对车辆进行计数,并传送检测结果。结合车辆识别可判断来车是否有 OBU。

②在入口车道将入口收费站、车型等信息写入储值卡;在出口车道,计算通行费金额,回写出口标识,如果是储值卡则扣款。

③向收费站级系统上传储值卡原始通行费数据、入口车道的过车记录、上下班登记表等。

④能以独立作业的方式工作,在出现异常情况时,车道系统可降级运行和脱机操作。

⑤当车辆通过 ETC 车道时出现异常,系统能进行报警提示。

(2)出口车道必须具备车道控制器、显示器、专用键盘、非接触 IC 卡读写器、雨棚信号灯、通行信号灯、车道摄像机、车牌自动识别系统、车辆检测器、自动栏杆、字符叠加器、动态计重设备、费额称重显示器、语音报价器、票据打印机、手动栏杆、拾音器、雾灯、安全报警按钮、对讲分机、亭内摄像机、数据交换机等基础硬件设备。

入口车道必须具备车道控制器、显示器、专用键盘、非接触 IC 卡读写器、雨棚信号灯、通行信号灯、车道摄像机、车牌自动识别系统、车辆检测器、自动栏杆、手动栏杆、亭内拾音器、对讲分机、亭内摄像机、雾灯、数据交换机等基础设备。

ETC 车道包括路侧控制单元 RSU、视频字符叠加器、ETC 费额显示器、车牌自动识别仪、抓拍车辆检测线圈、抓拍车辆检测器、过车车辆检测线圈、过车车辆检测器、天线启动检测线圈、天线启动车检器、电动栏杆机、黄色闪光报警器、通行信号灯、雨棚信号灯。

(3)基础设备的技术要求如下:

①车道控制器:至少 16 路具有对外围设备驱动能力的数字量 I/O 板;所有接口板和功能板必须附有光电隔离保护以减少雷电和高能浪涌的冲击;安装串口扩展卡,保持车道控制器至少 6 个以上的串口;利用声卡,外接有源音箱,用于播报收费车型和价格。

②显示器:使用液晶显示器,能清晰显示当前设备工作状态,以便进行下一步操作。

③专用键盘:按联网管理部要求统一制作和下发。键盘的字符应色调鲜明,按键弹性良好,功能正常。键盘与车道控制器相连后可以控制自动栏杆机、黄闪报警器、雨棚信号灯、通行信号灯和费额显示器等外场所有设备。

④车辆检测器:采用环形线圈检测器,具有加电自动复位和人工复位功能,能检测出通过的各种车辆,能够准确进行车辆分离。当车道处于关闭状态时,检测器能保持工作状态。

⑤自动栏杆:栏杆的启动和停止要平稳;升降时间不大于 1.8s;在下落时,如车辆检测器发现有车通过时,栏杆应能自动停止下落并抬起;栏杆被车辆水平冲撞时,栏杆体与机箱连接部应有脱离装置,使栏杆体在车辆碰撞力作用下能水平移开;发生故障或断电时,栏杆悬臂自动恢复至垂直状态。

⑥雨棚信号灯:使用超高亮度红色和绿色 LED 光源,用 I/O 卡实现自动控制。

⑦通行信号灯:使用超高亮度红色和绿色 LED 光源,能正确切换控制。

⑧黄闪报警器:报警器发出的声响和闪光应使收费广场范围内的人员可以快速察觉。

⑨车牌自动识别仪:实测车牌整牌识别率≥92%;单车牌识别时间≤300ms;车牌识别仪软件开发接口必须符合联网收费系统标准。

⑩以太网交换机:安装在收费亭或专用设备柜内。

⑪手动栏杆:横杆处于开启或关闭位置时有锁定装置。

⑫声卡和有源音箱:利用声卡,外接有源音箱,用于播报车型,以及文明用语。

⑬费额显示器:采用标准 RS232 串行接口,由车道控制机控制显示内容。能显示四排信息,分别为车型、金额、总重、超重及余额,其中车型一位、金额四位、总重四位、超重及余额四位。字符模式命令格式必

须符合联网收费系统标准协议。

⑭票据打印机：打印机与车道控制器采用串口或并口连接，应具有断电恢复后继续打印的功能。通行费票据上打印的信息应分为两部分：预印刷信息和打印信息。预印刷信息包括经营管理单位名称、系列号和税务专用章等，打印信息应包括入出口收费站（所）名、车型、收费额、日期、时间、收费员编号等，货车应该有重量信息。打印速度：不小于100字符/s或4.2行/s（每行字符数为26个）。

⑮字符叠加器：能对输入视频进行多路输出，并能将车道信息及车道状态信息叠加在视频上；能够准确控制时间、信息的开关。

⑯车道摄像机：能清晰的反映车辆头部全部特征信息；能保证不同气候、时间和灯光下，看清车牌照。

⑰低速动态称重设备：应符合联网收费系统标准协议，能准确测出低速通过车辆的称重信息，主要由低速/静态称重平台、红外线车辆分离器、检测线圈、称重控制器、室外处理机等部分构成。

通信故障下车道轴重仪应能够保存6～10辆车的称重数据，正常时自动上传。车道轴重仪能够检测到最后一辆车退出，发消息撤销该车辆的数据；当最后一辆车不完全退出（未收头）并且再进入时，车道轴重仪能够正确处理该车辆的称重数据；当车辆不完全进入（未收尾）并退出时，车道轴重仪能够正确判断，撤销该辆车的称重数据；当车辆在称重平台上不完全倒车（未收尾也未收头）并重新进入时，车道轴重仪能够正确判断处理该辆车的称重数据。

传输数据时提供能够发现数据传输错误的校验码，并且在传输错误时主动重试。

（4）ETC车道设备的技术要求如下：

①ETC车道必须采用通过联网管理部测试认证的产品。

②ETC车道的土建要符合联网管理部（省联网管理中心）审核的标准ETC土建图纸。

③路侧控制单元RSU：应满足交通运输部《高速公路区域联网不停车收费示范工程暂行技术要求》的规定。

④自动栏杆：栏杆抬杆时间应小于0.9s。

（5）车道级收费系统软件入口车道应由以下模块构成：上下班操作；发放IC卡；车道图像抓拍；手动落杆操作；取消操作；紧急车处理；违章处理；雨棚信号灯控制；关闭车道；综合管理；参数装载；下载资料；密码更改；产生报警信息。

车道级收费系统软件出口车道应由以下模块构成：上下班操作；回收IC卡；收费操作；通行费计算和拆分；车道图像抓拍；手动落杆操作；取消操作；紧急车处理；免费车处理；U行车处理；违章处理；无卡处理；坏卡处理；补票操作；雨棚信号灯控制；关闭车道；综合管理；参数装载；下载资料；密码更改；产生报警信息。

（6）收费站级收费系统软件应具有以下功能：

①符合联网收费的要求，能够无缝地并入联网收费运行体制；

②完成各种收费及发卡业务操作流程；

③具有系统运行参数自动更新的功能，保证按计划执行；

④负责原始数据的产生和收集，实时向收费站上传；

⑤负责车辆通行费的初步清分；

⑥完成各类车道设备的控制；

⑦具有与收费站数据服务器进行时钟同步的功能；

⑧具备完善的数据备份机制，保证数据的完整性；

⑨具备完善的收费监控机制，杜绝收费漏洞；

⑩具有完善的权限认证、密码修改机制，保证系统的安全性。

4.6.2 监控系统

1）监控系统分类

监控系统从功能上分为信息采集系统和信息发布系统两大类。其中信息采集系统通过视频、感应、气象等系统对高速公路行车状况、气象信息等基础数据进行实时采集，并通过专用网络传输至各级管理机构，作为管理者对高速公路实施管理的数据支撑。

信息发布系统是指通过可变情报板、广播系统等对路况信息及高速公路指挥调度信息进行发布，起到对车流引导，以及应急指挥调度的作用。

2）楚天公司监控系统分为监控中心与收费站两级管理

监控中心负责所辖路段监控信息的汇总、查看、控制、存储以及数据上传工作和指挥调度信息的发布。

收费站接受监控中心的指挥调度，负责前端信息，存储和指挥调度信息的发布。

3）监控系统一般技术要求

（1）监控系统实施联网运行，收费站与监控中心、联网管理部的连接采用光纤以太网的方式达到共享需求，遵循统一调度、分级管理、上下联动、信息共享的原则。

（2）为保障高速公路收费及监控系统的安全，监控系统必须与收费系统实施物理隔离。

（3）监控系统IP地址段由联网管理部统一分配。

（4）数据采集数据格式必须符合交通部相关要求。

4）交通信息采集系统

交通信息采集系统主要采集收费站营运信息、交通流信息、气象信息、隧道交通环境信息、异常事件信息。应具备以下子系统：视频监控系统、气象环境检测系统、隧道交通环境信息系统。

（1）视频监控系统。

视频监控系统根据监控的部位和管理目的不同，分为外场监控（监控车流密度较大、事故易发路段和大型桥梁隧道互通、服务区等部位），收费监控（监控收费广场、收费亭内，车道，内业管理室等部位），以及安防监控（庭院、配电房、走廊、宿舍楼等部位）。

视频监控系统主要包括以下部分：摄像机、视频控制系统、视频监视墙、视频数字录像系统、字符叠加器。

视频监控系统应能满足以下管理需求：使监控人员能通过监视器或大屏幕投影直观地了解摄像覆盖区的交通运营情况；能对所有的视频图像进行录像，便于特殊事件记录存档，为以后分析取证提供可靠依据。

视频监控系统主要技术要求如下：

①监视器应采用工业级产品,保证24小时不间断运行。视频监视墙能准确反映摄像机采集的前方图像,图像清晰,播放流畅,无拖尾、闪烁、卡顿,保证图像信息的原始完整性,即在色彩还原性、图像轮廓还原性、灰度级、事件后续性等方面均应与现场场景保持最大相似性。图像上的损伤或干扰不应对监控工作有明显妨碍。

②监控录像回放系统应能进行多路图像同步播放,并实现图像与音频同步,图像之间时钟一致。图像分辨率应满足公共安全行业标准 GA/T 367—2001《视频安防监控系统技术要求》中4.4.7系统分级规定的一级(甲级)要求。具体参数为:视频信号分配器的信噪比≥47 dB;显示设备的信噪比≥47 dB;显示分辨率≥470 TVL;单画面记录分辨率≥350 TVL。图像播放流畅,无卡顿、延迟。

③监控录像回放系统软件的操作界面应设计合理,直观便捷,能对视频采集点进行自定义命名,能准确地进行图像的选择和回放时段的定位,能对多路图像进行同步查看并在图像上显示采集点名称,能对播放的速度进行调节并保持流畅,能将选取的录像导出保存。

④摄像机上传的视频图像必须进行录像保存,录像应连贯完整,经切割处理的每段录像时间不宜低于30min。收费监控的每路图像存储时间不得小于15天。

⑤路段实时视频必须上传至监控中心并进行录像保存,监控中心能对任意视频图像进行切换、控制。

⑥外场监控视频采集点建议选择互通立交、隧道、道路主线特殊路段、服务区等部位。其中特大桥梁摄像机设置间距为1000~2000m;事故多发、急弯、坡度较大、线性较差等特殊路段应酌情加密摄像机的布设。

⑦收费监控视频采集点必须包括覆盖收费广场,收费亭内、车道以及监控室、内业管理室、综合管理室等部位。摄像头的布设位置和角度应科学合理,收费广场以及涉及现金、IC卡和票据处理的敏感部位均应全部处于监控范围中。

⑧系统设备应具有监测反馈功能,可通过视频控制计算机发送指令以获得所需的数据,反映监控设备的运行状况。

(2)气象环境检测系统。

宜在易发生雾、雪和路面结冰的高速公路和特大桥布设,主要检测风力、风向、降雨、降雪、冰冻、雾区等影响高速公路通行环境的气象状况信息。

(3)隧道交通环境信息系统。

主要检测隧道内的通行环境,检测隧道监控设施的显示状况(交通信号、风机运行、照明、情报板等)、能见度、风向、火灾报警信号等信息。

5)信息发布系统

信息发布系统是在高速公路主线上和各收费站设置的用来向道路使用者提供道路交通信息和诱导控制指令的设施,主要设备为可变信息显示屏,技术要求如下:

(1)布设地点。可变信息显示屏建议在大桥、道路主线特殊路段、事故多发路段、雾多发路段以及收费站入出口处布设。在收费站可布设与收费亭外顶部前方,采用方形信息显示屏;在外场布设的信息显示屏采用龙门架式、F板式。

(2)信息显示屏推荐使用符合《LED显示屏通用规范》要求的产品,电源、控制线路以及通信线路须按规范要求连接到位,能满足户外长期使用的要求。

(3)道路可变信息显示屏统一由监控中心控制,收费亭可变信息显示屏由收费站控制。

(4)可变信息标志的下位机通讯协议应符合联网管理部的要求。

4.6.3 通信系统

1)通信系统的作用

通信系统主要提供各路段与联网管理部、行业主管部门及路段间相互联系的数字传输通道。

2)通信系统构成

全省高速公路传输网分为:光纤同步数字传输网和千兆光纤以太网。

全省高速公路光纤同步数字传输网主要由两部分组成,即光纤数字传输主干网和光纤数字传输本地网。

主干网主要用于传输全省视频图像资源以及联网收费系统应急数据传输。其结构例图如图4-1所示。

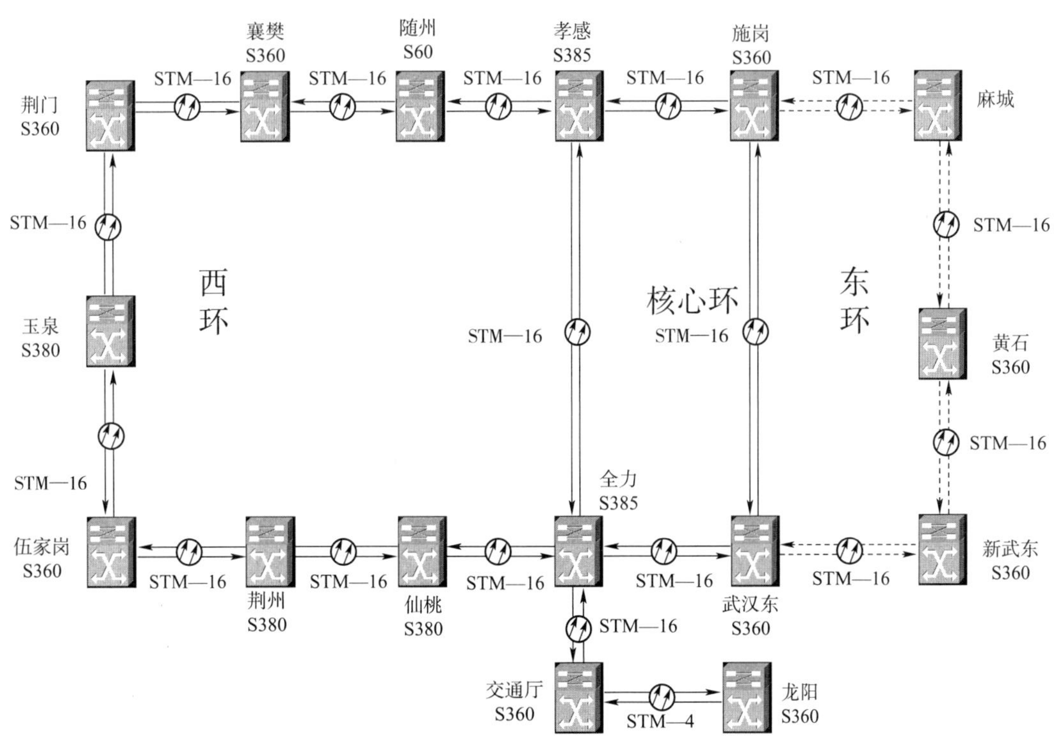

图4-1 湖北省光纤数字传输主干网结构图

本地网基本采用隔站相连的方式组成本地光纤环网,主要负责路段管理单位内部的视频资源整合及设备连接。

3)通信系统基本技术要求

(1)传输设备。

①新建路段接入主干网的传输设备应采用与全省传输系统相协调的核心层传输设备,传输等级应达到2.5G并且能平滑升级到10G,为后期路网接入留下足够传输容量。主干光纤传输设备空分交叉能力应达到2×32×32 AU4等级。

②本地网的传输设备应采用传输等级达到 STM－4 且能平滑升级到 STM－16，时分交叉能力达到 1008×1008 TU－12 级别的设备，并能为后期升级预留足够的传输容量。

（2）光纤设备。

①主干网光纤采取硅芯管敷设，横穿路基时应加钢管保护，光纤保护管应安装牢固、排列整齐有序、密封良好。

②光纤配线箱应安装端正、稳固，配件齐全。在配线箱内光纤排列整齐、有序，绑扎牢固，相邻两站之间光纤标识正确、清楚，一一对应。主干光纤应配置在上架后使用情况应明确标示。

③光纤的接续应采用可开启式密封型接续箱，接续箱应安装牢固，密封良好。

④光纤在人（手）孔内占用管道孔正确、排列整齐、余留长度符合规定，标志清楚、牢固。人（手）孔位置应准确、预埋件安装牢固、防水措施良好。

4.6.4 供配电系统

1）供配电系统的作用

供配电系统主要向监控中心、收费站、收费车道以及外场设备提供电力。供配电系统的配电一般为 380V 以下的线路。

2）供配电系统组成

供配电系统主要由低压供配电系统、不间断电源（UPS）、供电管线组成。

3）不间断电源的基本技术要求

（1）UPS 容量最低为 8kVA，可依据收费设备数量适当增大配置，UPS 满负荷运行时不得大于该 UPS60% 额定功率。

（2）UPS 后备时间不得少于 1h，断开供电时，UPS 能正常启动，系统不掉电，不影响其他系统工作。

（3）对收费车道供电应采用 2 台独立工作的 UPS，任意相邻 2 条车道分别由不同 UPS 供电。

（4）UPS 后备电池应选用免维护蓄电池，电池应放置于电池柜内，电池柜应保证通风良好。

（5）市电供电比较稳定的管理所，应至少每 1 个月应对后备电池进行一次充放电保养，充放电时间为 30min。

4）低压供配电系统的基本技术要求

（1）收费站、监控中心应配备停电自启动柴油发电机，确保停电时机电系统的正常运转。发电机最大输出功率应根据收费和办公进行具体确定，发电机有自启动功能，自启动时间要求不大于 30s。发电机组相序与机组输出标志一致，发电机稳定工作后输出电压稳定，可手动优先切换。

（2）监控室、车道以及收费广场照明必须采用单独回路，与收费站、监控中心的生活用电分开设立。

电表应按区域划分单独设置，对空调等大功率电器的使用设置专线和单独的控制回路，以保证供配电系统的稳定。

（3）收费站应设置独立的配电房，用于安放稳压电源、UPS 及配电柜、电池等设施。

（4）配电房内高低压配电设施、发电机组等设备应安装稳固，方向、位置正确。设备、列架排列整齐、有序，标志清楚、牢固。

（5）所有配电柜接地电阻必须小于 4Ω，采用联合接地时，接地电阻必须小于 1Ω。

(6)电源室内设备绝缘电阻应大于2MΩ。

(7)进入配电柜的所有电缆接头按规范进行开剥、焊接、绑扎、接续、标记。

4.7 广播系统

有条件的运营企业可在收费站建立广播系统。具体如下：

(1)收费站广播系统是利用现有IP通信网络,能实现个性化定时播放、网络广播、收费亭音频点播、网络话筒、背景音乐等功能的运用系统。

(2)该系统通过音频矩阵、分区寻呼机、遥控寻呼话筒实现对广播系统各种信号的矩阵选择、分配、喇叭区域选择及广播。

(3)该子系统由网络广播主控室和收费站广播设施两部分组成。在监控中心及管理所监控所设置广播主控台,在收费亭安装网络广播设施。

(4)在发生突发事件的紧急情况下,监控人员发布信息指令,指挥人员进行救援及疏导车辆。平时也可利用此系统传递高速公路道路交通信息,通知收费人员对路经收费站的车辆进行相关路段道路临时封闭及拥堵的信息,提示车辆及时选择通行路段。

(5)日常工作状态可播放背景音乐,从而达到舒缓收费人员的紧张情绪,提高工作效率,并且收费广场的背景音乐广播也可为过往司乘提供一个轻松愉快的缴费环境。

4.8 信息化系统

为适应高效办公的需要,公司及下属各子公司在收费管理中应积极使用信息化手段。

(1)应建立信息化办公系统,具备发布信息、办理公文等办公用途。

(2)应建立收费信息综合分析系统,具备对收费数据、特情和稽查信息进行记录、统计、分析的功能,对收费业务开展情况进行记录和发布的功能。

(3)应建立收费管理QQ群,实行统一实名化管理,以便收费信息的实时传递。

4.9 防雷设施

由于管理所一般坐落在比较空旷和独立的地带,受到雷击的概率较高,因此必须遵循全面规划、多重保护、安全可靠、经济合理的原则进行综合防雷工程设计,最大限度地防止和避免遭受到雷击,从而保障工作人员和收费机电、办公设施的安全。

(1)应按国家标准《建筑物防雷设计规范》(GB 50057—2010)第二类防雷建筑物设计要求设计独立防雷接地设施,接地电阻值应小于4Ω。

(2)为保证收费设备工作正常,应按《交流电气装置的接地设计规范》(GB/T 50065—2011)和《电气装置安装工程接地装置施工及验收规范》(GB 50169—2006)设置设备保护接地。通信机房、监控室及收费车道必须设置保护接地并应采用联合接地方式。联合保护接地电阻值不得大于1Ω。

(3)如因条件限制不能采用联合保护接地方式时,通信机房、监控室的保护接地电阻值不得大于1Ω,而收费车道的保护接地电阻值不得大于4Ω。

(4)任意两组接地装置的接地点间距应大于20m。

(5)接地装置的接地极应采用规格为50mm×50mm×5mm、长2.50m的热镀锌角钢,接地引线采用直径不小于8mm的热镀锌圆钢或40mm×4mm的热镀锌扁钢,并沿电缆竖井引至收费岛旁和各收费亭下方。

(6)接地极必须埋设在距地表深0.60m以下的开挖沟槽(沟槽挖深0.70m以上)中,并打入至设计深度。接地引线的埋设深度一般为0.25~0.50m,在路基边坡上的埋设深度为0.25~0.30m。

(7)沟槽回填土中不得夹杂石块、砂土、废弃建筑材料及其他生活废弃物,更不得含有腐蚀性材料。接地极不得埋设在垃圾、渣土处。

(8)在机房内应设置独立的等电位端子排,并与接地引线焊接连接。独立等电位端子排应选用标准铜排,并沿机房四周等距预接10个以上16mm(截面符号)的铜线接线端子。

(9)防雷综合工程的设计、施工以及验收均应由具备相应资质的单位实施。

(10)各类收费机电设备的防雷装置应定期进行检测。

第 5 章　服务管理

5.1　总则

5.1.1　目的

通过服务管理标准的实施，提升收费员工队伍的服务能力，展现良好窗口服务形象，增强收费服务质量，营建诚信、快速、满意、平安的服务环境。

5.1.2　适用范围

高速公路运营企业及各子公司、委管路段均按本标准严格执行。

5.1.3　编制的依据

(1)《湖北省高速公路联网收费管理办法》(试行)。

(2)《湖北楚天高速公路股份有限公司收费管理办法》(2013 年修订稿)。

5.2　收费服务环境

(1)收费现场的服务环境应干净、整洁，做到以下要求：

①收费广场、车道、收费岛、边坡(沟)等处无垃圾和抛洒物，无积水、积尘和严重油污。

②收费广场各类附属服务设施和机电设备完好，无明显污渍和破损，表面及缝隙无积尘，各类用具摆放规范、整齐。

③收费岛的绿化苗木保持美观，定期修剪或更换，及时清除杂草和枯萎苗木。

④收费亭内地板平整，无污迹、杂物，墙壁光洁，无污迹、蛛网，玻璃干净、光亮，无水印，桌面物品摆放整齐，无污垢、杂物，各类工作设施完好、洁净。收费亭外墙面保持清洁，无水印、明显油污。

⑤收费亭内外均不得随意张贴，确因工作需要张贴的，应在指定位置张贴，并使用易清理的粘胶处理，避免留下痕迹影响收费亭外观。

⑥卫生用具应整洁置于服务亭或卫生间中，不得随意放置在收费广场范围内。

(2)收费现场的工作人员按以下频次负责做好清洁卫生：

①收费广场每班次至少进行 1 次。

②车道、收费岛、收费亭内每班次进行 2 次。

③边沟每天进行 1 次。

④现场范围内的抛洒物随时清理。

(3)收费亭内按以下要求做好内部服务环境的定置管理：

①入口费亭收费桌面：从收费窗口由左至右依次摆放通行卡卡盒、读写器、键盘，显示器摆放在收费员的右前方，显示器左边摆放对讲分机，如收费亭需要摆放绿色植物，可将植物放在入口右窗角。不得存放其他非工作用品，更不得摆放带磁性物品和茶杯。

②出口费亭收费桌面：从收费窗口由左至右依次摆放通行卡卡盒、票据打印机、读写器、键盘、验钞机，显示器摆放在收费员的右前方，显示器左边摆放对讲分机。不得存放其他非工作用品，更不得摆放带磁性物品和茶杯。

③置物柜：收费相关文件、计重检测证书、收费相关学习资料、值班日志以及笔、透明胶、剪刀等相关办公物品统一置放在置物柜内。物品使用完毕后应及时放回到置物柜内。

④手提箱立放于收费桌下右边，并与车道机柜的通风口距离3cm以上。

⑤多功能服、工作服外套、反光背心挂在衣帽钩上。

⑥凡对机电设备安全有隐患的物品均须加强管理，水杯摆放整齐，卫生用具不得放于亭内。

⑦私款、私人通信工具、非业务学习书籍和数码娱乐产品属于禁止携带和存放的物品。

5.3 收费服务设施

收费现场的服务设施应齐全完备，为社会公众提供信息服务、便民服务，并接受监督。服务设施受损后应及时进行修复，一般情况下3天内修复，损坏严重的10天内修复。

5.3.1 收费公示栏

各管理所在收费广场应设有固定公示栏，由4联相同大小的公示板组成，公示板面积应不小于$3m^2$。各公示板由左至右显示内容如下：

第1联：省内高速公路行车示意图。

第2联：收费单位、审批机关、收费依据、主管部门、收费对象及范围、收费用途、收费起止年限、服务监督电话、收费标准。

第3联：服务承诺与收费政策摘要内容。

第4联：高速公路清障施救收费标准和依据。

当公示的内容出现变化时，应对公示板相应部位进行更新。

5.3.2 服务承诺牌

应公示服务人员、服务承诺、服务项目、服务热线和温馨提示等内容。

管理所应为每名收费岗位员工制作带有工号的服务公示相片，进行过塑处理后，由员工在上班期间安置于服务承诺牌上，对外公示。

温馨提示的内容可根据本单位服务对象的服务需求适当调整。

5.3.3 便民服务箱

每个收费广场应配备1个便民服务箱，箱内备有医药箱、工具盒、灭火器及交通行车指南，并按以下要求做好管理：

(1)当班收费班长负责对使用情况进行记录,交接班时,做好物品交接。

(2)医药箱内只提供外敷药品,不提供内服药品。常备风油精1瓶、创可贴1盒、胶带2卷、镊子1把、碘酒1瓶、脱脂棉1包、纱布1卷、棉签1包等,应经常检查药品是否用完或过期,不得向驾乘人员提供过期药品。提供医疗服务时应注意以下几点:

①收费现场主要提供简易的医疗服务,严重的伤、病情应交由专业医疗机构救治。

②提供医疗服务时,现场工作人员应指引车辆到安全地点停放,在车辆前后摆放锥筒,并在安全地点提供救治。

(3)工具箱内应常备小修工具,包括尖嘴钳1把、工具刀1把,小型、长型螺丝刀(起子)各2把(其中一字型、十字型各2把)、六角棒1套(9根)、套筒一套(套杆、套帽4个)、铁锤1把、花锶钳1把、中号活动扳手1把,共15项工具,保持工具干净、完好。

(4)灭火器按照安全管理的要求配备和管理。

(5)将公司定期印制的行车服务指南留存部分放置在便民服务箱中。各管理所也可以根据各自情况印制周边交通路线的行车指南,做好交通指引服务。

5.3.4 信息显示屏

各管理所负责本单位收费亭信息显示屏的信息发布,监控中心负责主线情报板的信息发布,并对全线信息显示屏的运行情况进行监督和指导。

信息的发布应及时,显示内容应清晰、准确、稳定、精炼,排版美观大方,过期内容应及时进行清理。

监控中心负责对信息显示的字号、字体和播放方式进行具体规定。信息文字的颜色根据内容区分,显示提醒、警示类信息时采用黄色字体,显示问候、祝福、大型活动标语类信息时采用红色字体,显示天气、路况、有关运营管理类信息时采用绿色字体。

信息发布范围如下:

(1)高速公路通行的基本情况,如天气、路况等。

(2)施工路段信息。

(3)恶劣天气条件下的相关提示信息。

(4)交通突发事件发生时本路段的通行情况。

(5)与高速公路运营管理密切相关的其他信息。

5.4 收费窗口服务

收费人员作为直接面向社会公众的服务人员,服务过程中应注重服务礼仪,提供热情、周到的服务,展示文明、规范的服务形象,体现良好的职业素养。

5.4.1 仪容仪表

1)发式

(1)男士发式应清爽干净,梳理整齐;不染彩发,不吹烫奇异发型,不留长发和鬓角,以“前不遮额,侧不盖耳,后不触领”为宜。

(2)女士发式应端庄、大方,梳理整齐;头发前不遮眉,后不过肩,不染艳丽颜色头发;长发使用深色皮筋扎束,并佩戴统一的发饰盘在脑后,发饰下端与下耳垂保持同一高度,多余的短发使用发夹、定型水固定,不得遮挡面部或外露在发饰之外。

2)面容

应精神饱满,保持面部各部位的清洁,如戴眼镜,应保持镜面清洁。男士不留胡须,女士应化淡妆,以淡雅、清新、自然为宜。

3)其他要求

(1)应保持口腔清洁、口气清新,牙齿干净。

(2)保持手部的清洁,指甲长度不超过指尖顶部,指甲内无污垢,不涂抹鲜艳颜色指甲油,以自然色为宜。

(3)工作期间除手表、发结(卡)外不得佩戴其他饰品。

5.4.2 服务仪态

1)站姿

(1)双目平视前方,下颌微微内收,颈部挺直,面容平和自然。双肩自然放松,略向后收。躯干挺直,双臂自然下垂,处于身体两侧。

(2)女士可将双手自然叠放于小腹前,拇指交叉,右手放在左手上(反之亦可,列队时保持一致),脚跟并拢;两脚呈"丁"字型站立,左脚在前,右脚在后。

(3)男士可将双脚、双膝并拢,脚跟紧靠呈"V"字型分开,两脚尖间距约一个拳头的距离,或双脚平行分开,距离保持等宽。

(4)工作期间,收费人员不准两手在胸前交叉抱肘、勾肩搭背或将手插在衣袋中。

2)坐姿

(1)头部挺直,双肩平正放松,双臂自然弯曲放在桌面上,掌心向下,以腕到肘部的2/3轻置于台面为宜。

(2)应采用中坐姿势,占椅面2/3左右,上体自然挺直,轻靠椅背,双膝自然并拢,双腿正放,双脚并拢或交叠,男士坐时可略分开。

(3)与驾乘人员交流时,应面向驾乘人员侧身30°,将头部和身体转向驾乘人员,面对驾乘人员提供服务;无车时可调整为相对放松的坐姿,可轻抬上身,将身体重心移至椅背近处,双臂自然弯曲放在腿上或椅子扶手上,背部轻靠椅背。

3)行姿

(1)行走时应上身正直,头部端正,双目平视,收腹立腰,保持身体各部位协调、平稳,双臂以肩关节为轴自然摆动,脚步干净利落,步伐从容、步幅适中、步速均匀,

(2)女士应步姿优美,走成一条直线,脚尖稍为外展,膝盖内侧与脚踝内侧有摩擦感,腰部臀部自然摆动,步幅以30cm为宜,步速约110~120步/min为宜。

(3)男士应步态稳健,两脚跟交替进行在两条平行线上,步幅以40cm为宜,步速约100~110步/min为宜。

5.4.3 着装规范

(1)收费工作人员在工作期间必须统一着公司工作服。发放的工作服为工作所需,不得转让。

(2)着装时应保持服饰干净平整,无褶皱、无破损、无污渍,无内衣露出领口、袖口及卷袖口、裤边等现象,衣扣齐全完好,不得与便服或不同季节的工作服混穿。工作期间不准戴手套、拢袖。亭外执勤时必须着反光背心。

(3)每年5月1日至9月30日着夏装,每年12月1日至次年3月31日着冬装,其余时间着春秋装。如遇气候反常着装可临时调整,同一班组人员必须着装一致。夏季高温期间(7月1日—8月31日),可不系领带或丝巾。

(4)着西服时,应扣上西服纽扣(至少应扣上面一粒)不得敞开。衬衣袖口须扣上,长度以超出西装袖口1cm为宜,下摆须束于裤内。西裤裤脚以穿鞋后距地面1cm为宜,应系深色皮带,着深色皮鞋、深色袜子(女士可穿肉色袜子),保持鞋面光亮、清洁,不得穿旅游鞋、拖鞋、露趾凉鞋等鞋子上岗。

(5)除另有规定的,男士着衬衣时应系领带,领带要干净挺括,长度以到皮带扣处为宜。若内穿V领毛衫时,领带必须置于毛衫内,且西服下端不能露出领带头。女士按季节佩戴公司配发的丝巾,丝巾要干净、平整,佩戴丝巾时,丝巾的式样和系法班组应保持一致。

(6)着春秋装时,应外着西服,内着长袖衬衣,统一系配发的领带(丝巾);着夏装时,应上身着短袖衬衣,下着西裤,衬衣下摆束于裤内(着短袖衬衣时下摆不束于裤内),系配发的领带(丝巾);着冬装时,应外着西服,内着长袖衬衣,系配发的领带(丝巾),并着V领毛衫,天气寒冷时可着多功能服。外着多功能服时,必须内着公司统一配发的西装。

(7)因怀孕或其他身体原因,无法正常着装的,经所在管理所所长批准,可不穿工作服,但必须保持着装整齐、素净。

5.4.4 服务礼仪

在服务过程应始终做好文明用语和唱收唱付,坚持微笑服务、手势服务。

1)文明用语一般要求

(1)收费服务过程必须始终坚持使用文明用语和唱收唱付,要求咬字清晰、音量适度、语速适中,一般每分钟以100~150字为宜,以2m以内能听到的音量为佳。

(2)文明用语应使用标准普通话,不得使用方言,做到亲切、流利、完整、规范。

(3)声音要清晰柔和,语速适中平和,视收费现场情况控制说话音量,以便驾乘人员听清。说话态度诚恳,语气不卑不亢。

(4)推行10字基本文明用语和常用礼貌用语。10字基本文明用语:您好、请、谢谢、对不起、再见。常用礼貌用语12个:请、您、谢谢、对不起、请稍等、请原谅、没关系、不要紧、别客气、您早、您好、再见等等。节假日时根据需要使用相应的节日问候语。

2)基本文明用语的具体使用要求

(1)问候语:您好。

(2)发卡时:请您拿好通行卡。

(3)接过钱卡后:谢谢,请稍等。

(4)收费时:请您交验通行卡;请您交通行费××元;收到您××元,找您××元;请您拿好票据。

(5)告别语:请好走、再见。

3)节假日问候语的具体使用要求

(1)春节:新年好!恭喜发财!(春节问候语期限:正月初一0:00开始至正月初七24:00)。

(2)元宵、元旦、中秋节等:元宵(元旦/中秋)节好、节日愉快!(均为当天使用)。

(3)五一、十一等节日期间:节日愉快!(节日期间使用)。

(4)周五、周六:周末愉快!(周末问候语期限:从周五18:00起使用,周六24:00结束)。

4)微笑服务要求

(1)面部表情和蔼可亲,自然微笑,以口形呈E发音为宜,嘴角微微上翘。微笑时真诚、甜美、亲切、善意。

(2)面对驾驶员应双目平视对方,目光友善,眼神柔和,亲切坦然,精神饱满,辅之以微笑亲切的面部表情,眼神集中注视驾驶员双眼、鼻尖形成的三角区部位,迎着驾乘人员的目光进行交流,传递对驾乘人员的尊敬与问候。

5)手势服务各环节的要求

(1)扬手问候。

①扬手问候动作从车辆进入收费岛岛头开始,在车辆距离收费窗口2m时收回。

②收费员保持身体正直,头部与身体自然向左侧转动30°,将左手肘关节放在窗台上、小臂与地面垂直,手掌与小臂保持一条直线,五指伸直并拢,注意将拇指并严,掌心面向来车微微向上斜,准备示意停车。

③示意停车时,以肘关节为轴,弯曲140°左右,手掌与地面形成45°。入口将小臂顺势向内挥动45°收回,准备发卡;出口将小臂顺势向外挥动45°收回,准备接卡,动作与注目礼、点头迎礼进行配合,面带微笑。

(2)钱卡接递。

①动作为小臂保持水平(发卡人员收回小臂),架乘人员打开车窗时,应目光注视对方,面带微笑,辅以点头迎礼。

②主动选择相应的问候语进行问候,接钱卡时,小臂外旋掌心转向上,拇指于上、四指并拢夹住钱卡,动作缓而稳。

③接过钱卡后,应请驾驶人稍等,身体和头部转向工作台,按规定流程刷卡后,应面向驾驶人唱收唱付,将票据与找兑零钱整齐叠放,票据置于最上方且正面朝上。

④头部与身体自然向左侧转动30°,将票据与零钞递至驾乘人员手中,注意面带微笑配合注目礼。

(3)挥手道别。

①动作为操作完毕、车辆起步时,收费人员应保持上身直立、微笑,使用告别语。

②手指自然并拢和伸直,手臂、手指保持一条直线,掌心向上顺手向驾驶人前方方向挥手,挥手动作幅度约为30cm,保持挥手动作3s以上。

③挥手时,配合注目礼,待车头驶离窗口后,收费员恢复标准坐姿。

6)服务注意事项

(1)服务态度应主动、热情、耐心,并要虚心听取驾乘人员的意见和需求,对于驾乘人员的咨询耐心解答、态度诚恳、不得推诿敷衍。

(2)对需要帮助的驾乘人员,及时提供力所能及的帮助,对驾驶人的要求无法满足或答复的必须致抱歉语并说明原因,取得驾乘人员的谅解。

(3)在为驾乘人员服务过程中,不允许与他人闲聊,一般情况下,车辆未走前不得关闭窗户。

(4)收费现场范围不得嬉戏打闹,不得多人在收费亭内外聚集长时间聊天。

(5)无论何种原因造成耽误驾驶人时间的,收费员必须向司机道歉:"对不起,请稍等"(有必要时,须向驾驶人解释原因)。

(6)有外单位人员到访收费亭时,收费人员应立即报监控室通知值班领导。有新闻单位来访时,收费人员应立即报监控室,由管理所所长负责接待,收费人员不得私自接受采访和交谈。

(7)收费人员应坚守岗位,严禁脱岗、睡岗、酒后上岗。实行离岗报告制,离岗前必须向监控员报告离岗人姓名、离岗时间、离岗事由,返回后及时报告返岗时间,严禁两人或多人同时离岗,每班每人离岗不得超过2次,每次不得超过15min,由监控员负责做好离岗记录。

5.4.5 电话礼仪

1)接打电话时应注意的事项

(1)监控员应在铃声响起3声之内接听电话,来电接通后,报出单位名称,热情问好,确定来电者身份。

(2)监控员接听电话时应认真倾听,了解来电目的,重复来电要点,特别是重要通知和紧急求助时,一定要询问清楚时间、地点等要素,确定记录的准确性。

(3)监控员拨打电话接通后,应向接听人问好,并将去电目的向接听人说明清楚,重要事情进行重述。

(4)拨打、接听电话的过程应始终坚持使用普通话和文明用语,要求完整规范,节假日适当使用节日问候语及情景问候语。

(5)通话结束后,应说:"再见!"然后请对方先收线。

(6)监控员在与收费员通过语音对讲系统通话时,双方均必须使用普通话,做到简明扼要,严禁闲聊。

2)接听电话时应使用的规范文明用语

(1)您好!××管理所。

(2)请问您需要什么帮助?

(3)请问您怎么称呼?

(4)我们会立即向上级领导报告您反映的问题,尽快给您满意的答复。

(5)您还需要什么帮助吗?

(6)对不起,您所反映的情况不属于楚天公司受理范围,请原谅!建议您向××单位咨询此类问题。

(7)谢谢您的意见,欢迎您的监督。

(8)通知已收到,我立即传达。

(9)谢谢,再见!

5.5 客户服务

公司在监控中心监控室设立服务热线和短信平台,由中心监控员负责热线的受理和平台信息的回复,做好本路段的客户咨询、救援、投诉受理服务以及相关信息的汇集、传递、通报和发布工作,及时处理省客服中心传递的救援、投诉信息。

5.5.1 服务范围

公司客户服务的范围如下:

(1)高速公路行车线路、里程、出入站点、服务区、路况、天气、收费标准、重要旅游资源、周边省市行车路线及相关政策法律的咨询服务。

(2)交通意外、车辆故障等情况协助救援服务。

(3)收费、服务质量等各类投诉受理服务。

(4)在公司官方网站的公众出行服务栏目上发布各类服务信息,主要内容包括:

①属地省级高速公路收费政策和相关法律法规。

②交通堵塞情况:发生交通堵塞的地点、程度和采取的疏导措施。

③交通事故情况:发生交通事故的地点、时间、事故类型、救援情况和对交通的影响程度。

④路段天气情况:雨、雾、雪等恶劣天气时的路面行车状况。

⑤养护施工情况:施工的路段、时间、规模、施工安全措施和对交通的影响程度。

⑥突发事件情况:其他影响高速公路畅通和行车安全的。

(5)对客户的电话或短信咨询,中心监控员能够准确解答咨询内容的,直接答复。超出本路段的问题,不能准确解答的,可告知客户拨打高速公路服务热线咨询。

5.5.2 热线受理

(1)中心监控员接到省客服中心转交或客户直接拨打的求救电话后,应按以下流程进行:

①问明客户救援需求、地点、车辆牌号和联系方式,并做好相关记录。

②通知管段路政大队或施救单位迅速赶赴现场进行救援。

③实施救援期间,密切与管段路政大队或施救单位保持联系,随时掌握现场救援情况。

④救援工作完毕后,电话回访客户救援情况和意见。

⑤将客户救援情况反馈省客服中心。

⑥如需救援车辆在其他路段的,监控中心可将该信息转省客服中心处理,也可告知客户直接拨打高速公路服务热线。

(2)中心监控员接到省客服中心转交或客户直接拨打的投诉电话后,按以下流程进行:

①问明客户投诉事因、投诉对象和投诉客户姓名以及联系方式,并做好详细记录。

②通知被投诉对象所在单位值班负责人进行处理。

③电话回访投诉客户受理情况和意见。

④对投诉处理情况认真进行详细记录。

⑤投诉其他路段的,可将该信息转省客服中心处理,也可告知客户直接拨打高速公路服务热线。

⑥针对收费政策的投诉由中心监控员直接受理并做好解释工作。

(3)管理所副所长为收费投诉处理的负责人,在接到投诉后应迅速进行处理,查明情况,与投诉人及时取得联系。对于有理投诉,应对投诉人表示歉意,取得客户的理解。内业管理员应及时将投诉的处理过程和结果向中心监控员反馈,并在《客户投诉登记本》中认真记录。当班监控员负责将与投诉有关图片和影音资料保存备案。

5.5.3 路况信息服务

(1)路况信息具体指:

①由于公路养护施工,造成道路封闭、1/2 封闭,或 500m 以上 1/4 封闭。

②因雨、雾、雪等恶劣天气实行交通管制。

③因自然灾害、事故灾难、公共卫生事件、社会安全事件等突发性事件引起的交通中断或阻塞。

④因重大社会活动等计划性事件造成的交通管制和道路封闭。

(2)中心监控员在收到路政、养护部门和管理所报送的路况信息后,应立即进行核实,了解详细情况,确认为影响到车辆通行的,中心监控员应及时在公司官方网站出行服务栏目中发布路况信息,并按照省客服中心的要求进行上报。

(3)发布的路况信息内容应按规定格式,包括路线名称、路线编号、里程桩号、发生时间、事件原因、影响路段、处置措施、预计恢复通车时间和实际恢复通车时间等内容。

(4)属于对车辆通行情况影响重大的路况信息,中心监控员应将信息发布内容交监控中心经理审核同意后,在主线龙门架式情报板中发布,并下发给各管理所,由管理所监控员在收费亭信息显示屏中发布。

(5)监控中心监控员应保持对车辆通行情况的关注,当交通恢复后,应及时更新信息,向省客服中心上报。

5.6 电子支付业务

公司配合联网管理部设立电子支付客服点开展电子支付业务工作,负责易通卡及电子标签(OBU)的销售、运营及有关的售后服务工作。电子支付业务的开展应严格服从联网管理部的要求。

(1)客服点工作人员在发售易通卡及电子标签(OBU)时,必须据实填写客户信息,认真核实车辆特征和相关证件的合法性、真实性,确保发售信息与实际情况一致,严格防范利用电子支付业务降低收费车型的手段。客户信息变更时,需上报电子支付客服中心统一修改并备案。

(2)客服点工作人员在销售易通卡和电子标签(OBU),以及收到预存通行费时,必须据实出具相关票据。产生的废票应详细登记、妥善保管,按客服中心的管理规定上交。

(3)客服点工作人员收到预存通行费后,必须在次日前上缴至指定账户,严禁留存、挪用。

(4)客服点工作人员收到客户通行费预存款项后方可进行充值,确保充值金额与预存金额一致,不得多充、少充或先充值后收款。充值工作中出现的短款自赔,长款上交。

(5)使用银联 POS 机充值时,银联 POS 机打印凭条需妥善保管,定期上交客服中心回收。如出现刷卡交易异常时,应及时与客服中心及当地银联公司联系处理,确保交易系统正常运行。

(6)电子支付客服点应加强易通卡和电子标签(OBU)的保管工作,实行专人、专柜管理,配备必要的安全措施,做到防盗、防火、防折、防磁。

(7)电子支付客服点应做好易通卡、电子标签(OBU)挂失与故障处理等售后服务工作,认真核实相关信息后,上报客服中心处理。

5.7 服务监督管理

(1)建立常态化的监督管理机制,以及标准化的收费环境、收费设施、收费窗口服务监督指标。

(2)制定服务管理日常考核表,做到一日一通报、一月一汇总。

(3)服务管理日常考核表由当班监控员对照标准考核、填制。内务管理员每日对照标准进行复核。所领导不定期进行抽查。月底由内务管理员进行汇总、通报。

(4)考核以稽查为主要形式,将定期检查和不定期检查相结合,全面检查和部分抽查相结合,岗位表现和录像稽查相结合,考核结果纳入月度绩效考核。

第6章　现 场 管 理

6.1　总则

6.1.1　目的

对收费现场的运营秩序进行有效的管控,提高业务工作效率,营建有序的收费服务环境,使收费现场处于高效、安全、有序的运转状态。

6.1.2　适用范围

高速公路运营企业及各子公司、委管路段均按本标准严格执行。

6.1.3　编制依据

(1)《湖北省高速公路管理条例》。

(2)《湖北省高速公路联网收费管理办法》(试行)。

(3)《湖北省高速公路联网收费现场操作规范》。

(4)《湖北楚天高速公路股份有限公司收费管理办法》(2013年修订稿)。

6.2　术语和定义

(1)收费现场:指高速公路经营管理单位从事收费服务最主要的场所,以收费广场为主要活动范围。

(2)现场管理:用科学的标准和方法,对收费现场的人、机、物等各类生产要素进行合理的组织和安排,使收费现场保持稳定和高效运营的健康状态。

(3)收费班组:是由收费员组成的从事具体收费服务活动的基层管理组织,人数和结构比较固定,按照预先安排的班次运作。

(4)收费班次:将一个日历日划分为若干工作时间段,每段称为一个班次。

(5)车道操作:指收费员通过操作车道收费系统为驾乘人员提供通行服务的过程。按服务对象分为入口操作和出口操作。按处理方式分为正常操作和特情操作。正常操作指收费操作中没有特殊情况的处理;特情操作指在操作过程中出现了特殊情况的处理。

(6)逃费车辆:指采用违法手段,试图达到少缴、逃缴应缴通行费目的的车辆。

(7)收费纠纷:指高速公路使用者与经营管理单位工作人员之间因收费金额或服务质量等因素引起的争执。

6.3 现场秩序

收费现场应加强对秩序的管理,营造整洁、有序、畅通的行车环境。

(1)收费现场应开足道口,保障畅通,正常情况下单车道出现排队5辆以上或单车在车道处理时间超过2min时,必须立即增开道口。单车在车道处理时间超过5min时,必须上报监控室。

(2)车流量高峰期间,如所有道口均已开启,但车辆仍需较长排队时间的,管理所应派人对交通进行指挥,并通知路政部门到现场协助引导。因特殊原因造成车辆大量拥堵时,应按照安全应急管理的要求尽快疏导。

(3)收费现场不得有闲杂人员、车辆和非当班工作人员逗留,如有以上人员由当班工作人员劝离。

(4)应加强收费广场的管理,对逃费行为及时发现和制止。

(5)每半小时应对收费现场巡查一次,发现油污、积水、冰雪、障碍物等影响车辆安全通行的隐患必须立即清除。

(6)管理所应严格落实"四定一保"负责制要求,所长在收费现场(包括收费管理室)时间不少于工作时间的1/3;副所长在收费现场(包括收费管理室)时间不少于工作时间的1/2。

6.4 运转模式

管理所应确定班组之间的交接顺序和工作时间,加强交接管理,确保通过班组之间的快速交接,实现收费现场的不间断运转。

6.4.1 班组设置

(1)收费班组设置的数量为4或5个。需设置5个收费班组的管理所,应向公司人力资源部、运营管理部提出申请,人力资源部、运营管理部根据业务强度、收费人员的年龄层次和居住地等多方面因素进行综合考虑后批复意见。

(2)收费班组成员的数量根据管理所收费广场所核定的开启车道数量确定,每个班组至少设立1名收费班长,直接负责收费现场管理。

(3)管理所原则上应每年组织一次班长竞岗,对班组成员的组合进行调整,保持收费管理细胞组织的活力。

6.4.2 班次划分

(1)收费班次就是将一天划分为多个相连的时间段,将不同时间段的工作安排给不同的收费班组来承担。一般情况下,一个收费班组一天只工作一个班次。

(2)根据班组的数量不同,对班次的划分有两种方式:

①4个班组。

划分为3个班次,分别为夜班(0:00~8:00)、白班(8:00~16:00)、晚班(16:00~24:00)。

班组工作的班次顺序为晚班、白班、夜班,班次结束后休息一天,也可根据实际情况实行双班制,顺序为晚班、晚班、白班、白班、夜班、夜班。班次轮转结束后休息两天。

②5个班组。

划分为4个班次，分别为夜班（0:00～8:00）、早班（8:00～12:00）、中班（12:00～17:00）、晚班（17:00～24:00）。

班组工作的班次顺序为晚班、中班、早班、夜班。班次轮转结束后休息一天。

(3)管理所可根据实际对班次工作及交接时间进行适当调整，但必须经运营部同意后方可更改。

6.4.3 班次交接

1)接班人员准备事宜

(1)接班人员必须提前15min到收费管理室。

(2)入口收费员领取卡盒，出口收费员领取卡盒、备用金。收费员领取上岗用具后必须填写《联网收费上、下班交接登记本》。收费班长领取通行卡成本赔付票据(4张)，了解上一班次的收费信息，协助班员做好接班准备。

(3)上岗前应开展岗前讲评。收费班长召集班员列队集合，检查班员的着装规范和收费用具的携带情况；清理现金、通信工具、电子产品等严禁携带的物品；对上班的注意事项做简要安排。收费班长还应提前到收费管理室了解上一班次的收费信息，并传达给班员。如收费系统在上一班次进行过更新，则要求接班人员认真核对系统版本号。

2)交班人员准备事宜

(1)交班人员应提前10min开始准备。

(2)收费员清点收费亭内的设施和物品。

(3)收费班长对收费广场范围内的设施和备用车道的设备运行情况进行巡视。

3)收费现场的交接事项

(1)收费员上下班行走途中应统一左手提卡盒，按高矮顺序列纵队行进，监控员在监控镜头可跟踪的范围内应调用监控镜头进行查看，并随时注意通道周边异常情况。

(2)接班收费员应检查收费亭内的设施和物品是否齐全和完好，出口收费员还应检查收费系统显示的计算机打印票据号码是否与实际一致。接班班长应检查收费广场范围内的设施是否齐全完好，备用车道的设备运行情况是否正常。

(3)接班人员确认符合交班要求后方可在《收费亭值班日志》上签字，交班人员才能下班离开，事后发现因未按要求交接造成的问题由接班人员承担责任。

(4)交班人员对收费系统进行下班操作时必须严格按照规定时间，不得提前下班。每日零点后，前一班次(前一日晚班)的人员不得下班后再执行上班操作。

(5)交接时必须关门作业，并优先做好车辆的通行服务，对等候车辆做好解释，快速完成交接。有条件的管理所可实行交替封道交接。

(6)在离开收费亭前，入口交班收费员应将上班期间产生的异常卡、未发放的通行卡分开放入卡盒中。出口交班收费员应将通行费、备用金、通行卡、异常卡、废票、通行卡赔付金分开放入卡盒中。收费班长将通行卡赔付票据清点后放入卡盒中。

4)收费管理室的交班事项

(1)交班人员到达收费管理室后,入口收费员将异常卡、未发放的通行卡进行清点,出口收费员对通行费、备用金、通行卡、异常卡、废票、通行卡赔付金进行清点。清点完毕后填写《联网收费上、下班交接登记本》并签字。

(2)监控员对交接人员上缴情况进行清点核查后封账。封账完毕后监控员将班次报表打印出来,与清点的数据进行核对,核对无误后交班人员方可在报表上签字并下班。如出现数据不符的,交班人员必须积极配合查找原因,查明原因后方可下班。交班期间收费员不得进入监控室。

6.4.4 自动发卡系统

1)自动发卡系统上班操作事项

(1)监控员参照通行卡卡盒领用程序,按班次在系统中做领用登记。

(2)监控员进入卡盒领用上缴登记界面,当卡数信息栏中显示正确的张数后,选择操作类型、选择日期、班次、班组、收费员信息,刷标签卡,然后点击登记按钮。

(3)收费班长在自动发卡机车道操作上班,输入专用工号,选择正确班次。

(4)收费班长进行装卡操作,将清点好的正常卡装入卡机。

(5)收费班长清点卡数并将损坏、非正常发出卡或变形卡清出单独分类存放,下班时统一上交。

2)自动发卡系统下班操作事项

(1)收费班长可在下班前10min关闭自动发卡机车道,改用其他人工发卡车道。

(2)收费班长将自动发卡机多余卡全部清出,清点卡数上报监控室,与当班自动发卡机数据进行核对。

(3)自动发卡机数据核对正确后,下一班次方可正常使用。如剩余卡数不符,班长应及时在坏卡回收槽或卡机内查找。

6.5 车道操作

收费员通过操作联网收费车道级系统软件进行发卡和收费操作,操作的流程应严格按照《湖北省高速公路联网收费系统车道操作手册》执行。

6.5.1 入口操作

1)上班操作

(1)收费员摆放好工作用具,检查车道计算机设备状态是否处于下班状态,设备工作是否正常。

(2)在上班界面输入收费员工号、密码,刷卡盒标签卡,登录车道系统,核对系统时间、班次、卡盒号是否正确。

(3)检查雨棚信号灯是否正常切换为绿灯。

2)正常车辆的发卡操作

(1)车辆驶入入口车道时,收费员应判断车种车型,系统默认是客车。若是客车直接按数字键输入车型(1-5),若是货车必须先单击【货车】键,再按数字键输入车型(2-7)。

(2)车牌识别系统将车牌信息上传后,收费员对车种、车型、车牌等信息进行核对,确认无误后进行刷卡操作。如发现有错误的,应在刷卡前完成信息的更正。

(3)收费员将卡交给驾驶人,栏杆抬起放行,车辆通过后,栏杆自动落下,收费员可接着处理下一辆车。

3)特殊车辆的发卡操作

(1)紧急车。

紧急车指执行紧急公务以及因特殊原因需紧急放行的车辆。

紧急车队经过车道时,收费员双击【紧急车】键,抬起栏杆,等候车辆通过,紧急车队通过完毕后,收费员再次双击【紧急车】键,栏杆落下后操作结束。

收费员将车队的数量、车队头车的车牌、行驶方向上报监控员,监控员将信息向监控中心监控员报告,监控中心监控员通知相应管理所。

(2)清障施救车。

输入完拖车的车种、车型、车牌信息并刷卡,双击【拖车】键,继续输入被拖车的信息并刷卡,将拖车和被拖车的通行卡同时交给驾驶人。

(3)军、警车。

对车辆外观符合制式要求的军、警车,收费员在输入车型、车种、车牌信息后,按【军警车】键再刷卡和抬杆放行。

4)注意事项

(1)通行卡的刷写操作应在车辆驶入窗口外抓拍线圈后执行,不得提前刷卡。收费员刷卡时应将通行卡放置在IC卡读写器上,直到屏幕或声音提示操作成功。

(2)收费员应注意系统提示信息,以确定刷卡操作是否正常。

(3)在操作中严格遵守“一车一卡一杆”的原则,防止发空卡、多发卡。

(4)收费员必须严格按照车道收费系统的操作规程和公司制度规定进行特情操作,黑名单车、冲岗车、已刷未发卡、重发卡等特情报经监控员登记备查。

(5)操作中出现的坏卡、恢复卡应单独存放上交。

(6)入口安装了自动发卡机设备的,应严格按照公司规定的开通时间使用,不得在规定时间之外开启。

(7)时刻关注收费现场机电设备的完好,出现损坏及时上报路政部门和监控中心处理。

6.5.2 出口操作

1)上班操作

(1)收费员摆放好工作用具,检查车道计算机设备状态是否处于下班状态,设备工作是否正常。

(2)双击【上/下班】键,关闭打印机,转动走纸轮,核对当前票号。如不正确应上报监控员同意后,用【更改】键和数字键输入当前票号,打开票据打印机电源,再输入工号、密码,刷卡盒标签卡后上班。

(3)检查雨棚信号灯是否正常切换为绿灯。

2)正常车辆的收费操作

联网收费系统对客车按车型收费,对货车实行计重收费,客货两用车辆、特种作业车辆一般应按照货车计重收费。

(1)车辆驶入车道时,收费员判断并输入车种、车型信息。

(2)收费员刷卡后,核对操作界面显示的入口站名、进出站时间、应收金额、车型、车牌、轴型、队列等信息。

(3)若出入口信息一致、行驶时间正常、称重信息上传准确,司机在听到报价信息未表示异议后,收费员按系统计算的金额收取通行费,打印票据。

(4)收费员将打印的发票及找零交于驾驶人后抬起栏杆放行。

3)特殊车辆的处理

(1)军、警车。

对统一制式的本省警车,无异常情况的,收费员可直接免费放行。

对军用货车应查验三证一单(行驶证、士兵证、驾驶证及派车单),核载吨位在10t以上的必须重点核查。经查证属于盗用、伪造军车号牌的必须严格进行收费。

(2)政策性免费车。

对于收费政策中明确规定的车辆,除军、警车外,收费员进行放行前必须先上报监控员并认真核查证件,监控员利用收费信息综合分析系统对车辆的通行记录进行查询,无异常且符合政策规定的,监控员批准收费员执行免费操作。绿色通道车辆还应两人现场查验装载货物。

(3)公务性免费车。

收费员核查《车辆行驶证》后将信息上报监控员,为公司公务车辆的,监控员下达免费放行指令,对其他公务车辆监控员应在收费信息综合分析系统中查询,属于名单范围且与《车辆行驶证》信息一致的,下达免费放行指令。

(4)邮政车。

邮政车应认真核对车牌信息,刷易通卡进行优惠操作。车牌不在优惠名单范围之列和无法提供易通卡的,不得执行优惠操作。

(5)清障施救车。

收费员报监控室核实车辆是否为核定区域作业车辆,如为本路段车辆,对清障车免费,对被施救车收费。如为跨区段作业的车辆,按正常车收费。

(6)无称重货车。

收费员上报货车无轴重信息时,监控员首先要排除超长车未收尾的可能,然后按如下要求处理。

①有条件的(排队出站的车辆不多且驾驶人同意配合)要求车辆重称,按新的称重信息收费。

②无法重称或重称后仍无计重信息的,如驾驶人没有异议,按《车辆行驶证》核定的整车装备质量与提货单记载的装载质量之和作为计重吨位,由监控员通过费率计算软件算出应收金额后,通知收费员按照同等金额按车型收费。

③按车型收费前应上报中心监控员同意,并做好操作记录,在备注栏注明批准的中心监控员姓名。

4)注意事项

(1)收费员应注意系统提示信息特别是车辆队列信息和货车的轴型、轴重等称重信息,防止掉轴、无称重等情况发生,以确定操作是否正常。

(2)在收取通行费时,收费员应认真检查现金的真伪和数量,防止收取伪钞、长短款等情况发生。

(3)在操作中严格遵守“一车一卡一票一杆”的原则,防止丢失卡、冲岗。

(4)收费员必须严格按照车道收费系统的操作规程和公司制度规定进行特情操作,对政策性免费车(含“绿色通道”车)、黑名单车、冲岗车、误报警、双击栏杆、拖车、优惠车、坏卡、无卡、换卡、伪卡、超时、重打、报损废票、补票、变档、U型车、J型车、车牌不符、更改轴重(轴型)、无称重、重称、货改客等特情,必须先上报监控室,然后按监控人员下达的操作指令操作,严禁擅自操作。

(5)上班期间严禁收费员私自调整打印机,如需调整时必须上报监控室同意后执行。将票据交付给驾驶人前应检查票面是否完好,字样是否清晰。

(6)时刻关注收费现场机电设备的完好,出现损坏及时上报路政部门和监控中心。

(7)收费员应廉洁收费,牢记公司“一元违纪、自动除名”的禁令,自觉遵守工作纪律,增强职业道德素养,拒绝驾驶人的拉拢和腐蚀,维护公司经济利益。

6.6 “绿色通道”管理

6.6.1 政策内容

“绿色通道”政策为按照中央精神,建立由国家和区域性“绿色通道”共同组成的、覆盖全国的鲜活农产品运输“绿色通道”网络,并在全国范围内对整车合法装载运输鲜活农产品的车辆免收车辆通行费。

1)主要政策依据

(1)关于印发湖北省高效率鲜活农产品流通“绿色通道”建设实施方案的通知(鄂交财[2005]667号)。

(2)关于转发交通部关于开通全国“五纵二横”鲜活农产品流通“绿色通道”的公告的通知(鄂交财[2006]36号)。

(3)关于进一步完善和落实鲜活农产品运输绿色通道政策的通知(交公路发[2009]784号)。

(4)关于进一步完善鲜活农产品运输绿色通道政策的紧急通知(交公路发[2010]715号)。

(5)关于进一步完善鲜活农产品运输绿色通道政策的紧急通知(鄂交财[2010]613号)。

(6)关于进一步完善鲜活农产品运输“绿色通道”政策的通知(鄂高管费[2010]175号)。

具体执行规定按最新文件要求执行。

2)享受“绿色通道”政策的条件

(1)运输的货物必须是易腐烂、不耐储存、不适宜长时间运输的农产品。包括新鲜的蔬菜、水果,鲜活的水产品,活的畜禽,新鲜的肉、蛋、奶(具体的鲜活农产品品种范围见公司下发的名录速查表)。

(2)运输车辆必须是合法生产的载货类汽车且证照齐全,同时按照国家标准没有超限超载运输行为,其中超限包括超长(车货总长18m以上)、超高(车货总高度从地面算起4m以上,集装箱车货总高度从地面算起4.2m以上)、超宽(2.5m以上)、超重(超限率>5%)等。

(3)车辆装载的鲜活农产品必须达到本车核载吨位或所占空间达到本车有效装载空间80%以上。

3）不能享受“绿色通道”政策的情形

（1）运输的是花、草、苗木、粮食等农产品。

（2）运输的虽是畜禽、水产品、瓜果、蔬菜、肉、蛋、奶等农产品，但经过了冷冻、按部位分解、去皮去核、干制、腌制、糖制、熏制、密闭包装或其他改变原产品化学性状的加工处理。

（3）收费站设有“绿色通道”专用车道，不主动配合或拒绝接受在专用道口查验的。

（4）因特殊装载、使用特殊包装或其他原因导致收费站人员无法现场查验的。

6.6.2 政策执行

1）执行流程

（1）车辆以低于5km/h的匀速通过计重设备。

（2）驾驶员主动进行申报，说明装载的农产品品种。

（3）收费员通过操作界面观察车辆称重信息，超限率在5%以下的，收费员开始查验。超限率在5%~10%之间的，允许重称一次，按重称结果判断。

（4）收费员查验前必须先上报监控员，然后将工作台上的通行卡、通行费放入抽屉中保存，身着反光背心，锁闭门、窗后和其他工作人员一同查验。

（5）监控员接到收费员报告后，必须及时调整广场出、入口镜头，对收费现场进行全程跟踪监督和录像。

（6）查验人员共同对车辆的超限情况进行判断，对装载货物进行全方位、多视角的查验，做到仔细查验、严格把关。

（7）查验完毕后，收费员向监控员上报查验情况，监控员依据政策下达指令。

（8）收费员按照监控指令进行车道操作。

2）审核要求

（1）监控员应做好“绿色通道”车辆的通行记录，准确记载车牌、吨位、装载方式、品种等信息，形成数据库。

（2）内业管理员每天要对前一天的“绿色通道”车辆的处理过程录像进行回放查看，对查验情况进行逐一核查。

（3）副所长每天在日审时对“绿色通道”车辆处理情况进行审核，优惠金额达到500元以上的车辆必须全部查看。

（4）内业管理员应根据数据库分析本收费站“绿色通道”车辆进、出站的流向，与本地区农产品的产、供、销规律进行比对。通过摸清“绿色通道”车辆通行规律，有助于发现异常情况。

6.7 收费纠纷处理

收费纠纷的处置应严格遵照“控制事态、保障畅通、有理有节、维护利益”的原则。

6.7.1 纠纷的预防

（1）应加强对收费员的服务礼仪培训，坚持热情文明服务，耐心回答司机的询问，对服务态度冷漠的进行严格考核处理。杜绝因服务态度引发纠纷。

(2)收费员平时应加强业务技能学习,对收费政策做到熟悉掌握和正确宣传,防范因业务能力不足引起的纠纷。

(3)加强日常维护,使收费设备处于良好的运行状态,降低故障率。定期对计重设备进行检测,保持称重的精度。避免因设备的故障或计重设备的精度问题引起纠纷。

(4)开展应急演练,增强收费人员的应急处理能力。

6.7.2 分级响应

(1)根据收费纠纷持续的时间、涉及的人员数量、争执的激烈程度进行分级:

①一般纠纷:持续时间10min以内且参与人员5人以内。

②中度纠纷:持续时间10min以上,参与人员5~10人,出现严重的攻击性语言,以上条件满足一项即认定为中度纠纷。

③严重纠纷:持续时间30min以上,参与人员10人以上,出现肢体冲突现象,以上条件满足一项即认定为严重纠纷。

(2)一般、中度、严重纠纷的处置负责人分别为收费班长、副所长、所长。

6.7.3 纠纷的现场处置

(1)发生纠纷后,收费员立即上报监控员,监控员调准监控镜头对现场进行全方位、全过程录像,确保对纠纷过程的记录清晰、完整。

(2)监控员根据现场纠纷的情况判定纠纷级别,根据级别向相应的负责人员报告。副所长、所长尚未到现场期间,由收费班长继续处理。

(3)处理纠纷的同时,应尽量劝说驾驶员将车辆移出车道。车辆无法移开的,要及时开启备用车道,现场工作人员对驾驶员做好文明服务和宣传解释工作。

(4)在处理严重纠纷时,如事态难以控制,所长应要求监控员通知公安、路政部门到场协调,以免纠纷继续激化。

(5)所长应根据现场事态发展变化情况,及时向公司相关部门和分管领导报告。

6.7.4 纠纷的后续处置

(1)发生了肢体冲突的严重收费纠纷必须形成处理报告,所长负责报告的编写,分析纠纷原因、查明责任主体、总结经验教训、完善工作举措。

(2)监控员应将收费纠纷事件的录像存档备查,并做好保密工作,非经所长同意其他人不得调阅和拷贝。

(3)纠纷处理结束后,收费班长和分管所长应注意为当事收费员做好心理疏导,防止收费员因纠纷产生的负面心理压力和情绪波动对生活和工作造成严重影响。

第 7 章　监 控 管 理

7.1　总则

7.1.1　目的

通过对收费员的工作情况进行全过程的实时监督，对收费现场进行全方位的管控，及时传达信息，随时发现问题，纠正工作偏差，有效提升收费政策的执行水平，增强收费窗口的服务质量，确保收费现场处于良好的管控状态。

7.1.2　适用范围

高速公路运营企业及各子公司、委管路段均按本标准严格执行。

7.1.3　编制的依据

(1)《湖北省高速公路联网收费管理办法》(试行)。

(2)《湖北楚天高速公路股份有限公司收费管理办法》(2013 年修订稿)。

7.2　术语和定义

(1)监控管理：利用视频监控系统、收费稽查系统、收费信息综合分析系统等现代化工具，及时、准确地收集收费现场的运营信息并向收费管理人员反馈，对收费工作的全过程进行监督、指导和控制的行为。

(2)稽核：是指对车道收费特情操作进行核查并按规定要求进行备注的过程。

(3)收费信息：是指按照一定的规范格式发布的与收费工作相关的消息和指令。

(4)信息传达：是指对收费信息资源进行接收、记录、传递、存储、处理等活动的过程。

(5)音像资料：是指记录收费管理重要事件过程，具有保存和参考价值的音、视频资料。

7.3　监控管理

监控管理是收费管理控制职能的重要体现，必须全天候不间断对收费现场进行全过程、全方位的监督与管控，使收费现场存在的问题能及时得到发现和纠正，发生的紧急事件能及时得到响应和处理。

7.3.1　监控室管理

监控室是监控员实施收费监控的主要场所，应按以下要求严格管理：

(1)实行值班制度，必须全天 24 小时均有监控员值守，每天 8:30 分时向监控中心监控员报岗，并报告前一天收费机电设备的运行情况，离岗、返岗时应向监控中心监控员报告。

(2)监控室应每天至少进行一次清洁卫生,保持环境的整洁,室内无积尘、蛛网、污渍、卫生死角。

(3)收费机电设备布置合理,摆放整齐,工作台上设备和办公用品分类整理,标识清楚。设备缆线布线整齐、美观,捆扎牢固。

(4)监控室与外部连接的门应保持锁闭状态,室内严禁有无关人员在场。

(5)监控员应每天对监控室内各类收费机电设备的运行情况进行两次查看,时间为上午8:30~9:00、下午16:30~17:00。

(6)监控员交接班时,需查看各路监控镜头是否能够正常查看指定位置,特别是票管室的监控镜头,必须能够监视到保险柜。

7.3.2　监控员设置

各管理所和监控中心必须设置正式的监控员岗位,通过择优推选或竞争上岗的方式,选拔业务能力和责任心较强的员工担任监控员工作。原则上管理所监控员的人数和班次运转方式均应与收费班组的数量和班次一致。监控中心应设置5名监控员。

7.3.3　实时监控

(1)管理所监控员应对以下情况进行实时重点监控管理:

①收费员对特情按规定上报、操作的情况,并根据现场情况下达指令,做好特情操作的记录。

②现场工作人员对"绿色通道"车辆和其他政策性减免车辆的查验情况,督促现场工作人员按章严格查验。

③现场工作人员的着装规范、服务礼仪和岗位行为规范的落实情况,对不规范的行为及时督促纠正,督促现场工作人员文明服务、廉洁收费。

④收费现场的运营秩序情况,督促现场工作人员做好环境卫生、开足道口,落实安全管理的各项要求,保障整洁、畅通、有序、安全的环境,出现收费纠纷和突发事件时及时向所领导上报。

⑤收费现场对外稽查工作的开展情况,督促现场工作人员严格处理逃费车辆,并做好稽查信息的记录。

⑥收费现场的机电设备管理情况,出现故障时及时通知机电维护员到现场处理。

⑦收费车道的队列情况,发现车型与吨位明显不符等异常情况时督促收费员检查。

⑧配备有自动发卡机的管理所监控员应通过图像稽查软件及时查看车牌识别仪工作状态,发现车牌识别仪故障,应立即停用。发现栏杆机故障、自动发卡机故障,及时停用,上报维修。

⑨建设有ETC通行车道的管理所,发现有栏杆不自动抬起、车辆驶过不落杆等情况,应迅速督促现场人员及时关闭ETC车道或转用人工车道,并通知维护人员到现场处理。

⑩监控中心应不定时地查看车道车牌识别仪工作状况,确保该系统的正常状态,并对当日的抓拍无车牌进行修改。

(2)监控中心监控员应对以下情况进行实时重点监控管理:

①管理所的现场运营秩序情况。出现堵塞情况时及时询问了解堵车原因,督促尽快恢复畅通秩序。

②管理所实时监控管理的开展情况。督促监控员按规定做好对收费现场的监督、管控。

③掌握本路段的天气状况和路面通行状况。准确收集路况信息,并做好上报和发布。

④管理所的信息发布情况。督促监控员准确发布信息,及时清理过期信息。

⑤管理所的收费机电设备运行情况。严重故障时及时通知监控中心机电维护员进行处理。

⑥主线道路上的信息显示屏、车牌识别仪等设备的运行情况。出现异常时联系监控中心机电维护员进行处理。

7.3.4 信息传达

(1)公司建立内线电话、收费信息综合分析系统、监控管理 QQ 群作为收费信息传达的主要途径,管理所应保证内线电话的畅通和办公网络的安全,建立内部的信息传达渠道,由监控员负责信息的接受传达。

(2)信息传达要求:

①监控员应随时保持对收费信息的关注,内线电话响铃 3 声内接听电话,监控管理 QQ 群内发布的信息 5min 内回复,收费信息综合分析系统中的通知 10min 内签收。

②监控员接收信息后,应准确掌握信息所需要传达的对象和关键内容,使用规范化、书面化的语言,防范信息在传达过程出现遗漏、失真的情况。

③信息的传达过程应有详细的记录,管理所和监控中心均应建立收费信息督导记录本,记录信息的内容、接收人、传阅人和处理方式、结果,使信息的传达和交接有据可查。

④监控中心监控员应每天 9:00、16:00 对国内重要信息进行一次浏览,涉及与高速公路行业、公司有关的网络舆情,应及时记录和上报中心负责人。

⑤对涉及公司车道收入、清分收入、车流量等数据不得随意向外透露,如有需要,必须报本单位领导同意后,方可告知。

7.3.5 音像资料管理

(1)以下事件的音像资料必须进行专门的保存:

①冲岗过程录像和抓拍图片,保存时间 1 年。

②减免金额在 500 元以上的查验过程录像,保存时间 1 年。

③增收金额在 500 元以上的稽查过程录像,保存时间 1 年。

④收费纠纷处置过程录像,保存时间 3 个月。

⑤收费现场突发紧急事件过程录像,保存时间 3 年。

⑥投诉电话中反映的事件过程录像,保存时间 3 个月。

⑦涉嫌员工经济违纪行为的录像,保存时间 3 年。

(2)管理要求。

①监控员应每天上午 8:00 前对监控视频系统进行检查,检查视频是否完整,图像和声音是否清晰,视频叠加时间是否与实际时间保持一致,存放期限是否达到 15 天的要求,确保视频资料的连贯与完整。

②监控视频系统有异常时应第一时间查明原因,当声音或图像效果不佳时,检查收费现场是否存在人为干扰。属人为干扰的应责令收费员复原。确认存在故障的应联系机电维护员修复,并将故障情况向

中心监控员报告备案。

③监控员为视频资料管理的第一责任人,任何人员不得擅自删除视频资料,不得擅自调整参数或移动声音采集设备影响视频效果。

④监控员应做好文字、数据以及声像等监控资料的保管、保密工作,防止内部资料外泄。外单位人员一律不得调用管理所音像录像资料,确需调用的,按规定查看相关的证件和函件,并登记证件号码、持证人姓名,留存函件原件后,由所长批准后方可调用。

第 8 章　稽 查 管 理

8.1　总则

8.1.1　目的

明确收费稽查工作的内容和程序，严格内部收费纪律，优化外部收费环境，完善检查监督机制，有效杜绝违规违纪行为及逃费现象。

8.1.2　适用范围

高速公路运营企业及各子公司、委管路段均按本标准严格执行。

8.1.3　编制的依据

(1)《湖北省高速公路联网收费管理办法》(试行)。

(2)《湖北楚天高速公路股份有限公司收费管理办法》(2013 年修订稿)。

(3)《楚天公司收费管理综合考核办法》。

(4)《楚天公司收费稽查奖励办法》(2013 年修订稿)。

8.2　术语和定义

收费稽查：是收费管理的重要内容和环节，指收费管理人员根据各种收费政策和规章制度对管理情况进行检查监督的活动。

8.3　收费稽查主体和方式

(1)公司范围的收费稽查主体为运营部与监控中心。管理所内部的稽查主体为收费管理室。

(2)运营部的稽查方式主要为月度抽查、视频监控和暗访调查；监控中心的稽查方式主要为稽核、视频监控、机电巡检；管理所稽查方式主要为实时监控、事后核查、现场检查。

8.4　稽查内容

(1)根据稽查对象和范围的不同，分为对内稽查和对外稽查。

(2)对内稽查内容如下：

①收费人员的工作纪律、着装、仪表和文明服务情况。

②现场环境卫生、标志标牌布设情况。

③车道、收费站和分中心收费业务流程操作情况。

④车辆领(交)卡、缴费情况。

⑤特情车辆监控管理情况。

⑥客车按规定车型发卡和收费情况。

⑦IC卡管理情况。

⑧通行费存缴情况。

⑨通行票据管理情况。

⑩监控录像的存档情况。

⑪各类工作日志的规范填写和存档情况。

⑫各类报表数据录入、填报、统计分析和存档情况。

⑬对收费标准、收费政策、收费制度的执行情况。

⑭对收费设备的操作、维护和保养情况。

⑮内部经济违纪事件的调查处理情况

⑯与收费管理相关的其他方面内容。

(3)对外稽查内容如下:

①向社会公众宣传收费公路的收费法规、政策。

②对过往车辆的通行缴费情况进行研究,防范各类逃缴通行费的行为发生。

③严格执行收费政策,对疑似逃费的行为进行检查,对查实的逃费行为进行处理。

④依法对已经逃缴、欠缴的通行费进行追缴。

⑤依照有关法规,对各类扰乱正常缴费和通行秩序的行为进行惩处。

8.5 对内稽查

收费对内稽查工作在强化实时监督管控的同时,还应将事后核查作为重点,核查方式主要有稽核、班审、日审、抽查。其中稽核、班审、日审由管理所负责组织开展,抽查由监控中心和运营管理部开展。

8.5.1 稽核

(1)稽核负责人:监控员。

(2)稽核内容:入口车道的紧急、冲岗,出口车道的免费车(军、警号牌除外)、紧急、冲岗、闯关、货改客、无卡、卡坏、U4(改U型)、邮政车、绿色通道车、无称重、静态超时、补票等特情操作。

(3)稽核时间:特情处理相关资料上传完毕后10min内。

(4)稽核要点如下:

①监控员应利用电子稽查系统和录像回放系统,对规定的稽核特情进行逐一核查,不得遗漏,并按公司对稽核的专门规定做好说明。

②在特情处理完毕,图像和数据等资料均上传后,开始核查,确保数据上传和完整,并按要求做好声像资料的保存和上报。

8.5.2 班审

(1)班审负责人:内业管理员。

(2)班审内容为:

①前一天特情信息的记录和稽核情况。

②前一天的班次报表和日报表统计情况。

③前一天收费现场的管理情况。

④前一天稽查的处理和记录情况。

(3)班审时间:每个工作日上午8:30前开始。

(4)班审要点:内业管理员应查看监控员在收费信息综合分析系统中记录的特情、稽查信息是否规范、准确、完整,特情操作是否按规定进行了上报、稽核,收费报表的数据是否与实际相符一致,收费现场是否按要求开展工作。

8.5.3 日审

(1)日审负责人:副所长(副所长不在时由所长代审)。

(2)日审内容如下:

①前一天所有涉及通行费减免的特情操作。

②前一天通行费、长款的解缴情况。

③前一天收费现场的管理情况。

(3)日审时间:每个工作日上午9:30前开始。

(4)日审要点:应重点审查通行费减免特情中收费员、监控员、内业管理员操作和审核情况,检查通行费和长款是否及时、准确、足额上缴,解缴相关的单据填写是否准确,收费现场是否按要求开展工作。

8.5.4 监控中心日常抽查

(1)日常抽查负责人:监控中心监控员。

(2)日常抽查内容如下:

①管理所的收费数据、特情信息、稽查信息的记录情况。

②管理所稽核、班审、日审工作的开展情况。

③管理所收费现场的管理情况。

(3)日常抽查时间:每天上午9:30开始。

(4)日常抽查要点:将管理所填报的收费数据与收费系统中的数据进行核对,利用电子稽查系统和录像回放系统对特情信息、稽查信息进行抽查,抽查的比例不低于30%,利用录像回放系统对每个管理所现场管理特别是窗口服务进行抽查。

8.5.5 运营部月度抽查

(1)月度抽查负责人:运营部负责人。

(2)月度抽查内容:根据收费管理阶段性的重点具体制订。

(3)月度抽查时间:每月1~2次。

(4)月度抽查要点:运营部根据确定的检查重点到各管理所开展实地检查,并将检查的情况现场反馈,形成管理通报进行公示。

8.6　对外稽查

收费工作人员在开展正常业务的同时,还应密切关注车辆的异常情况,积极开展收费对外稽查,防范逃费行为的发生,对查实的逃费行为严格按照制度规定处理。

8.6.1　处理程序

严格执行"事先报告制",对外稽查前稽查员应上报监控室,不得自行处理后再上报。坚持两人同时在场,做到有理有利有节,努力保证车道畅通,并遵循以下程序:

(1)主动向驾驶人表明稽查人员身份。

(2)请司机出示合法证件和通行卡,对实际车型、吨位、进出站名和应交费金额等进行核实。

(3)对经确认有逃费行为的车辆,应指出违法行为和事实,出示相关的处理依据,听取当事人陈述和申辩,告知当事人的权利,并依法收取司机应交纳的通行费。

(4)视违法情节轻重,需要给予行政处罚的必须交由高速交警或路政部门进行处理。

监控员应密切关注对外稽查过程,接到上报后,及时调整镜头,查看现场情况,对稽查人员做好业务指导,配合完成稽查工作,并注意及时通过车道查看功能记录处理前后的车型、吨位和收费金额等数据。当稽查难度较大,现场收费秩序受到严重影响时,监控员应及时上报所领导后,请求路政、交警等人员进行支援,并做好对外稽查全过程录像,确保影像资料清晰完整。

8.6.2　逃费类型及工作要点

对外稽查时,应将防范以下逃费类型作为稽查重点:

1)改变车辆收费类型

指原本属于收费车辆的,使用假车牌、证件或采取混装鲜活农产品等手段冒充减免车辆,企图达到少缴或逃缴通行费的目的。

(1)对军、警车应认真核查其"三证一单",即行驶证、士兵证、驾驶证及派车单,对车辆外观、车型、驾驶人着装、货车所拖物品等信息进行综合判断,对拒不出示证件或能证明其使用的为伪造车牌、证件的,依法收取通行费,并移交军检、交警部门处理。

(2)对车辆出示的免费证件,应严格核查颁证部门印章、免费时间、行驶路段、车牌是否吻合,查实为伪造证件的,依法收取通行费,暂扣证件并移交相关部门处理。

(3)对"绿色通道"车辆应坚持先报监控室、监控员调整镜头进行跟踪监控、实行两人多视角、多方位共同查验、现场两人和监控员共同判定是否执行优惠政策程序,开厢查验并通过对车辆质量、所拖物品气味、方位等信息综合判断,查实不符合政策要求的,按章收取通行费。

2)改变车辆收费车型

指客车利用假行驶证减少实际座位数以达到降低车型少缴通行费的目的。

(1)收费员应以公司下发的《客车信息档案》为基础,熟练掌握固定通行本收费站的客车的准确车型。

(2)司机对收费员判定车型有异议的,收费员应要求驾驶人出示《车辆行驶证》及其相关的证件证明(如车辆购置附加税缴讫证)。查实为伪造证件的,按照收费员判定车型收费,请交警部门协同处理并暂扣证件,移交公安交管部门处理。监控员通过收费系统查询该车通行记录,补齐历史少缴的通行费。

(3)监控中心应定期对《客车信息档案》进行整理和更新。

3)改变车辆称重信息

指货车通过影响动态称重设备的正常工作,以达到减少车辆重量少缴通行费的目的。

(1)当货车进入车道时收费员应注意观察车辆是否为匀速、低速、直线驶入,观察操作界面显示的信息,查看货车各轴重量分布比例,判断称重数据是否准确。

(2)发现有S行、跳磅、冲磅、搭桥等行为的,必须要求其重新进站称重,按正确的称重信息收费。发现车辆安装了假轴的,应更改轴型,按实际轴型收费。

(3)收费人员应密切关注称台使用情况,出现异常立即上报。内业管理员应定期分析本所货车流量和质量变化情况,出现货车流量突然增大、货车下站调头等现象时,应及时分析原因,采取措施。监控中心应定期组织专业人员对称台进行检测和维护,确保正常使用。

4)改变车辆里程信息

指使用换卡、换牌、J行、转货等手段改变缴费里程达到少缴通行费的目的。

(1)收费站附近设有服务区的,应加强管理联动,对车辆利用服务区转货、换车头、换牌等行为进行掌控。

(2)收费员在日常工作中应对车卡信息不符、行驶时间异常的情况严格进行核查,核对入出口图片信息,询问行驶路线。查实为换卡的,必须按实际行驶里程收取通行费并按规定进行加收。

(3)全挂或半挂货车的车头单独进站时,收费员应将车牌号、行驶方向立即上报监控员,监控员应将车牌号、行驶方向在监控管理群中进行通告,中心监控室应将该车信息在高速收费群中通告,以防止该车在中途接货后下站。车头单独出站时,收费员应先上报监控员,监控员调看车辆上道图片等信息,确认为车头单独进站的,方可正常收费。

(4)自动发卡机车道附近的收费人员和值勤人员应认真关注自动发卡机车道的通行状态,对栏杆抬起后又倒出走人工车道的车辆应坚决不予发放通行卡。

(5)持易通卡由人工车道出站的车辆,要观察其行驶里程与行驶时间是否相符,有异常的必须认真查询入口信息,查实为换卡的,严格按规定处理。

5)出口冲岗

指未正常刷卡缴费而强行冲出车道以达到逃缴通行费目的的车辆。

(1)收费班长(稽查员)应加强亭外值勤,对无牌、遮牌车辆,跟前车距离过近等行为进行密切关注,在确保人身安全的前提下,对蓄意冲岗车辆进行预防性管控。

(2)发生冲岗后,收费员应将其特征、车型、车牌、车身颜色、时间和冲岗方向及时上报监控员。监控员应迅速调转监控镜头,记录冲岗情况,将抓拍图片和录像资料单独保存并上传到监控中心,监控中心监控员收集冲岗信息后应进行核实,确定车牌后及时上报联网部以加入系统黑名单。

(3)事后管理所要积极寻求公安交通管理部门的支持,查询冲岗车辆信息,主动与冲岗车主或其单位联系,宣传收费政策,告知冲岗后果,妥善处理追缴事宜。

8.6.3 资料收集与记录

(1)每处理一次逃费行为,监控员要做好现场声像资料的保存,并在收费信息综合分析系统中详细记录稽查事件的时间、逃费车辆信息、追缴金额、稽查类型等情况,有其他人员参与的在备注中说明。单次追缴金额在500元以上的必须上报中心监控员,并将声像资料至少保存1年以上备查。

(2)内业管理员严格按照企业制定的收费稽查奖励办法要求,做好对外稽查奖励的核算,每天结合保存的声像资料对前一日的稽查情况进行复核,确认资料完整、信息无误后,编制《管理所稽查奖励公示表》,报经副所长审核,将每笔稽查奖励的金额在本单位进行公示,接受员工的监督。

(3)涉及减少或免除通行费的操作,监控员在下达指令前,应在收费信息综合分析系统中查询车辆的历史不良记录,有过记录的应加大核查力度。

(4)监控中心平时应加大对全省联网收费案例的收集,及时下发给各管理所进行稽查经验的学习和交流。收费员也应积极将自身工作中遇到的典型事件编写为案例,供其他收费人员借鉴和参考。

8.6.4 专项稽查的计划与组织

(1)监控中心分管稽查副经理每年初对上年路段范围内的稽查情况进行分析,调查稽查规律,结合当年的稽查要求与形势的变化,制订当年稽查工作计划,明确各阶段的稽查重点和安排,组织公司稽查队开展稽查活动。

(2)各管理所在每年预算编制中,应充分考虑稽查工作所需经费,并对监控中心制订的稽查工作计划结合自身实际进行细化安排,每年应联合路政、交警力量开展专项稽查活动不少于两次,并将专项稽查活动情况形成报告报送运营部。

第9章　IC 卡 管 理

9.1　总则

9.1.1　目的

对联网收费使用的IC卡包括卡盒标签卡、通行卡、易通卡，进行规范的卡盒管理，达到防止IC卡流失、掌握流通情况、保障充足供应和使用平衡的目的，实现收费工作的正常运行。

9.1.2　适用范围

高速公路运营企业及各子公司、委管路段均按本标准严格执行。

9.1.3　编制依据

(1)《湖北省高速公路联网收费管理办法》(试行)。

(2)《湖北楚天高速公路股份有限公司收费管理办法》(2013年修订稿)。

9.2　术语和定义

(1)IC卡：是包括卡盒标签卡、通行卡、易通卡在内的非接触式IC卡总称，通过卡中的集成电路存储信息，采用射频技术与IC卡的读卡器进行通讯，具有无电源和免接触的特点。

(2)通行卡：是指收费系统在入口车道向通过车辆发放的记录有入口收费站名(编号)、车牌、车型、进站时间等信息的非接触式IC卡。通行卡由车辆带到出口收费站作为缴纳通行费的计费凭证后由出口收费员回收。

(3)卡盒管理：是以卡盒的形式集中存放通行卡，配备卡盒标签卡进行信息标识，通行卡的领用、交还、调拨均以卡盒为单位。卡盒管理能够准确掌握通行卡的使用状态和库存情况，为收费稽查提供便利。

(4)卡盒：在卡盒管理中用于装载通行卡的容器。

(5)卡盒标签卡：是专为卡盒配备的、用来标识卡盒的非接触式IC卡。卡盒标签卡记录该卡盒的状态以及卡盒内所有通行卡的卡号、张数、操作状态和入库时间等。借助卡盒标签卡可迅速实现通行卡的调动、领用、上交操作。

(6)通行卡组盒：是为满足规范通行卡卡盒管理的需要，改变通行卡的所属卡盒，涉及通行卡、卡盒标签卡及卡盒库的信息更新。组盒分为重组出盒、重组入盒和直接组盒三类，重组出盒是将源卡盒内的通行卡转移到卡盒号为0的虚拟卡盒内，重组入盒是将虚拟卡盒中的通行卡转移到目的卡盒内，直接组盒是将源卡盒内的通行卡转移到目的卡盒内。

(7)易通卡：是省联网收费高速公路上应用的一种非现金付费卡，持卡人在卡内预存一定的金额或与信用卡绑定后,在出口收费站可用此卡支付车辆通行费,无需缴纳现金。易通卡可兼作通行卡使用。

(8)预制卡:是提前写入了入口站名(编号)信息的通行卡,供紧急状态下发放给进站车辆作为缴费凭证。

(9)自动发卡机IC卡管理:自发发卡机的IC卡管理模式为散卡管理模式。监控员负责自动发卡系统的卡盒发放、上交、卡账核对等工作。在组卡时监控员负责对IC卡进行清理,避免薄卡、厚卡、异常卡混入摆放。

9.3 卡盒管理

9.3.1 通行卡的配备

(1)收费站通行卡库存量应保证在入口日均流量的2倍以上,当通行卡库存量不足时,由管理所内业管理员向监控中心内业管理员申请调配。

(2)监控中心通行卡库存量应保证在本路段最大流量收费站入口日均流量的2倍以上,当通行卡库存量不足时,由监控中心内业管理员向联网部申请调配。

(3)为应对可能出现的收费系统故障或车流量陡增,确保车道畅通,各收费站应提前制作足够数量的预制卡,数量不得少于本站日均入口流量的1/3。

9.3.2 卡盒的领用

(1)上班前入、出口收费员均要领用卡盒。出口可领用空卡盒或非空卡盒,上班前应结合本班人数及设计车道数领足卡盒。

(2)对自动发卡车道,应选择专用工号,由班长负责该车道卡盒的领用。

(3)卡盒在领用状态下不得对正常卡进行组盒操作;同一收费员在同一班次不得对同一个卡盒领用两次。

(4)领用卡盒时应通过【查找卡盒内通行卡】功能,查验卡盒标签卡计数与卡盒库中相关卡盒记录的卡数是否相符,卡盒内通行卡卡号与卡盒库中相关卡盒记录的通行卡卡号是否相符。一旦卡盒领用,发现数量不符,由领用人负责。查验中发现不符,由内业管理员查找原因,进行责任追究。

(5)监控员必须在车道上班前将相关信息(如班次、工号、班组、手工清点卡数)准确录入后进行卡盒领用登记,否则车道无法执行上班操作。

(6)卡盒领用登记时出现错误(如班次、班组、收费员、入出口等)应进行上交处理。如卡盒充足,可重新领用卡盒。

9.3.3 通行卡的发放

(1)通行卡的发放分为入口人工车道发放和自动发卡机发放。

(2)人工发放通行卡的要求:

①收费员须先领用登记为入口人工车道的卡盒方可在入口人工车道进行上班、发卡操作。

②收费员应在车辆驶入线圈产生抓拍图片后刷卡,严禁提前刷卡,以保证卡内有正确的车辆图片

信息。

③除拖车外,必须一车一卡,不得发空卡、多发卡。除紧急车外,其他车辆必须领卡通行。

④收费员发现通行卡信息输入有误时,应在抬杆后,双击“落杆”,重新输入正确信息发放另一张通行卡。

⑤收费员发卡过程中,产生下列异常情况的,应报告监控室确认后单独存放。

a. 系统提示“刷完未发卡”(已发放未被驾驶人带走的非本库卡、发空卡后留下的非本库卡)。

b. 系统提示“非本卡盒卡”。

c. 坏卡(无信息的本站卡或无信息的非本库卡)。

d. 不能确定是否已写入信息的卡。

e. 在驾驶人出示易通卡之前所刷的普通通行卡。

⑥下班时,收费班长应检查所有入口车道,确保卡盒关闭、车道处于下班状态。

(3)通过自动发卡机发卡时的要求:

①收费班长负责自动发卡机车道的上班、装卡、卡数输入、故障上报,保障自动发卡车道的正常运行。

②收费班长应根据当班期间入口车流量的大小,适时检查自动发卡机内 IC 卡数量,当数量不足时,要及时进行补充。

③常规情况下,自动发卡机的开通时间为 9:00 ~ 17:00,当光线不足或过强时,车牌识别系统的识别率会受到影响,收费班长应停止使用自动发卡机。特殊情况确需开启自动发卡机的,由管理所请示监控中心同意后可以开启。

④监控员应每天对自动发卡机的车牌识别情况进行检查,当发现正确识别率低于 92% 时,应停止使用自动发卡机,通知维护人员检修。

⑤自动发卡过程中产生的异常卡,应及时清理,单独分类存放。

⑥收费班长应在下班前 10min 停止使用自动发卡机,该车道同时具有人工发卡功能的管理所,将该车道改为人工发卡方式;不具备人工发卡功能的管理所,关闭自动发卡车道。

(4)预制卡发放要求:

①预制卡只能在所有入口车道无法正常使用或收费道口严重堵塞的紧急情况下使用,使用前必须先上报运营管理部同意后方可发放。

②领用预制卡应同正常卡一样进行预制卡盒的领用登记。

③下班后,内业管理员应进行预制卡使用登记,使系统及时生成预制卡的发放记录,保证网内的数据查询正常。

9.3.4 通行卡的回收

(1)收费员须领用登记为出口车道的卡盒后方可在出口车道进行上班、收卡收费操作。

(2)除紧急车外,其他车辆必须交卡通行。

(3)收卡过程中如遇坏卡,收费员应将坏卡卡号、车道屏幕上的提示上报监控室,监控员迅速核实后向车道下达操作指令,同时提醒收费员正确输入十位卡号,防止卡库记录与实际卡号不符。操作完后将此卡单独存放上交。

(4)下班时,收费班长应检查所有出口车道,确保卡盒已关,车道处于下班状态。

9.3.5 卡盒的上交

(1)下班后,应将领用的卡盒、标签卡、未发放的正常通行卡、回收的正常通行卡、产生的各类异常卡全部上交。

(2)监控员应根据报表显示的"IC卡应上交张数",利用【查找卡盒内通行卡】功能逐一查验入出口收费员上交的全部IC卡,及时了解上交卡的真实状态,明确责任。一旦卡盒上交,发现库存正常卡中夹杂有异常卡,由当班监控员负责。

(3)当卡盒标签卡计数与卡盒库中相关卡盒记录的卡数不相符时,监控员应查明原因,通过恢复标签卡、对异常卡进行组盒操作,使得卡盒标签卡计数与卡盒库中相关卡盒记录的卡数相符。

(4)当卡盒标签卡计数与卡盒库中相关卡盒记录的卡数相差很大时,应重启车道工控机,待数据重新上传后再作处理。

(5)当卡盒标签卡计数与卡盒库中相关卡盒记录的卡数相符且卡盒处于关盒状态时,监控员才能执行卡盒上交登记操作。

9.3.6 卡盒的调动

(1)经监控中心内业管理员同意后,各收费站之间方可执行正常卡盒调动。

(2)内业管理员在领取卡盒时应通过调出站的【查找卡盒内通行卡】功能,查验卡盒标签卡计数与卡盒库中相关卡盒记录的卡数是否相符,卡盒内通行卡卡号与卡盒库中相关卡盒记录的通行卡卡号是否相符,一旦卡盒入库,发现彼此不符,由内业管理员负责。

(3)卡盒调动涉及到调出卡库和调入卡库的数据交换,因此在调动过程中,不准移动卡盒标签卡,以免造成数据传输失败。

(4)如果调出收费站与调入收费站之间网络畅通,禁止用【断网卡盒调入】模块调入卡盒。

(5)收费站级人员只能执行坏卡卡盒调出(即坏卡上交)操作,不允许执行坏卡卡盒调入操作。

(6)收费站级人员执行正常卡盒调入操作前,应通过"通行卡状态"功能查验标签卡是否为调出站的"调出"状态。

9.3.7 通行卡的组盒

(1)入口刷完未发卡(有信息的非本库卡):将刷完未发卡重组出盒,再上交卡盒。

(2)出口的多卡(有信息的非本库卡):交监控室强制入盒。

(3)入口的异常卡(无法发放的本库卡):卡内信息已更改,但卡盒库存中仍有该卡记录的,先上交卡盒,再对异常卡进行组卡操作,恢复卡内信息。为入口坏卡(无信息的本库卡)的,先将该卡重组出盒,接着上交卡盒,再手工输入卡号组入到坏卡卡盒内。

(4)出口坏卡(无信息的本库卡):先恢复标签卡,再将该卡重组出盒,上交卡盒后,将散卡组入任意本库卡盒。

(5)入出口的丢失卡:先将丢失卡组出,再上交卡盒。

(6)入口发空卡:先将丢失卡组出,然后将刷完未发卡重组出盒,再上交卡盒,将散卡组入任意本库卡盒。

(7)出口坏卡卡号输错:先恢复标签卡,然后把卡库中错误的卡号找出按丢失卡组出。如实际回收的IC卡(非本库卡)有信息的,继续组出再上交卡盒,上交完毕后重组入盒。无信息的应单独存放,再上交卡盒。

(8)出口坏卡卡号输成已回收的卡号:标签卡无须恢复,实际回收的IC卡(非本库卡)有信息的,重组出盒后再上交;无信息的应单独存放,再上交卡盒。

(9)对"无信息的非本库卡",监控员应填制《异常卡登记表》后单独存放,不得执行组盒操作,否则影响正常卡库存。

(10)对于非本班、非交接班期间的"有信息的非本库卡",内业管理员可直接组入到任一入库的正常卡盒内,该操作生成的数据记录在《IC卡月收发台账》、《IC卡年收发台账》中的"管理人员强制组入卡数(有信息的非本库卡)"一栏,与班次报表无关。

(11)当"卡盒实时库存查看"中出现"散卡"库存时,管理员应通过"通行卡实时库存查看"查出散卡卡号(对应卡盒号为0),并将散卡及时组入到任一入库的卡盒中。

(12)在卡盒入库状态,当发现通行卡实际数量比卡库数量不符时,可能出现了"同号卡",通过【查找卡盒内通行卡】逐一查验,找出同号卡,做好记录单独存放。

(13)在卡盒入库状态,发现少卡,按"丢失卡"组出该卡,班次报表、日报无数据显示,在通行卡月报中显示"管理员丢失卡"张数。

9.3.8 应急操作

(1)当收费站局域网络中断或收费站服务器出现故障时,内业管理员应利用应急状态下的卡盒领用、上交登记模块对卡盒进行领用、上交。

(2)当调出收费站与需要调入收费站的网络不通且收费站库存通行卡不够用时,内业管理员应利用【断网卡盒调入】模块进行应急的卡盒调入。执行断网卡盒调入时,卡盒中的每一张通行卡都必须执行刷卡操作。

9.4 通行卡的赔付

(1)应加强对无卡车的管理,除查实确属入口未发卡外,其他无卡车均应按规定收取IC卡成本费。IC卡成本费不得混作通行费,也不得使用通行费票据或本单位内部收据,必须提供定额发票。如司机交费赔偿后明确表示不需要发票的,应征得司机同意后当面销毁。

(2)对已赔付通行卡成本费,之后又找回通行卡(通过检索确定为车辆入口所领卡)且能提供赔偿票据的,其IC卡赔偿费应该在同一站点退还,收回赔偿票据。

(3)管理所内业管理员应规范填制《通行卡成本费赔付登记表》,对异常情况进行说明。

9.5 IC卡的保管

(1)卡盒、卡盒标签卡、通行卡一律存放在IC卡专柜内,钥匙由内业管理员统一保管。专柜要加装防盗设施和报警装置,做到防盗、防火、防折、防磁,切勿使IC卡遗失和损毁。

(2)收费工作人员必须严格区分卡盒标签卡和通行卡,防止混淆。

(3)按联网管理部的统一要求,监控中心定期组织对IC卡进行清洗,具体由管理所内业管理员负责、监控员协助。

9.6 IC卡的清查

(1)一个统计日期结束后,内业管理员应登录收费管理系统,依次执行【重新统计】,核对《IC卡日报表》、《通行卡实时库存查询》、《通行卡日库存查询》和《IC卡年收发台账》,盘点库存卡盒、标签卡和通行卡,在收费信息综合分析系统的IC卡管理中做好记录。如系统或实际库存有异常,应分析原因,及时与监控中心管理员联系。

(2)监控中心每月对所有收费站库存卡盒、标签卡、通行卡进行一次全面清查,确保信息属实、数据相符。

9.7 易通卡管理

9.7.1 入口操作要求

(1)对易通卡进行刷卡操作时,必须准确输入车牌,如发现车牌输入有误,栏杆抬起后,双击"落杆",重新写入正确信息后将易通卡交还驾驶人放行。

(2)邮政车进站时不刷通行卡。其他车辆如在收费员刷完通行卡后出示易通卡的,收费员应上报监控、执行【落杆】后再刷易通卡。之前的通行卡作"刷完未发卡"单独存放,下班后上交。

(3)如司机提供的易通卡为坏卡无法写入信息的,上报监控员后,发放通行卡。

(4)刷卡时系统提示属已经挂失的"黑名单",监控员做好记录,向中心监控员上报。收费员收回该易通卡,发放通行卡。

(5)在入口对易通卡进行圈存操作时,必须在没有车牌输入的默认初始界面下进行,否则会进入发卡操作流程。

9.7.2 出口操作要求

(1)收费员应准确输入车牌,便于易通卡的正常使用。

(2)入口刷易通卡的车辆,在出口操作完毕后将卡交还驾驶人。入口刷通行卡进站的,回收通行卡,易通卡支付完毕后交还司机。

(3)在出口执行易通卡扣款时,收费员应注意卡内余额,正确选择支付方式,确认卡内余额不足的方可选择"现金支付",选择"现金支付"方式后将不能再执行"易通卡支付"。

(4)对出口执有易通卡,但需免费放行的车辆,操作流程如下:

正确输入车牌、车型后→刷易通卡→自动报价并弹出储值对话框→选择“退出”→双击“免费”→显示“0 元”→双击“储值”键→选择“现金支付”或“储值卡支付”→确认→抬杆放行。

(5)当进行易通卡扣款操作时,如系统出现故障或死机,收费员应上报监控员,监控员及时联系软件部门。系统恢复后再次执行扣款操作之前,收费员应先查询余额,避免重复扣款。余额查询方法为:在默认初始界面下(无车型、车牌信息),如果系统已经自动识别车牌先按取消键,双击【储值】键后系统将显示该卡的余额。

(6)刷易通卡时无法读取信息,确认为坏卡的,收费员应询问司机的进站点,监控员进行核实后,按卡坏 10 个零操作收取现金。

(7)刷易通卡时系统提示为已挂失的“黑名单”时,收费员收回易通卡,正常收取现金。

(8)在出口对易通卡进行圈存操作时,如持卡车辆不从该车道出站,应按入口圈存要求操作。

(9)在出口 ETC 车道,因两车相隔太近,容易产生后车扣款,前车出站,而后车被拦住的现象,经监控室核实后,后车可在人工车道按“紧急”出站,并根据图像资料查找前车,追缴通行费。

9.8 自动发卡机 IC 卡管理

9.8.1 自动发卡机 IC 卡管理事宜

(1)参照通行卡的卡盒上班领用和下班结账流程。

(2)监控员应每班次及时核对自动发卡系统当班班次报表,发现问题及时与监控中心联系。

(3)当出现卡盒实际卡数与系统不符时,监控员需要核查是否存在丢失卡。查找丢失卡方式参考特殊情况下的 IC 卡上交流程。

(4)对于车道上交的坏卡或散卡,监控员先确认该卡是否为物理损坏坏卡,若不为物理损坏卡,可进行直接组盒操作恢复为正常通行卡。若为物理损坏的坏卡,可参照特殊情况下的坏卡回收流程。

9.8.2 自动发卡系统异常情况处理规范

(1)卡盒不能正常上交,监控员清点卡数,并将标签卡进行恢复操作,然后上交卡盒,若实际卡数与系统不符,当班监控员要认真分析原因,通过查找卡盒内通行卡等功能,找出卡盒内的异常卡。对于上交的非正常发出卡,监控员要认真查看卡内状态,若系统中已有该卡的正常发出记录,需在上交卡盒前进行异常组出后再进行强制入库。

(2)若出现丢失卡并在路网内有回收记录的,可能为车道数据未正常上传,应及时报监控中心。

(3)上交过程中出现的其他异常情况处理,可参考特殊情况下的 IC 卡上交流程及相关要求。

第 10 章　票 据 管 理

10.1　总则

10.1.1　目的

对联网收费使用的通行费收缴凭证包括计算机打印票据和定额票据进行规范管理，达到防止票据流失、了解票据领用、发出、核销及结存情况、确保票据的充足供应等目的，保证收费工作的正常运行。

10.1.2　适用范围

高速公路运营企业及各子公司、委管路段均按本标准严格执行。

10.1.3　编制依据

(1)《湖北省高速公路联网收费管理办法》(试行)。

(2)《湖北楚天高速公路股份有限公司收费管理办法》(2013 年修订稿)。

10.2　术语和定义

(1)计算机打印票据：是指按照税务部门的规定形式制成和印刷，由计算机控制打印内容(主要包含车型、收费额、日期、时间等)，作为高速公路使用者缴纳通行费的凭证。

(2)定额票据：是指按照税务部门的规定形式制成和印刷，有固定数额，用于出口收费车道无法提供计算机打印票据的紧急情况下向高速公路使用者开具的凭证。

(3)废票：是指因打印机的设备故障或人为操作等原因产生的损坏票据，无法作为缴费和报销凭证使用。

(4)弃票：是指开具给客户后，客户未领取或丢弃的票据。

10.3　票据的印制

(1)公司通行费票据印制由运营部负责办理，按照以下程序：

①提出印制票据申请，注明印制数量和类别。

②地方税务局和地方税务局的主管部门依次进行审批。

③批准后交由指定印刷单位印制。

④印制完毕后向地方税务局提出领票申请。

⑤批准后对票据分发数量进行分配，由印刷单位将票据送至各管理所。

(2)运营部应随时准确掌握票据的库存数量，及时办理印制手续。

(3)最低库存数量应不低于本路段3个月的使用量,确保正常供应。

10.4 票据的领取与发放

(1)管理所内业管理员应随时掌握计算机打印票据的使用结存情况,及时向公司运营部申请票据领用手续。

(2)管理所内业管理员应根据使用量,每季度向公司领取一次票据,及时在站级票据管理系统进行录入,建立票据管理台账。

(3)内业管理员和收费班长请领票据时,必须当场点清。

(4)计算机打印票据由内业管理员根据使用量直接发放到车道,当车道结存张数少于一个班次用量的1.5倍时,由当班班长负责办理领取手续并核对票据起止号码。

(5)定额票据由内业管理员负责设置备用票箱并配备到位,当车道需要使用时直接发放到当班收费员,收费系统出现严重故障的紧急情况下经运营部同意方可使用,事后应及时做好当班核销、回收工作。

10.5 票据的核销

(1)交付给驾驶人的计算机打印票据应完整齐全、清晰准确,出现打印不清、严重错行等情况时,应在抬杆前或抬杆后落杆前执行"重打",此操作不需调整车道票号。

(2)因打印机故障、印刷问题或其他原因导致票据无法交付使用时,调整打印票据,并由收费班长更改当前票号后再继续下一步操作。

(3)交接班时,收费员应对本车道的票据进行交接登记,备用车道的票据由收费班长进行交接。

(4)每班次结束后,内业管理员应结合交费车流量、票据重打及破损情况对票据的使用张数进行核查,确保数据准确、规范使用。

(5)配合发票主管部门做好票据的销毁工作。

10.6 废票管理

(1)废票包括重打废票和破损废票。

(2)下班后收费员应将废票全部上交内业管理员。

(3)对破损废票,内业管理员应及时录入到管理系统,如废票的起止号码、废票上交人、上交日期、班次、车道号、废票产生的原因等,以便班次班表及时准确反映票据使用情况。

(4)内业管理员将废票分类粘贴在《废票登记表》上,视同正常结存票据进行妥善保管。

10.7 弃票管理

(1)对于弃票,出口收费员或亭外值班人员必须立即在监视器可视范围内撕毁,不得以任何原因、任何方式暂留、保存或弃之不管。

(2)对收费广场区域内的弃票必须随时清理。

10.8　票据保管

（1）通行费票据一律存放在公司、管理所的库房专柜。库房要加装防盗门窗和报警装置，做到防火、防盗、防鼠、防蛀、防霉、防丢失。专柜要常年保持锁闭状态。

（2）管理所内业管理员是票据管理的第一责任人，内业管理员换岗或离岗时，应在所领导监督下办好交接手续。

10.9　票据清查

（1）公司每月对库存计算机打印票据进行1次盘点。

（2）内业管理员每旬第一天对上一旬的结存计算机打印票据（含车道结存的计算机打印票据）、定额票据进行全面检查，并将计算机打印票据、定额票据的起止号、结存张数登记在收费信息综合分析系统的票据管理界面。

（3）管理所每半年对库存定额票据清查一次，并将起止号码、张数登记在《联网收费上下班交接登记本》上。

第11章　现金管理

11.1　总则

11.1.1　目的

加强财务监管,保障资金安全,规范管理程序,有力维护公司的经济利益。

11.1.2　适用范围

高速公路运营企业及各子公司、委管路段均按本标准严格执行。

11.1.3　编制的依据

(1)《湖北省高速公路联网收费管理办法》(试行)。

(2)《湖北楚天高速公路股份有限公司收费管理办法》(2013年修订稿)。

11.2　术语和定义

(1)通行费:指公路使用者为获取收费公路的通行权而支付的费用。

(2)备用金:是公司拨付给管理所用作兑换零钞、找兑零钞、购买IC卡赔付票据的款项。

(3)通行卡赔付金:指高速公路使用者在出口因无法交还正常通行卡,以货币形式支付通行卡成本金额的赔偿形式。

11.3　现金管理范围

包括车辆通行费(含长款)、备用金、通行卡赔付金。以上几种现金实行分类管理、专款专用,不得擅自转变用途。

11.4　通行费管理

11.4.1　通行费的收取要求

(1)收费员不得携带私款上岗,否则视为违纪作为长款收入上交。

(2)收取的现金应立即按金额分类整理好放置进抽屉之中,不得放置于桌面,IC卡赔付金应单独存放,以免混淆。

(3)收费人员应关门作业,离开座位时应锁闭窗户,做好安全防范。

(4)收取的大面额现金应及时清点,以1万元为单位放进工作箱中。在条件许可的情况下,收费广场内单车道收取的现金总额每超过3万元时应提前上缴收费管理室进行存管。

(5)收费员收进现金时应认真查验,谨防假钞,误收的假钞由收费员自赔,下班后交内业人员处理。

(6)收取通行费的主要人员应为公司核定为收费员岗位的当班工作人员,实习、交流人员可安排短期的上岗,但不能长期在主要出口车道进行收费操作,严禁其他无关人员收取通行费。

11.4.2 通行费的上缴要求

(1)收费员下班前应提前将现金清点,避免因遗漏现金造成短款和封账错误。

(2)收费广场距离管理所500m以内的,收费员应列纵队返回管理所,上、下岗途中,监控镜头应全程跟踪查看。距离在500m以上的,管理所必须安排车辆接送。

(3)收费员下班后应立即将当班期间收取的车辆通行费、长款收入以及备用金上缴内业人员,严禁截留、拖欠和他人代缴。

(4)现金的清点必须在收费管理室的工作台上进行,工作台应放置于监控镜头视角良好的范围之内。

(5)如使用自助缴款电子金库的,收费员应先将所收通行费数额报内业人员进行封账,遵循"长款上缴、短款自赔"原则,核对实缴通行费数额与系统统计应缴通行费数额是否相符,确保数额准确无误。然后将通行费封包后放入金库中。待系统提示交易成功后将交易凭条交内业人员核对金额是否一致。

(6)负责收缴通行费的人员必须为监控员或内业管理员,其他人员未经管理所所长批准不得从事通行费的收缴。

11.4.3 通行费的存管要求

(1)内业人员对收费人员上缴的现金进行清点,与报表数据核对无误后,方可将现金放于保险柜中存管。

(2)现金必须统一存放在保险柜中,车辆通行费、长款、备用金、IC卡赔付金分类存管,不得混同。

(3)保险柜一律设置密码,并定期更换,不得使用默认初始密码,平时保持锁闭状态。

(4)保险柜必须放置于内业管理员工作区域,并在监控镜头可视范围内,并保证图像清晰完整。如有自助电子缴款金库的,金库所在区域必须配备监控镜头,并接有UPS不间断电源确保金库正常使用。

(5)存放的现金严禁挪用。

(6)进行现金的交接时,应在监控范围内进行清点,未认真交接导致的差错由接班人负责。

11.4.4 通行费的解缴要求

1)重点事项

(1)通行费收入实行收支两条线、专款专用的原则,管理所应及时、足额将通行费、长款存入全省联网收费指定的账户上缴,不得坐支、平调、拖欠、截留和挪用。

(2)车辆通行费一律由银行上门收缴,收款银行由公司财务部统一安排。

(3)管理所应与收款银行签订收款协议,对上门收款的频次、程序、安全责任等重点事项进行约定。

(4)上门收款的车辆、人员和时间必须固定。管理所将包含有银行业务联系电话、收款员和押运员照片及工号等信息的公示牌放置于收费管理室工作台上,以便内业人员核对。当收款车辆、人员发生变动时,内业人员应主动与银行进行联系确认。

(5)因节假日或其他特殊原因导致通行费不能按期存缴的,管理所应加强保安措施加强保管。当通行费解缴延缓时间超过两天时,管理所上报公司财务部和运营管理部进行协调和采取措施安排其他银行收缴。

(6)解缴的信息如实在《银行上门收款、收单及零钞兑换登记簿》中规范填写,按月装订。

2)解缴方式

(1)采取封箱解缴的方式。

(2)参与封箱人员仅限内业管理员、监控员。

(3)封箱过程在收费管理室工作台进行,期间收费管理室防盗门必须锁闭,不得允许无关人员在场。

(4)封箱中应有前一天的通行费收入、长款,以及与之金额数字一致的《现金存款凭条》、《现金封包交接单》。

(5)封箱完毕上锁后,将钥匙存放于保险柜中。

(6)必须在经过核实收款人员身份、办理交接手续等程序后,方可将封箱移交收款人员。

(7)使用自助缴款电子金库的,缴款人员负责打开金库,将库内专用袋的号牌、数量与收费员交易凭条核对后交于银行,并根据交易凭条将各专用袋内所装现金数额注明于进账单留白处。收费员交易凭条必须保留 48 小时,待银行确认入账后方可销毁。

3)解缴凭证

(1)银行出具的现金存款凭证作为管理所完成通行费解缴的证明,应妥善管理。

(2)收到现金存款凭证,当班监控员应认真核对凭条信息是否准确,查看是否有收款银行盖章。如无异常,将缴款凭条附在相应的日报表上一起保存。如有异常,应立即向管理所所长报告,并与银行联系处理。

4)意外情况的处置

(1)收款银行与押运单位交接时因封箱不符合规范拒绝接受。

管理所应查明封箱是否遭到破坏,确认封箱未遭到破坏的,应收回封箱,与押运单位重新办理移交手续。如遭到破坏的,由管理所、收款银行和押运单位三方各派两人共同开启封箱,清点封箱内通行费数额。经清点确认封箱内通行费数额不少于现金存款凭条上数额的,可收回封箱,与押运单位重新办理手续。经清点确认封箱内通行费数额少于封箱清单上记载数额的,在收款银行保证押运单位补足差额后方可与押运单位重新办理手续。

(2)经收款银行清点,发现封箱内金额与站所填制的银行现金存款凭条金额不符。

站所封箱人员应进行核查。如收款银行清点的封箱内金额高于当天报表中最终上缴收入的,应及时告知公司,重新填制银行现金存款凭条,同时追究相关人员责任。如收款银行清点的封箱内金额少于当天报表中最终上缴收入的,应及时告知公司,重新填制银行现金存款凭条并补足差额,同时追究相关人员责任。

(3)收款银行清点发现假币的,由封箱人员负责。

(4)经收款银行清点,发现封箱内金额与站所填制的银行现金存款凭条金额不符或出现假币的,如站所提出异议,可派相关人员到收款银行查验实物现金、调阅监控录像记录,现场确认(或与收款银行相关人员联系,在条件允许的前提下提供监控录像进行远程核实)。如银行无法提供录像的,由公司进行具体协商和处理。

11.5 备用金管理

11.5.1 备用金的核定

(1)备用金需求量一般根据管理所出口缴费车流量、车型结构以及零钞的兑换频率和方式等因素综合考虑,金额由运营管理部和财务部共同核定。

(2)备用金需要调整时,管理所应书面上报公司,说明原因、需要调整的金额,由运营管理部会同财务部议定。

(3)备用金的金额每季度调整不得超过1次。

11.5.2 备用金的领取

(1)出口收费员上岗前应领取备用金,金额由内业管理员根据不同班次的实际需求量确定。

(2)出口收费员在《上下班交接登记本》中签字后,方可领取备用金。

(3)工作期间因零钞不足需再次领取备用金的,收费员向监控员上报后,收费班长负责领取和办理手续。

11.5.3 上缴和存管

备用金的上缴和存管参照通行费的管理要求。

11.6 通行卡赔付金管理

11.6.1 赔付金的收取

(1)对无法交还通行卡的车辆,应严格收取通行卡赔付金,赔付标准为每张通行卡20元。

(2)一般应由收费班组负责收取赔付金,提供规定的定额发票(武汉市地方税务局通用定额发票),不得使用其他发票或收据代替。

11.6.2 赔付金的上缴

(1)下班后,收费班长将通行卡赔付金全额上缴内业人员,不得截留、拖欠、挪用。

(2)内业管理员(监控员)将赔付信息记录在《IC卡成本费赔付登记表》中。

11.6.3 发票管理

(1)定额发票由管理所内业管理员向公司财务部申报领取。

(2)确保足够一个轮班使用的定额发票放置于收费亭固定位置,由班长负责定额发票的保管和交接,当使用后,由监控员及时补足定额发票。

(3)发票实行专柜管理,不得随意放置。

第12章　报表管理

12.1　总则

12.1.1　目的

加强对日常收费数据的管理,实时掌握公司运营状况,科学分析收费形势。

12.1.2　适用范围

高速公路运营企业及各子公司、委管路段均按本标准严格执行。

12.1.3　编制的依据

编制的依据为《湖北楚天高速公路股份有限公司收费管理办法》(2013年修订稿)。

12.2　术语和定义

收费报表:将预设的收费指标项目数据按照规定的统一格式,通过表格的形式显示的工具。

12.3　收费报表的范围

收费报表根据产生的方式分为系统报表与人工报表。

系统报表为收费系统自动按照既定项目、格式生成的收费数据报表。包括:收费站级报表共46张,其中综合类报表12张,车流量类报表5张,通行费类报表4张,通行卡类报表6张,票据类报表10张,特情类报表5张,业绩类报表4张。中心级报表共66张,以8张基础报表为基础演变出42张系统报表,并加入24张辅助类报表作为系统报表的补充。

人工报表以系统报表中数据为基础,根据收费工作的需要进行处理和加工,作为收费管理的参考资料。

12.4　收费报表的编制

收费报表的编制根据数据的采集区间分为日报表、月度报表和累计年度报表。

12.4.1　日报表的编制

1)收费站级日报表编制要求

(1)每日应编制《收费站班次报表》、《收费站日报表》、《收费站通行卡日报表》、《收费站车道打印票据使用情况日报表》、《收费站通行卡年收发台账》五类报表。

(2)收费员交班缴款完毕后,监控员进行封账并打印班次报表,收费员、监控员共同核对班次报表数据,并确认签字,发现异常时必须第一时间查明原因。

(3)《收费站日报表》需在报表左上角粘贴当日《银行现金缴款单》,并对数据进行核对,当日数据异常必须在报表备注中进行说明。

(4)每日利用《收费站通行卡日报表》、《收费站通行卡年收发台账》和通行卡库存实际数,对收费站通行卡的卡库存情况进行盘点。

(5)每日对《收费站车道打印票据使用情况日报表》进行统计,核对当日票据请领、发放、使用以及废票的产生原因等情况,做好票据的盘点,核对与《收费站日报表》用量数据是否一致。

2)中心级日报表编制要求

(1)每日应编制《清分前现金收入日报表一(按站点)》、《清分前电子支付明细日报表(按站点)》、《湖北省高速公路、长江大桥联网路段通行费调增收入区间表》、《路网清分后收入区间报表(校核表)》、《湖北省高速公路、长江大桥联网路段二次拆分对比表》五类报表。

(2)应利用《清分前现金收入日报表一(按站点)》和《清分前电子支付明细日报表(按站点)》报表,核对中心数据与收费站数据,判断分析是否存在数据误差,进行及时处理,核对无误后,上传至联网管理中心数据平台,进行清分后数据核对。

(3)利用《湖北省高速公路、长江大桥联网路段通行费调增收入区间表》、《路网清分后收入区间报表(校核表)》、《湖北省高速公路、长江大桥联网路段二次拆分对比表》报表,核对联网中心每五日下发的拆分数据,并制作拆分报表与财务部门核对划拨数据。

12.4.2 月、年度报表的编制

1)收费站级报表编制要求

(1)每月初统计上月份月度、年度累计报表,并核对各报表间的关联数据,对数据进行处理,编制月度综述,对收费形势进行分析。年度报表的编制方式与月报相同,数据采集的区间为全年各月的累计数据。

(2)编制综述时,应了解收费站收费额、流量基本构成情况,利用同比、环比等数据分析方式,掌握影响本站收费额的外在因素。对特情数据、稽查数据进行整理、分析,总结收费站在政策执行、流程操作等方面的影响本站管理的内在因素。对影响收费形势的内外因素进行分析,制订阶段性的工作措施推进收费任务进度的完成。

2)中心级报表编制要求

(1)每月初统计上月份统计月度、年度累计报表,核对各报表间的关联数据、收费站级报表数据与中心报表数据,对出现的数据问题进行分析校正,并在数据分析的基础上编制月度综述。

(2)编制综述时,应了解本路段总体收费额、流量基本构成情况,通过与路网其他路段的数据比较,利用同比、环比的数据分析方式,掌握本路段收费情况。根据各收费站内外因素分析的情况,结合各收费站完成计划进度,特情、稽查处置力度等数据,对各单位的运营情况给出指导性建议。

12.5　收费报表的装订

12.5.1　版式要求

1)封面版式

采用公司统一设计制作的式样,大小为A4(297×210mm)版面,包括报表标题和单位名称。单位名称使用宋体25号加粗字体,报表标题使用宋体71号加粗字体,报表时间使用汉字表示,使用宋体18号字体。

2)报表内容格式要求

(1)报表:标题使用宋体16号加粗字体;文字内容使用宋体3号字体;表内数字使用宋体10号字体。

(2)文字分析:标题使用宋体16号加粗字体;文字内容使用仿宋3号字体;分析中图表部分使用宋体10号字体。文字行间距为单倍行距。

(3)印章:所有收费报表中均应有编制人、审核人的印章或签名。

12.5.2　收费站日报表装订要求

1)装订时间

每月10日前完成上月日报表的装订。

2)报表标题

报表标题为"收费日报"。

3)装订顺序

根据日期顺序依次装订每日的报表,每日报表的内部装订顺序为:

(1)《收费站日报表》。

(2)夜班《收费站入口车道班次报表》。

(3)夜班《收费站出口车道班次报表》。

(4)白班《收费站入口车道班次报表》。

(5)白班《收费站出口车道班次报表》。

(6)晚班《收费站入口车道班次报表》。

(7)晚班《收费站出口车道班次报表》。

4)其他事项

(1)入、出口车道班次报表均双面打印。

(2)每日将银行现金缴款单粘贴在《收费站日报表》正面左上角(与表格边框对齐),当日班次报表依次装订其下。

(3)如报表数量过多,无法一次合订时,可以旬或半月为单位进行装订。

12.5.3　收费站月报装订要求

1)装订时间

每月10日前完成上月月报表的装订。

2)报表标题

报表标题为“收费月报”。

3)装订顺序

(1)《收费站月报表》。

(2)《收费站清分前收入月报表一(按日期)》。

(3)《收费站清分前收入月报表二(按日期)》。

(4)《收费站出口交费车流量及通行费收入月报表》。

(5)《收费站出口可精确清分流量及通行费收入月报表》。

(6)《收费站出口不可精确清分流量及通行费收入月报表》。

(7)《收费站车流量月报表》。

(8)《收费站出口交费车流量月报表》。

(9)《收费站通行卡月报表》。

(10)《收费站票据收发、销售月报表》。

(11)《收费站车道打印票据使用情况月报表》。

(12)《收费站特情操作月报表(按日期)》。

(13)《收费站特情操作月报表(按收费员)》。

(14)《收费站工作业绩月报表(按收费员)》。

(15)《收费站工作业绩月报表(按班组)》。

打印时,正面为以上类型报表的当月数据报表,反面为同一类型报表的累计数据报表。

12.5.4 收费站年报装订要求

1)装订时间

每年元月15日前完成上年报表的装订。

2)报表标题

报表标题为“收费年报”。

3)装订顺序

根据月报表中不同类型报表的顺序依次装订,每类报表的内部装订顺序依次为1~12月各月月报表、全年累计报表。

4)其他报表

(1)收费站年度IC卡类台账:月初将上月《收费站IC卡月收发台账》双面打印,按时间顺序集中保存,年初将上年报表按1~12月台账、《异常卡登记表》、《IC卡成本费赔付登记表》的顺序装订存档,并加盖印章。

(2)收费站年度票据类台账:月初将上月《收费站计算机票据销售台账》双面打印,按时间顺序集中保存。年初将上年《收费站计算机票据收发台账》双面打印。年初将上年报表按计算机票据收发销售年报表、计算机票据收发台账、1~12月销售台账、废票登记表、报损废票登记表、销售台账的顺序装订存档,并加盖印章。

12.5.5 监控中心月报装订要求

1)装订时间

每月10日前完成上月月报表的装订。

2)报表标题

报表标题为“监控中心收费月报”。

3)装订顺序

(1)《拆分月报表》。

(2)《收费分中心清分前车流量区间报表(按站点)》。

(3)《收费分中心清分前车流量月报表(按日期)》。

(4)《路网清分前交费车流量区间报表(按站点)》。

(5)《路网清分前交费车流量月报表(按日期)》。

(6)《收费分中心清分前免费车情况区间报表(按站点)》。

(7)《收费分中心清分前免费车情况月报表(按日期)》。

(8)《路网清分后交费车流量区间报表(按路段)》。

(9)《路网清分后交费车流量月报表(按日期)》。

(10)《交通交费车流量OD区间报表》。

(11)《路网交费车流量断面区间报表》。

(12)《路网交费客车流量断面区间报表》。

(13)《路网交费货车流量断面区间报表》。

(14)《收费分中心清分前收入区间报表一(按站点)》。

(15)《收费分中心清分前收入月报表一(按日期)》。

(16)《收费分中心清分前收入区间报表二(按站点)》。

(17)《收费分中心清分前收入月报表二(按日期)》。

(18)《路网清分后收入区间报表(校核表)》。

(19)《路网可精确通行费清分后收入区间报表(校核表)》。

(20)《路网不可精确通行费清分后收入区间报表(校核表)》。

(21)《路网清分后收入区间报表(按路段)》。

(22)《路网清分后收入月报表(按日期)》。

(23)《湖北省高速公路、长江大桥联网路段通行费调增收入区间表》。

(24)《湖北省高速公路、长江大桥联网路段通行费调增收入月表(按日期)》。

(25)《湖北省高速公路、长江大桥联网路段二次拆分对比表》。

(26)《特情车情况区间报表(按站点)》。

(27)《特情车情况月报表(按日期)》。

(28)《特情操作区间报表(按站点)》。

(29)《特情操作月报表(按日期)》。

(30)《收费分中心通行卡月报表》。

(31)《收费分中心通行卡月报表(按日期)》。

打印时,正面为以上类型报表的当月数据报表,反面为同一类型报表的累计数据报表。

12.5.6 监控中心年报装订要求

1)装订时间

每年元月15日前完成上年报表的装订。

2)报表标题

报表标题为“收费年报”。

3)装订顺序

根据月报表中不同类型报表的顺序依次装订,每类报表的内部装订顺序依次为1~12月各月月报表、全年累计报表。

12.6 收费报表的存管

(1)报表统一放在管理所收费管理室库房专柜中,做好必要的防护,做到防火、防盗、防霉、防虫蛀、防丢失。

(2)库房专柜的钥匙由内业管理员保管,平时保持锁闭。各类报表严禁外借、传阅,无关人员不得查阅。

(3)各种报表的存档保存时间为15年。

12.7 收费报表的报送

(1)各管理所每月3日上午8时(节假日顺延)前将上月收费报表以电子文档的形式通过收费信息综合分析系统上传。每月5日上午8时前完成报表数据的信息化导入。年报于次年元月15日前以电子文档的形式通过收费信息综合分析系统上传。

(2)各管理所对系统统计报表应随时核对数据的准确性。发现数据异常应及时联系相关人员调整,保证各类收费数据上报的及时性和准确性。

(3)各管理所还应做好收费报表的电子化规范存档,在每年15日前将上一年度收费报表核对整理好后,放在名称为“××管理所××××年收费年报”的文件夹下,通过收费信息综合分析系统按以下要求上传:

①“××管理所××××年收费年报”的文件夹中分三个文件夹,分别为“月度收费报表”“年度收费报表”“分期收费报表”。

②在“月度收费报表”文件夹下设置13个文件夹,文件夹的名称分别为“一月”“二月”……“十一月”“十二月”“年报”。“××月”文件夹中包括两个文件,一个文件是WORD文档即对应文字分析说明,另一个文件是EXCEL文档,内含有多个工作表,分别为本月各类数据月报,顺序与装订顺序一致。

③在“年度收费报表”文件夹下设置多个EXCEL文档,文件名分别用各类报表的名称命名,内含有

13个工作表,分别为各类报表的月度统计表,工作表的名称分别为“年报”“一月”……“十一月”“十二月”。

④在“分期收费报表”文件夹下设置多个EXCEL文档,文件名分别用各类月报报表的名称命名,内含13个工作表,分别为各类报表的期间累计表,工作表的名称分别为“年报”“一月”……“十一月”“十二月”。

第13章 机电管理

13.1 总则

13.1.1 目的

明确机电设备维护管理的内容和任务，规范制度和流程，完善备件管理及系统升级、改造标准，提升维护效率及管理水平，充分发挥设备功能，有力保障收费机电系统设备的稳定运行。

13.1.2 适用范围

高速公路运营企业及各子公司、委管路段均按本标准严格执行，后期设备存在差别的，可进一步制订具体要求。

13.1.3 编制依据

(1)《中华人民共和国计量管理条例》(试行)。

(2)《公路机电系统维护技术指南》。

(3)《湖北省雷电灾害防御条例》。

(4)《湖北楚天高速公路股份有限公司收费管理办法》(2013年修订稿)。

13.2 术语和定义

(1)收费机电设备：通过电气原理或智能控制系统控制机械实现收费工作相应功能的组合成品，根据其实现的功能主要分为收费、监控、通信、供配电四类系统。

(2)收费系统：主要通过计算机控制车道设备完成对车辆收费的操作，并将收费数据信息汇集后通过专网传送，集中处理，实现电子稽查、清分校核、数据分析等功能的管理系统。

(3)监控系统：主要通过现场的监控摄像机、语音采集、音视频传输、录像、控制和报警装置、动态电子信息板等共同构成，能及时、准确地收集、发布收费运营管理所需的相关信息，实现有效加强收费现场管控和调度的综合管理系统。

(4)通信系统：为省高速公路联网收费各级管理单位之间传输收费数据以及语音、视频的数字传输系统。

(5)供配电系统：由低压供配电设备、发电机、不间断后备电源和供电电缆等组成，向机电设备正常运行提供电力保障的系统。

(6)备件：为缩短设备维护检修停歇时间，储备的各类机电设备配件。

13.3 机电设备基本管理要求

机电设备是由收费、监控、通信、供配电等系统组成的设备网络，是高速公路经营管理单位开展收费工作的重要保障，应严格按照标准化的要求，确保机电设备的稳定运行。

13.3.1 衡量指标

（1）公司将机电设备完好率作为衡量机电管理工作的一项重要指标，机电系统的设备年完好率应不低于表13-1的规定。

机电系统设备年完好率　　表13-1

系　统	系统的主要组成部分	完好率(%)
收费系统	车道设备、计重设备	95
	收费站、收费中心设备	96
监控系统	交通数据采集设备	96
	闭路电视子系统(外场设备)	98
	外场其他控制设备	98
	监控中心、分中心设备	99
通信系统	通信光、电缆	99
	数字传输设备	99
	数字程控交换机	99
	电话总机、分机	98
供配电系统	路灯(包括高杆灯)	95
	配电和控制设备	98
	供电设备	99
	配电设备	99
	供电电缆	99

（2）设备完好率由下式计算：

$$设备完好率 = \left[1 - \frac{故障设备台数 \times 故障时间(d)}{设备总台数 \times 日历天数}\right] \times 100\%$$

公式中故障设备指失去全部或部分功能，性能和技术指标达不到原技术要求，或已不能持续稳定工作的在线运行设备，不包括由于公路维修所造成的机电设备停止运行的时间。

13.3.2 维护人员

（1）管理所必须设置机电维护员岗位，负责管理所内各类机电设备的管理（可结合自身管理实际，设立水电工岗位协助机电维护员从事机电管理工作）。维护员按照岗位职责的要求开展日常工作。

（2）监控中心必须设置机电管理员和机电维护员岗位，组成机电维护组，负责路段内机电设备的管理。并配备必要的交通工具和维护工具,以确保各类机电故障事件的及时响应和处理。

13.3.3 管理方式

(1)监控中心机电维护组应加强对机电维护员队伍的管理,制订专门的管理制度,明确和细化机电设备的管理要求。

(2)维护组应根据本路段的设备配置的情况,参照有关技术标准、规范和设备说明书编写机电设备的操作规程,并有针对性地组织培训,增强机电维护员的业务素质。

(3)维护组应通过定期巡查和不定期抽检的方式,收集和掌握路段内机电管理要求的执行情况、设备缺陷情况、故障隐患情况、维护维修情况、设备运行负荷情况等,并采取措施及时处理隐患和问题,对管理不到位的进行严格考核。

(4)重大的故障和突发事件按照应急管理的要求,进行快速响应和处理。

13.3.4 运行环境管理

(1)机房是通信、供配电系统运行的重要场所,由机电维护员专人管理,平时应保持门窗锁闭,禁止与工作无关的人员进入机房。

(2)机房应每天清扫、整理,保持场地环境的清洁卫生和整齐美观,设备操作通道必须通畅,保证操作和紧急疏散时的必要空间。

(3)机房内必须按照安全管理的要求配备必要的消防设施、警示标识和安全防护用具,严禁在机房内吸烟或吃食品,严禁将茶水放在工作台或设备附近,严禁存放易燃、易爆、易腐蚀的危险物品。

(4)通信机房、UPS 电源室室温应保持在 22 ±2℃,当室温超过 25℃时,应开启空调制冷。

(5)外场设备应每天查看和清扫,保持外观清洁,无明显积灰、蛛网。出现严寒与高温状况时应采取措施保持计重设备的正常运行。发生洪涝灾害时应及时采用抽水泵抽排岛上机电人井内积水,防止积水通过机电管道倒灌至收费亭内。

(6)严禁随意拔插各类插头和线路;严禁擅自挪动、拆装机电设备,或将专业设备做其他用途;严禁将非收费机电设备接入到 UPS 电源上;车道工控机箱应保持锁闭,钥匙由机电维护员保管,不得随意关闭设备或对设备进行重启操作。

13.4 日常维护作业要求

日常维护作业是保障机电设备稳定、可靠运行的重要基础性工作。监控中心维护组和管理所机电维护员是日常维护作业的主要实施主体。日常维护作业的主要对象是收费、通信、监控、供配电系统的机电设备,其内容划分为日、周、月、季和年等 5 个作业等级。

13.4.1 日维护作业内容

1)作业时间

每日的上午 8:30 ~9:30,下午 16:00 ~17:00。

2)作业内容

(1)记录天气状况(分为晴、阴、多云、雨、雪等天气)。

(2)记录机房内温度计显示的温度。

(3)收费系统检查以下项目:

①检查外场设备。重点对自动拦杆机、手动栏杆、计重称台、光栅、车牌识别仪、广场云台摄像机、控制柜、费额显示器等外场设备进行查看。

②检查服务器。管理所机电维护员检查通信机房内收费数据、应急系统服务器,视频调度、存储服务器的工作状态;监控中心和管理所合建通信设备机房的,监控中心机电维护员除检查以上服务器设备工作运行状态外,还应对中心收费数据、办公网络、标识站、情报板等管理服务器的运行状态进行检查和记录。

(4)监控系统检查以下项目:

①检查监控摄像机。管理所机电维护员检查车道、收费亭内、广场、安防等所有监控摄像机;监控中心机电维护员对全线及道路监控摄像机进行检查,查看监控画面有无信源干扰、模糊、缺失。

②检查视屏控制系统。检查各类视频传输、图像处理板块的运行状态指示,查看有无报警提示。

③检查录像回放系统,查看系统的时钟是否与收费系统一致,录像资料是否完整,是否达到了存储15天的要求。

(5)通信系统检查以下项目:

①检查通信电源。查看通信电源模块上显示的工作电压和电流值,如无异常则记录当前电压、电流值;如通信电源模块出现声、光报警提示,应根据提示信息进行初步故障检查,判断故障基本原因。

②检查通信接入设备(ONU)。观察ONU设备各通信板块的运行状态,如警指示灯亮起,应对本单位内线电话的工作状态进行检查测试。

③检查通信传输设备。观察155/622M通信传输设备各板块运行状态,如告警指示灯亮起,应对本单位收费网络数据的查询、上传、视频传输工作状态进行查看。

④检查光收发器。检查收费广场通信机柜至管理所通信机房两端,用于收费网络数据、语音、视频传输等相关的光收发设备,观察设备运行状态指示灯是否正常。

⑤检查交换机。检查本单位收费、监控、网络等交换机的运行状态。

(6)供配电系统检查以下项目:

①检查稳压器。记录稳压器显示的电压、电流值,并判断是否在正常范围内。

②检查UPS主控制器。对于无参数值显示功能的UPS主控制器,主要观察其有无出现旁路或报警;对于有参数值显示功能的UPS主控制器,主要观察其输入、输出电压、电流、功率、负载状况、电池充电容量是否正常,有无出现旁路或报警。

③检查记录当日供电情况。为市电供电时在《供配电设备运行记录表》中的市电供电相关栏目内如实记录各项数据;当市电停电,启用发电机供电时要在《供配电设备运行记录表》中的发电机运行相关栏目内如实填写各项数据。

④在市电供电情况下,查看高压配电柜仪表上显示的电压、电流值,和低压配电柜上的监控外场、监控机房、收费系统、广场照明等各项回路运行的电流值,并在《供配电设备运行记录表》的相应栏目做好

记录。

⑤使用发电机供电时，对停电时间、发电频率、机油压力、水温、充电电压、发电时长和本日加油量等相关参数进行实时查看，并在《供配电设备运行记录表》的相应栏目内做好记录。发电过程中，要经常检查发电机组的运行状态，不得擅自离开工作区域。

⑥记录本所的日用电量。

3）记录和上报

（1）每日检查如无异常情况则在机电维护记录本的相应项目内记录为“正常”，并通过收费信息综合分析系统中机电管理模块填写每日运行情况，发送至监控中心机电管理员。如出现异常情况则记录故障现象，并通过收费信息综合分析系统填写故障报修申请单发送至监控中心机电管理员联系维修。

（2）管理所发生机电设备故障时，机电维护员应第一时间赶赴现场查看故障原因，并进行基本故障分析，对于不能自行修复的及时上报监控中心机电管理员处理。

13.4.2 旬维护作业内容

1）作业时间

每旬的第一日（每月的1日、11日、21日）。

2）作业内容

（1）记录天气状况（分为晴、阴、多云、雨、雪等天气）。

（2）记录机房内温度计显示的温度。

（3）收费系统检查以下项目：

①检查车道工控机运行状态，散热情况是否良好。

②检查收费票据打印机是否需要更换色带，票据打印是否清晰，打印间距是否合适。

③检查自动栏杆机运行状态，查看起落过程状态是否水平垂直，工作中出现异声则检查栏杆机内机械连接件是否紧固，传动轴承部位是否需要添加润滑油。

④检查车道检测线圈处的水泥路面是否有裂纹、破损，环氧树脂密封层是否有破损。

⑤检查费额显示器、语音报价器、雾灯、黄闪报警器、补光灯、控制柜等外场设备的运行情况是否正常。查看广场配电柜内防雷模块是否完好。

⑥检查收费服务器和计算机运行状态是否正常，有无报警提示。

⑦检查收费系统计算机是否正常工作，收费系统是否能正常运行。

⑧检查计重红外光栅。查看光栅隔离玻片内部有无冷凝水珠、灰尘、污渍等，每年11月底至次年3月间，在出现低温、霜冻、大雾、雨雪等天气时，应及时开启或关闭加热器，并随时检查玻片是否能正常发热。

⑨检查计重称台。清理称台面板与框架之间的积尘、沙石、落叶、垃圾等杂物，对称台台面是否平整进行人工踩压测试。

⑩检查机电系统线缆、人（手）井。检查人（手）井是否完好，有无破损、垮塌、井盖丢失；管道有无升高、回低等影响收费机电系统安全的隐患；井内机电系统光电缆是否完好，保持井内无积水、杂物，对积水要及时抽排。

（4）监控系统检查以下项目：

①检查收费广场、车道、收费亭内、收费管理室(含监控室)、院内安防等处的摄像机工作是否正常,画面有无干扰、缺失。

②检查存储服务器是否工作正常,有无报警提示,录像存储有无缺失。

③检查有线对讲主机和分机呼叫通话功能是否正常,有无杂音。

④检查联动报警系统。进行功能检测,逐一对每一个报警按钮进行触发测试,观测监控室内有无报警声音,触发报警的收费亭内、车道、广场图像是否能立即切换到监视屏幕显示。

⑤检查视频光端机运行状态是否正常。

⑥收费广场摄像机柜内各部件是否工作正常,内部有无积水、灰尘、昆虫、鼠咬痕迹等。

(5)通信系统检查内容与每日维护作业一致。

(6)供配电系统检查以下项目:

①检查柴油发电机组的机油、冷却液、燃油是否充足;蓄电池电压、机油压力、充电电压是否正常;机油滤清器滤芯、空气滤清器滤芯是否通畅;检查发电机组机体有无机油、燃油渗漏,燃油管是否破裂,排气管有无损坏,传动皮带是否磨损或松弛,各接线柱是否牢固;放出燃油箱及燃油滤清器中的水或沉积物。

②检查配电房高压配电柜各项电压电流值、低压配电柜每回路的电压电流值。

③检查稳压器电压电流值。

④检查 UPS 后备电源主控制器运行状态是否正常,记录各项参数数据。

⑤检查照明电源配电柜、收费电源控制柜内线路接触是否良好。

⑥检查配电房至办公楼间的电力人(手)井是否有积水、杂物,及时进行抽排和清理。

⑦进行一次模拟启动运行测试。在高压配电柜侧断开(开启)市电输入,模拟市电停电(来电)状态,测试发电机自动启动(关闭)状态。主要对自启、自停时间、发电电压、发电电流、发电频率等重要参数做好记录。发现异常及时查明原因,并联系检修。

(7)监控中心维护组组织一次巡检;对全线所有设备运行情况进行查看,对各单位机电维护情况进行检查考核。

3)记录和上报

(1)通过逐一对各系统设备进行检查,在机电系统巡检记录表的"设备状态及运行情况"一栏,对上一旬自行修复的故障和报修设备的故障现象及维修进度进行简要描述。

(2)管理所机电维护员除按要求填制机电系统巡检记录手工表格外,还通过收费信息综合分析系统向监控中心机电管理员报送"巡检记录"。

13.4.3 月维护作业内容

1)作业时间

每月最后一个工作日。

2)作业内容

(1)监控中心和管理所每月根据每日、每旬的检查情况,对各系统的运行情况、故障处理、维护保养等其他与机电系统维护相关的工作进行总结叙述。包括故障次数统计,故障原因分析,维修处理结果汇总,并对未修复的问题说明情况,注明维修计划。

(2)在做好供配电设备日、旬维护工作的基础上,对管理所本月市电用电量、发电量、燃油用量、发电时长、机油更换用量等数值填入《供配电设备巡检记录表》的相应位置,并就当月供配电设备的维护、保养、故障处理等相关内容进行详细说明,同时完成本月小结。

(3)对本单位及设备代维单位机电设备故障维修处理单妥善保管,在填制完机电系统维护月度小结后,将维修处理单据按时间顺序粘贴在机电维护记录本后空白页。

(4)检查设备散热系统运行状况是否良好,避雷、接地装置是否完好。

3)记录和上报要求

(1)管理所机电维护员根据每日、每旬设备巡查情况,形成本月供配电、收费、通信、监控设备维护月度小结,并在《机电维护记录本》的相应位置详细记录。管理所维护人员除按要求填制机电系统巡检记录手工表格外,还应通过收费信息综合分析系统向监控中心机电管理员报送月度小结。

(2)所长应对机电维护员的日常工作开展情况进行监督检查,查看各类机电维护工作日志的填写情况,并签字确认。

13.4.4 季维护作业内容

1)作业时间

每季度末最后一周。

2)作业内容

(1)对全线UPS进行一次时长为20~30min的放电测试,查看输出电压、电流、负载、电池容量等放电情况,观察有无模组、旁路、报警等故障,并进行详细记录。

(2)管理所对便携式收费机进行一次时长为1h的放电和使用测试,保持便携式收费机电池容量充足,随时能够使用。

(3)监控中心每季组织对路段内收费广场、车道、收费亭内以及院内的监控摄像机、天棚信号灯等高空设备进行清洁、保养。

3)记录和上报

(1)所维护员在执行以上维护操作后,在当日维护日志做好相应的记录,并在OA上通报维护情况。在对UPS进行充、放电操作过程中,如发生意外,应立即向所领导报告,启用应急预案,同时向监控中心报告故障现象和设备状态,必要情况下应通知设备厂家技术人员到现场参与抢修。

(2)监控中心维护人员在组织全线设备巡检和保养时,应提前与相关管理所领导联系,明确维护时段,确保车道畅通。在完成维护保养工作后,须填写维护记录,并向所领导通报维护保养情况。

13.4.5 年维护作业内容

1)作业时间

每年12月中、下旬。

2)作业内容

(1)对各车道工控机、管理计算机、服务器、UPS主控制器等重点设备进行内部除尘。

(2)对UPS电池组连接点加固,并检查蓄电池有无漏液。

(3)检查供配电设备元器件有无老化现象,继电器、电容器、发电机蓄电池、避雷器是否完好。

3)记录和上报

(1)管理所机电维护员要及时汇总机电维护记录,按时间顺序装订成册,总结管理所全年机电设备维护经验和存在问题,形成年度机电设备维护总结,并对下一年的机电维护工作开展情况提出需求或建议,上报监控中心机电管理员。

(2)监控中心机电管理员要及时汇总全年机电维护有关记录,按时间顺序装订成册,并根据机电系统全年运行情况,总结全年机电系统管理维护工作,具体分析各机电子系统故障普遍成因和存在问题,总结维护管理经验,提出整改措施和下一年度工作计划,形成年度机电系统维护管理总结报告,上报公司运营管理部。

13.4.6 专项维护

监控中心维护组根据管理需要,负责专项维护的组织和开展。

1)动态计重仪检测

由省计量院和设备厂家每半年对各路段的全部动态计重仪进行一次计量检测和标定,检测合格后颁发合格证,各管理所将合格证复印件过塑后放置对应收费亭内,原件由收费管理室统一保管。检测过程中,监控中心、各管理所机电维护员应到现场协助检测,并将计重仪的异常称重情况向检测单位反馈,督促设备厂家进行检修,确保动态计重仪的稳定运行。

2)防雷检测

省防雷检测中心于每年3~4月对各路段收费相关的建筑、机电系统所有防雷、接地装置进行检测,并出具检测报告,对检测报告中不合格的检测项目应及时请示公司相关部门予以整改,确保机电系统稳定运行。

3)低压供配电系统安全检测

地市级供电主管部门每年4~5月对路段内各单位的低压变压器及配电柜进行安全检测,并出具检测报告,对检测报告中不合格的检测项目应及时请示公司相关部门予以整改,确保机电系统稳定运行。

4)发电机组常规保养

每两个月组织发电机维护单位对全线发电机组进行常规保养。

5)保障性检查

在雷雨、高温、冰冻等恶劣天气和节假日、重大活动之前,应组织专门的保障性检查。

13.5 故障维修

13.5.1 管理原则

1)分级负责原则

一般可自行维修处理,无需更换备件的故障由各管理所负责修复;无法自行维修或需更换备件的故障由监控中心负责组织修复。

2)优先原则

优先修复供配电、收费及通信等相关设备故障,后修复其他故障。

3)成本控制原则

以预防为主,重点做好日常维护保养工作,使设备处于良好状态;加强使用管理,延长设备使用寿命,避免人为损坏;对故障设备尽量自行维修,减少返厂维修或更换新备件。

4)及时性原则

对影响收费工作的故障,管理所维护员和电工应在接到故障报告后10min内带工具到达现场进行维修;对管理所无法自行修复的故障,管理所应及时报监控中心,中心机电维护员应在接到故障报告后在规定的最短时间内携带工具和相关备件到达现场进行维修。

13.5.2 故障处理

1)故障维修分级处理流程

(1)管理所对自行修复的故障通过收费信息综合分析系统报送监控中心机电管理员,并在《机电维护记录本》的"日常维护记录表"中做好相关记录。

(2)无法自行修复的,应立即电话通知监控中心机电管理员,并在收费信息综合分析系统的故障申报模块,填写和上报故障维修申请。

(3)机电管理员接到故障维修电话后,要了解故障现象,初步判断故障原因,对于远程指导尚不能修复的,应立即安排维护员携带工具和相应备件赶赴现场,对故障情况进行排查、维修。不能修复的首先应采取替换备件,或联系设备厂家现场维修。故障修复后,机电管理员应在收费信息综合分析系统中填写维修结果和反馈意见,并进行维修办结。

(4)监控中心或设备厂家技术人员到管理所维修时,所维护员应做好配合工作,现场学习维修技术。

(5)设备维修由管理所、监控中心或设备厂家技术人员进行维修,禁止其他非维修人员擅自拆卸及维修设备。

(6)维修完毕后,应做好维修记录,对于典型故障的处理,须总结经验,形成书面案例分析,并积累、整理技术资料。

2)供配电系统故障处理

供配电设备故障,共分为:机电系统供电故障、市电供电故障、发电机故障三类。

(1)遇机电系统供电故障应首先检查配电柜内开关状态,如开关正常,则检查稳压器电压。其次检查UPS面板指标,查看输出电压、电流值是否正常,如出现异常,检查进线柜各开关状态。再检查各抽屉开关状态。查看车道,收费设备配电柜开关及收费岛配电柜开关,排除空开故障后,检查工控机柜内多用插座是否正常。

(2)当市电出现供电故障,维护人员应立即赶赴现场维修处理,先检查变压器是否有电压输出,在电压输出正常的情况下,检查进线柜各开关状态及抽屉开关状态是否正常。如抽屉开关出现熔丝烧毁,则更换同型号熔丝,更换后再查看能否正常启动。

(3)当发电机产生故障或无法启动时,首先查看控制钥匙位置是否处于自动启动状态,如果不正确,应开启至正确位置。再重新启动发动机,查看是否能正常启动。如无法启动,则查看蓄电池电池电量,是否需要采取充电措施。如无法进行充电时,应立即用其他蓄电池代用。检查燃油滤清器是否清洁无污物堵塞,能否正常过滤空气。查看是否需要添加机油。

排除以上情况,仍无法正常供电的,应立即启用应急预案,并通知维护单位到场修复。

3)收费系统软件故障维护

当收费系统出现报错信息,死机或无法操作时,收费员应立即上报所监控员,监控员通知管理所维护员立即赶赴现场,记录系统提示信息,包括:错误代码、错误信息,向收费员了解操作步骤和钱、票、卡的使用情况,联系收费系统软件厂家,在厂家技术人员的指导下操作,确认车道收费数据全部上传后方可进行重启。

4)通信系统故障处理

当本地通信中断时,查看通信管理计算机有无报警信息,判断是接入网还是传输网故障。若为接入网故障按管理机显示故障点和故障类型进行检修,检查配置数据,判断是否为硬件损坏(含光缆)并上报通信系统维护单位人员协助检查。若为传输网故障则直接上报通信系统维护单位人员处理。

当局部板块报警时,按报警单板复位键重启修复,若未能恢复正常则检查配置数据,判断是否为硬件损坏(含光缆)并上报通信系统维护单位人员协助检查。

5)ETC 车道系统故障处理

(1)网络故障检测。当网络处于断开状态时,车道计算机无法正常访问收费站数据库。但网断并不影响 ETC 车道的交易操作,仅仅只是交易数据未能实时传送到数据库服务器端,当网络或服务器恢复正常后未上传的数据将自动上传。当网络有故障时,软件界面的网络状态图标显示为。

(2)外部设备故障检测。当设备实际状态与系统界面上图标状态不符合时,可双击 A 键输入用户名和密码选择设备维修,系统即弹出如图 13-1 所示的设备维修界面。

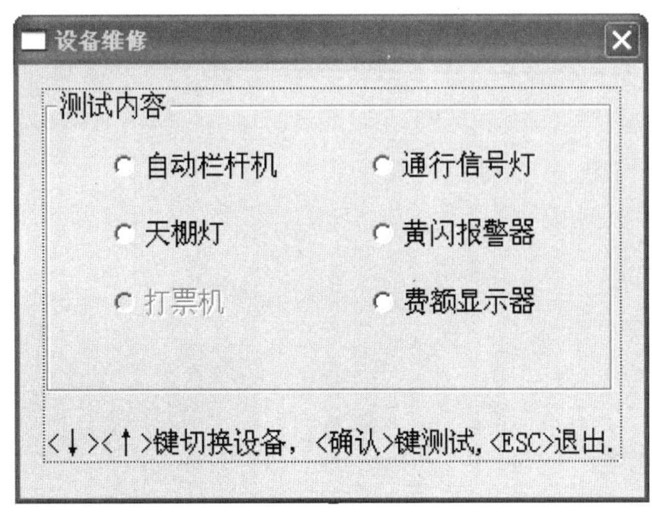

图 13-1 设备维修界面

维修调试人员可借助此工具进行故障的确认及排除,如系统界面上栏杆处于落杆状态,但实际中栏杆并未落下,此时应对自动栏杆机进行检测以确定是否是栏杆机故障,在设备维修界面中选中自动栏杆机,按下键盘的回车键,则栏杆机应进行抬杆和落杆的交互作业,若不能正常抬杆、落杆则可判定栏杆机出现故障。

(3)RSU 故障检测。当执行上班操作后,交互数据区仅有绿色数据,无红色数据,则需检查 RSU 工作状态，首先确保天线供电正常，然后确保与工控机的串口接口未松动，可重启天线（若是埃特斯天线，重启控制盒；若是中兴的天线，重插电源）观测。

（4）系统故障检测。为了保证系统数据的完整性、正确性，系统实时检测内存、硬盘、CPU 等内部设备状态，如果发生故障，系统会弹出严重故障提示框如图 13-2 所示，禁止收费员的任何操作。

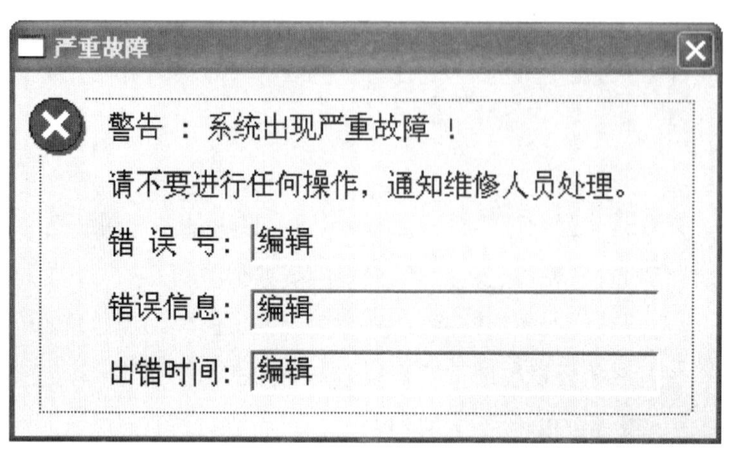

图 13-2　系统报警界面

当发生系统故障时，收费员应关闭车道，不进行任何操作，做好详细记录（一般为最后一部车的入口、车型、收费金额等信息），及时通知有关人员进行维修。

6）自动发卡机故障处理

（1）卡机故障。当出现小卡机故障时，车道程序会自动切换到另一个小卡机继续发卡，此时车道程序界面上相应的小卡机状态会提示“故障”。

（2）司机按键无效。当司机按键取卡无效时，按照以下步骤进行检查：

①检查对应工位的两个卡机是否卡数为 0 或者都出现“有坏卡”或“故障”的状况。

②检查线圈是否能感应到车，在抓拍线圈没有感应到车的时候不允许发卡。

③检查卡夹是否装上，卡机通讯是否故障等。

④检查栏杆是否落下（栏杆落下才能再次发卡），若栏杆未落，监控室需协助核查该车是否已经取卡，若未取卡，则双击落杆键。

（3）显示“无车牌”。检查车牌识别仪是否“已连接”，若“未连接”需重新启动计算机，重启计算机后仍无法解决的，及时与监控中心联系。

13.6　备件管理

13.6.1　管理要求

（1）监控中心应建立机电备件仓库，按收费、监控、通信、供配电四类对机电备件进行分类摆放。

（2）对单个价值 200 元以上 2000 元以下的低值易耗品，2000 元以上的固定资产必须进行条纹码入、出库管理。

（3）应建立机电备件入出库手工台账和仓库管理软件系统。

(4)对仓库内的备件实行条纹码管理,在进行资产管理过程中,系统自动为仓库中的每一个备件都赋予一个唯一的条形码标识。结合资产分类统计等报表真正实现入、出库的"账、物"相符。

(5)要确保常用、易损设备备件或消耗品备件充足,每月定时盘查,预防备件短缺,结合备件消耗,于每年10月拟定下一年度备件及耗材的采购计划和预算,对于不可预见的特殊故障,需预留临时采购预算(依据路段机电设备的总体数量及价值,界定临时预算金额),以确保机电系统正常运行。

13.6.2　备件入、出库流程

1)入库流程

(1)入库时首先对备件分类,然后通过条纹码管理系统对备件赋予唯一条纹码,录入系统时要记录备件名称、型号、出厂时间、出厂编号。

(2)填写《楚天公司机电设备入库记录单》,入库人和实物保管人员共同核对无误签字后方可入库。

(3)将录入后的备件按类别摆放在货架上,并标记名称。

2)出库流程

(1)库存备件应按照入库时间顺序使用。

(2)发生机电故障需更换部件时,由机电维护员做故障鉴定后填写更换申请,说明故障原因和现象,经监控中心分管领导批准签字后方可领用出库。

(3)仓库管理员核对申请信息后,对备件刷码出库,并在系统中记录出库时间、备件去向。

(4)填写《楚天公司机电设备出库记录单》,领用人检查、确认签字后方可移交备件。

(5)出库同时要回收损坏备件,存放在相应位置,对可修复的备件制订维修计划,返厂维修后重新入库。

(6)对无法维修的备件进行报废处理,并做好相关记录。

13.6.3　备件盘存

(1)每月应清点备件实际库存数量与手工及仓库管理软件电子台账数是否相符;核对《设备备件领用申请单》与《楚天公司机电设备出库记录单》数据是否相符,如不相符,必须查清原因。

(2)根据备件仓库实际情况,做好备件管理。出现数量不足、品种短缺时应向主管领导汇报情况,及时补充。

(3)做好《楚天公司机电设备出、入库记录单》、备件仓库手工台账的保管工作及电子台账数据的备份。

(4)《楚天公司机电设备出、入库记录单》为机电类备品、备件及工具仪表的流水账,编号原则为:单位缩写-年-月-日-流水号。

13.7　设备采购

13.7.1　采购要求

(1)监控中心负责机电设备的采购。每年应提前编制采购计划和相应经费预算,经公司领导批准后，预算内的项目方可进入采购流程。进行采购前，应先确定购买设备的品种、型号、数量、有关的技术要求及预算，书面请示经公司相关部门和领导批准后，向有关厂家发送询价函或招标文件。

(2)收到询价回函后要会同公司纪委、资产、财务等相关部门及主要分管领导对询价回函进行清查。

(3)设备采购的询价、比价过程中，严格执行同类产品比质量，同样质量比价格，同样价格比售后服务的原则，择优选定供货单位。

(4)签订设备采购合同时，要严格执行合同法和公司合同管理制度，合同中要明确采购设备的数量、规格型号、单价、总价、质量标准、售后服务期限和内容、交货期、交货地点、设备安装、结算方式、运费承担、包装、运输、验收方式以及其他需要明确的事项。

(5)收货时应对照采购单认真核对，避免出现设备缺损等现象，验收完毕后要及时入库，不得擅自存放其他地点。

13.7.2 采购程序

(1)金额在2000元以内的设备采购，由监控中心报公司相关部门同意后直接采购。

(2)金额在2000～10000元之间的设备采购，由监控中心形成书面请示报告，送至公司相关部门和领导审批通过后，方可进入采购流程。

(3)金额为1万～100万元的设备采购，由监控中心形成书面请示报告，送至公司相关部门和领导审批通过后，再进行询价招标采购。

(4)对于100万元以上的设备采购，由监控中心形成书面请示报告，经公司董事会和相关部门讨论通过后，再进行公开招标采购。

13.8 设备升级

13.8.1 设备使用年限

机电设备根据使用频率、工作环境、固有质量等因素，其使用年限不尽相同。结合设备厂家提供的参数和实际工作中的使用经验，机电设备使用寿命和年限按表13-2界定，作为设备改造或升级的参考依据。

13.8.2 升级要求

(1)设备运行达到厂家给定的使用频次或年限时，若设备故障率仍较低，可继续使用，但要对设备进行详细检测，评估设备未来使用期限，并做好随时更新或专项改造的准备。

(2)设备运行未达到厂家给定的使用频次或年限，却故障频发，此时应联系厂家针对缺陷进行维修或更换。

(3)在使用年限内，设备损坏，可更换部件修复的，则无需整套更换。若因配件停产，无法采购更换的，则申请全套更换。

(4)设备受到人为破坏，且无法修复时，应更换设备。

机电设备使用寿命情况

表13-2

类　别	序号	设备名称	使用寿命	使用年限(年)
供配电系统	1	发电机组	—	10
	2	配电室高压配电柜	—	10
	3	配电室低压配电柜	—	10
	4	低压变压器	—	10
	5	稳压器	—	10
	6	UPS电源主控制器	—	5
	7	UPS电池组	—	3
	8	LED高杆灯	—	5
	9	高压钠灯高杆灯	—	5
收费系统	1	车道工控机	—	5
	2	自动栏杆机	大于等于500万次	10
	3	票据打印机	正常条件下2亿次	5
	4	非接触IC卡读卡器	正常条件下10万次	5
	5	费额显示器	—	5
	6	雨棚信号灯	正常条件下大于10万小时	10
	7	雾灯	正常条件下大于10万小时	10
	8	管理计算机	—	5
	9	计重仪光栅	大于500万车次	5
	10	计重仪称体	30亿轴次	10
	11	计重仪控制柜	—	3
	12	车牌识别控制器	—	5
	13	自动发卡机	—	5
	14	便携收费机	—	5
	15	标识站系统设备	—	5
	16	ETC系统设备	—	5
	17	各类服务器	—	5
	18	微波车检系统设备	—	5
监控系统	1	监控摄像机	5万小时	5
	2	车牌抓拍摄像机	—	5
	3	LED信息板	大于10万小时	10
	4	联动报警系统	—	5
	5	有线对讲	—	5
	6	监视器	—	5
	7	太阳电池板(道路监控)	—	10
	8	风力发电机(道路监控)	—	5
	9	风光电源控制器	—	3
	10	蓄电池组(道路监控)	—	3
	11	视频节点光端机	—	5
	12	视频综合管理平台	—	5
	13	多路视频光端机	—	5
	14	桥梁路面检测设备	—	5
通信系统	1	通信电源	—	5
	2	OLT、ONU	—	10
	3	155/622M光传输	—	10
	4	各类网络交换机	—	5
	5	通信交换机	—	10

(5)设备受到雷电、强风、暴雨、冰雹等恶劣天气侵袭而损坏,应及时组织技术人员抢修,若无法修复,应先更换设备后再对损坏设备报修,以确保收费工作正常开展。

(6)设备仍能使用,但无法满足当前运营管理工作开展,需要进行升级、改造的,由监控中心了解当前主流技术运用和未来技术发展趋势,提出合理的升级、改造方案和预算,并形成书面请示报送公司有关部门审批,经同意后方可实施。

(7)全省高速公路需统一进行升级、改造的项目,机电系统主管部门要全面了解升级、改造项目的具体内容和有关技术要求,并结合本路段实际情况,做好改造的协调、配合等各项准备工作。

第14章　安全应急

14.1　总则

14.1.1　目的

提升安全运营管理水平,建立安全应急长效机制,杜绝重大安全责任事故发生,妥善处理紧急突发事件,保障收费工作场所处于安全状态。

14.1.2　适用范围

高速公路经营企业及各子公司、委管路段均按本标准严格执行。

14.1.3　一般要求

运用科学方法和手段,分析和研究各类不安全因素,从技术上、组织上和管理上采取有效措施,解决和消除各类不安全因素,杜绝安全责任事故的发生。

14.1.4　主要编制依据

(1)《中华人民共和国公路法》。

(2)《安全应急法》。

(3)《中华人民共和国突发事件应对法》。

(4)《湖北省高速公路管理条例》。

(5)《湖北省高速公路联网收费管理办法》(试行)。

(6)《湖北楚天高速公路股份有限公司突发事件应急预案文件汇编》。

(7)《湖北楚天高速公路股份有限公司收费管理办法》(2013年修订稿)。

14.2　日常安全应急组织机构

14.2.1　机构设置

(1)公司成立安全应急领导小组,由公司全体领导、各单位、各部门负责人组成。

(2)安全应急领导小组下设安全应急办公室,挂靠综合管理部,部门负责人任办公室主任。

(3)管理所结合实际情况,成立安全应急管理小组,具体负责所辖站所的安全应急工作开展和实施。小组成员由所长、副所长、内业管理员、综合管理员、监控员、机电维护员、收费班长组成,所长为第一责任人。

(4)各子公司参照成立安全应急管理机构,子公司主要负责人对安全生产负主体责任。

(5)各机构成员发生变化的,应及时进行调整,通过文件形式进行公示。

14.2.2 机构职能

1)安全应急领导小组职能

(1)宣传和贯彻安全应急法律法规、规章制度及相关政策和文件精神,对公司安全应急工作进行领导、组织、指挥和协调,确保日常安全应急管理的正常开展。

(2)研究和完善公司安全应急组织体系、应急预案体系、应急培训与演练、应急实施与评估等应急管理工作。

(3)负责安全应急保障资源的组织、调配和准备。

(4)对下属单位的安全应急管理情况进行监督和检查,定期对全公司安全应急管理进行考评,督促落实整改措施。

2)安全应急办公室职能

(1)贯彻执行安全应急领导小组的安排和部署,协助做好安全应急管理的监督检查。

(2)负责协调制订和完善公司应急预案及相关规章制度。

(3)做好各种安全应急信息的收集、整理、传递、汇总和反馈工作。

(4)组织专项安全管理检查,做好安全隐患的排查和整改。

(5)负责组织安全应急演练和安全应急培训。

3)安全应急管理小组职能

(1)贯彻落实公司安全应急的规定,确定本单位的安全应急管理目标和标准。

(2)建立和健全本单位的安全应急管理制度和预案。

(3)制订本管理所安全应急工作的计划并负责组织实施。

(4)经常性召开安全应急工作会议,收集问题和建议,对阶段性工作进行安排。

(5)组织安全应急专项检查和考核。

(6)组织安全应急演练活动,提高全员安全应急能力。

14.3 安全应急管理职责

安全应急是涉及全员、全过程、全方位的工作,管理所的每个成员都必须承担相应的责任和义务,保证安全应急管理工作要求的全面落实。

14.3.1 总经理

(1)楚天公司安全应急管理第一责任人,对公司的安全应急全面负责。

(2)加强安全应急管理,制订安全应急工作计划,确定公司安全应急目标,建立并落实安全应急目标责任制。

(3)贯彻落实上级部门安全应急指示精神,主持召开安全工作会议,布置阶段安全应急工作重点。

(4)定期听取公司各部门和下属单位安全工作汇报,掌握公司安全工作状况,及时组织研究和协调解决安全工作中出现的问题。

(5)向董事会汇报公司安全工作情况,督促安全应急办公室做好公司安全应急的组织、实施、检查和考核。

(6)切实保证对安全应急的资金投入,不断改善应急硬件环境。

(7)负责对公司Ⅰ、Ⅱ级别重大安全事故进行指挥和协调。

14.3.2 分管安全副总经理

(1)在总经理领导下,分管公司安全生产工作,并承担直接领导责任。

(2)监督检查公司内部各单位安全职责的履行和各项安全应急规章制度的执行情况,及时纠正和督促整改。

(3)组织专项安全检查,抓好安全事故隐患的整改,制订相应的防范措施。

(4)深入现场检查指导安全工作,听取各部门和单位安全工作汇报,掌握公司安全生产情况,协调解决与安全生产工作有关的重大问题。

(5)协助总经理对公司Ⅰ、Ⅱ级别重大安全事故进行指挥和协调。

14.3.3 运营部经理

(1)制订完善收费管理相关的安全规章制度,落实公司安全工作的安排和部署。

(2)参加专项安全检查,及时了解收费工作中的安全问题和隐患,并组织整改。

(3)针对收费工作的实际,制订和完善各项应急预案,定期组织管理所开展安全应急演练。

(4)协助公司领导做好紧急突发事件的调度和协调。

14.3.4 监控中心经理

(1)加强收费机电设备管理,确保收费设备处于安全稳定状态。

(2)开展收费机电设备安全检查,排除设备故障隐患,及时组织整改和维修。

(3)制订和完善公司收费机电设备系统故障应急预案,定期组织开展安全应急演练。

(4)建立安全应急快速响应机制,对收费机电设备故障实行快速修复,保障正常收费秩序。

(5)构建高效安全应急信息平台,做好信息的收集、整理、传递和上报,协助公司领导做好紧急突发事件的调度和协调。

14.3.5 所长

(1)全面负责管理所安全应急工作,为管理所安全应急管理第一责任人,承担安全应急领导责任。

(2)制订和及时修订本单位安全应急制度和应急预案,督促各岗位工作人员认真遵守,对未落实安全应急要求的督促整改。

(3)主持召开管理所安全应急工作会议。

(4)经常性组织安全检查,及时发现和消除安全隐患。

(5)做好安全事故和紧急事件的应对,及时向公司领导上报并妥善处理。

(6)定期组织安全应急演练。

14.3.6 副所长

(1)协助所长做好安全应急工作。

(2)对收费岗位工作人员的安全应急工作情况进行督促,做好安全应急管理要求的落实。

(3)对收费管理的重点部位开展安全检查,及时发现和消除安全隐患。

(4)当发生安全事故和紧急事件而所长不在时,行使所长职责,负责应急处置工作。

(5)组织员工学习安全应急知识。

14.3.7 综合管理员

(1)协助所长制订和及时修订安全应急管理制度和应急预案。

(2)认真按照安全应急管理的要求,做好食堂、车辆、宿舍等区域的安全应急工作。

(3)负责安全应急工作档案的管理。

(4)协助所长检查各岗位安全应急工作的开展情况。

(5)做好安全应急演练方案的制订。

(6)协助副所长组织安全应急培训活动。

(7)负责安全应急设施的采买、保管、发放、使用和监督工作。

14.3.8 内业管理员

(1)协助所长抓好收费现场、收费管理室的安全应急管理工作,认真落实安全应急管理的各项要求。

(2)做好通行费、备用金、票据、IC 卡的安全保管、收缴工作。

(3)督促收费岗位工作人员正确使用和保管收费设施。

(4)配合副所长开展收费管理重点部位的安全检查。

(5)认真收集收费员关于安全应急工作的建议,向所长做好反馈。

14.3.9 监控员

(1)认真按照安全应急管理的要求,做好监控室的安全应急工作。

(2)按照收费机电设备的安全操作规程,做好监控室设备的安全保管和规范使用。

(3)协助内业管理员做好通行费、备用金、票据、IC 卡的安全管理。

(4)对收费现场安全应急管理要求的执行情况进行实时监督、管控和上报。

(5)在发生安全事故和紧急事件期间,做好安全应急信息的传递和事情经过音像资料的保管、保密工作。

14.3.10 机电维护员

(1)认真按照安全应急管理的要求,做好机电设施的安全维护管理。

(2)按安全操作规程做好收费机电设施的日常维护和安全检查,及时发现和处理故障隐患。

(3)对收费岗位人员未按规程操作收费机电设备的行为及时制止和纠正,并将情况向内业管理员反馈。

(4)当发生因收费机电设备故障导致的紧急事件时,负责故障的处理和上报工作。

14.3.11　收费班长

(1)认真按照安全应急管理的要求,做好收费现场的安全应急工作。

(2)督促收费员按照安全应急管理要求开展工作。

(3)发生安全事故和紧急事件时,在所长未到现场前做好应对和处理。

(4)按照设备使用要求,做好当班期间收费设备的安全使用和故障上报工作。

14.3.12　收费员

(1)认真按照安全应急管理的要求,做好收费广场和收费亭的安全应急工作。

(2)遵守各项安全操作规定,安全使用和保管收费亭内的收费设备。

(3)关注所在车道附近收费设施的安全情况,对发生的异常情况及时察觉和上报。

(4)按照设备使用要求,做好当班期间收费设备的安全使用和故障上报工作。

(5)做好通行费、备用金、通行卡、票据的安全保管和上缴工作。

14.3.13　驾驶员

(1)做好车辆的安全驾驶、保养和检修工作,及时发现和修复故障,保证车辆处于安全的使用状态。

(2)积极学习业务和安全知识,提高驾驶和维修技能,提高安全驾驶的水平。

14.3.14　炊事员

(1)做好食品的采买、存放和使用,确保食品安全卫生。

(2)严格遵守操作规程,防范火灾、触电、煤气泄漏等安全责任事故的发生。

14.3.15　水电工

(1)做好水电设备的日常检查、维护和保养。

(2)认真查找水电设备的安全隐患,并上报管理所进行维修、更换。

(3)对员工在用水用电上的不安全行为予以制止和纠正,将情况向综合管理员反馈。

14.3.16　门卫

(1)做好管理所院落的日常安全工作。

(2)按时关门开门,严禁非本单位人员和车辆进出院落,对前来办事的人员做好出入登记。

14.4　安全教育培训

14.4.1　培训主体

管理所安全应急工作小组负责安全教育培训计划的制订和实施。

14.4.2 培训类别

(1)岗位新进人员培训。

(2)安全应急知识全员普及教育。

(3)特种作业培训。

(4)新型设施操作安全培训。

14.4.3 培训内容

(1)安全应急方面的法律、法规和制度。

(2)各岗位的安全操作规程。

(3)安全防护的知识和注意事项。

(4)各类机电设备的使用、保养注意事项。

(5)安全应急典型经验和事故教训。

(6)安全应急设施、器材的正确使用。

(7)安全应急预案。

14.4.4 培训频次和记录

每年至少组织两次安全应急教育培训,由综合管理员负责培训开展情况的记录工作。

14.5 安全应急设施

14.5.1 设施配置要求

管理所必须按照要求在各重点区域配备各类安全应急设施,并在相应地点醒目位置悬挂对应岗位的安全职责。

1)收费广场

(1)消防设施。

收费广场必须配置至少1支干粉灭火器、1支二氧化碳灭火器和1支手提式灭火器,每支容量不得小于3kg。还应配备不少于2套推车型灭火器或存放不少于1m^3的消防黄沙箱。

(2)防撞设施。

收费亭外沿安装防撞柱、ETC防护栏等防护设施。

(3)监控设施。

收费广场出口方向和入口方向均应安装云台摄像头,摄像头监视范围应覆盖整个收费广场。每个车道均应安装车道摄像头,正对来车方向,覆盖整个车道。所有收费亭内均应安装摄像头,位置应在收费亭前景窗与收费员座位右侧墙面相接处的顶棚角落,覆盖整个工作区域。

(4)交通诱导标志、标线和装置。

收费广场范围内应有道路标线、通行信号灯、减速提示标牌、雾灯等安全设施。

(5)报警设施。

在出口收费亭内工作台下方便于触及的隐蔽处安装报警按钮。

(6)防鼠设施。

在收费亭设备与地面连接处安装隔离网,防止鼠患。

(7)应急照明设施。

每2个收费亭配备1个可充电式应急灯。

2)收费管理室

(1)消防设施收费管理室至少配备3个二氧化碳灭火器,分别存放在专用库房、监控室、通信机房内。

(2)监控设施。

专用库房、监控室、工作交接室均应安装摄像头,并合理设置位置和角度,覆盖到现金、IC卡和票据处理的重要区域。

(3)安防设施。

收费管理室所有连接外部的通道必须使用防盗门,所有窗户均应加装防盗格栅。

收费管理员工作区域内必须配有保险柜。

(4)防霉防蛀设施。

专用库房存放票据和资料的柜子内放置防霉防蛀用品,以防止票据和资料霉变、损坏。

(5)防鼠设施。

收费管理室与其他场所的连接处应安装隔离网,防止发生鼠患。必要时应增配捕鼠设备。

(6)绝缘设施。

监控室、通信机房内均应铺设防静电活动地板。

(7)应急收费设施。

根据制度的规定数量制作预制卡备用。配发了便携式收费机的应及时升级、维护。定额票据单独存放保管。

(8)安全标识。

通信机房外部醒目位置悬挂禁入警示标志。

(9)防停电设施。

每2个收费亭配备1个可充电式应急灯。

(10)应急处置设施。

库房设置应急处置专柜,专门存放紧急情况下的收费应急用具(预制卡、通行票据、便携式收费机)。

3)办公楼

(1)消防设施。

办公楼每层均应配备1个干粉灭火器,醒目位置悬挂消防逃生线路图。

(2)监控设施。

办公楼入口处应安装摄像头,正对进入方向。

(3)门禁设施。

在办公楼内合理选择地点,安装防盗门和可视对讲门禁系统,以保证收费管理室所处区域的安全。

4)电源室、配电机房

(1)消防设施。

电源室内应配备至少1个二氧化碳灭火器。

配电房内均应配备至少1个二氧化碳灭火器、1个消防沙桶。

(2)绝缘设施。

机房内均应铺设绝缘地胶。

(3)防鼠设施。

机房与其他场所的连接处应安装隔离网、挡板,防止发生鼠患。必要时应增配捕鼠设备。

(4)安全标识。

机房外部醒目位置悬挂触电警示标志和禁入警示标志。

(5)储存设施。

发电机房设置专门的柴油储备设施,且储油设施距发电机保持3m以上的距离。

(6)防停电设施。

每个房间内配备1个可充电式应急灯。

5)仓库

仓库内平常一定数量的草袋、铁锹、雨靴、手套、融雪剂、安全帽等应急用品。当雨雪冰冻天气来临前,应适当增购。

6)其他生活区域

(1)宿舍楼。

宿舍楼内每楼层必须至少配备1个灭火器,醒目位置悬挂消防逃生线路图。有条件的管理所应在宿舍楼外安装1个室外消防栓。

(2)食堂。

食堂内至少配备2个灭火器,1个消防沙箱。

14.5.2 设施管理要求

(1)所有安全设施应建立台账,根据设施种类和安装部位指定负责人员定期检查,做好保管。

(2)每季度应组织至少一次安全应急设施检查,检查各类安全应急设施是否齐全,是否能正常工作和使用。

14.6 安全管控

14.6.1 收费广场的安全管控要求

(1)白班在人员充足的情况下坚持亭外执勤,亭外执勤人员须规范着装,穿戴反光背心,在安全地点进行执勤,晚夜班每2~3h应对广场范围进行一次巡逻。

（2）收费员工作时必须坚守岗亭，保持关门开窗作业，不得随意离开工作区域，如有需要必须离开时，必须关好门窗，将现金、IC卡放入抽屉中。进出收费亭时，应随手关门。收费亭使用密码门禁系统的，应定期更换密码。闲杂人员严禁进入收费亭。

（3）规范使用信号灯和封道器，对暂时关闭的道口要及时切换信号灯，长时间关闭的道口要用封道器封闭，防止车辆因信号错误发生事故。

（4）对禁止进入高速公路的行人和其他车辆在发现后应进行劝阻，对方不听劝阻强行进入高速公路的，应及时向监控室上报，并留存音像资料，车辆强行上道的还应通知管段路政、交警部门。

（5）栏杆周边不允许人员逗留，以防栏杆落下时造成人身伤害。

（6）穿行车道前，必须仔细观察双向来车，确认通行安全后方能通行。任何情况均不得跨越隔离栏杆穿越车道。

（7）加强收费机电设备安全管理，严厉禁止以下行为：将茶水放在工作台或设备附近；用其他物品覆盖机电设备；在收费亭内吸烟或吃零食；随意拔插各类插头或将非收费系统设备接到收费系统专用插座上；擅自关闭车道工控机；擅自挪动、拆装、调试计重、通信等各类设备；擅自更改设备配置参数；将专用的机电设备改作其他用途；在秤台上从事养护作业、电焊或其他施工；将大功率设备接插到收费机电设备专用电源上；直接用水冲刷设备机箱、报警灯等外场收费机电设备；使用湿抹布清洁带电设备；将卫生用具放于亭内；携带易燃、易爆、易腐蚀物品进入收费亭。

（8）遇雷电天气时，监控员要及时通知收费班长在车道配电箱关闭车道电源及广场摄像机的电源，以防外场机电设备遭受雷击。广场机电设备关闭期间，监控员要紧密关注收费现场的车辆通行情况，雷电过后，及时通知班长恢复相关设备电源。

（9）消防器材必须固定存放在指定位置，严禁随意移动。

（10）发生对收费现场人身和财产造成直接威胁的突发性治安案件时，收费员首先应尽可能地做好自我保护，尽量避免和降低人身伤害，在形势允许的情况下，采取隐蔽手段按下报警按钮或通过对讲机向监控室报警。监控员应调整广场摄像机镜头，做好录像取证工作，迅速了解现场情况后第一时间向公安机关报警，并向所长汇报情况。发生其他紧急状况按照应急预案的程序执行处理。

（11）收费员上下班交接期间，监控员必须时刻关注监控镜头，查看收费员列队情况和周边有无异常。

（12）收费广场距离管理所500m以上的必须安排车辆接送员工上下班，管理所应指定车辆停放地点和上班线路，驾驶员按时将车辆停放在指定地点等候上班人员，按指定线路抵达收费广场，待交接工作完毕后，按照指定线路将下班人员送回站所。驾驶员还应严格遵守交通规则，确保人身、财产的安全。

（13）正常工作期间，广场及收费亭内设备机柜应处于闭锁状态，钥匙集中管理，如需开启需先报监控室批准。

（14）经常性对收费报警设备进行测试，发现故障及时维修。

14.6.2 收费管理室安全管控要求

（1）收费管理室为核心工作区域，任何人员未经允许不得进入。

（2）通行票据、IC卡、数据报表和凭证票据，需专柜存放，平时保持锁闭状态。

(3)现金一律在保险柜中分类存放,保险柜应设置密码,做到定期更换,严禁使用初始密码。

(4)每次缴款时,监控员必须通过门禁系统确认收费款人员身份后,方能允许其入内。人员与备案的信息不符时,由内业管理员负责与银行联系,确认核实后方允许进入。

(5)进行现金的收缴和交接时,保持房门锁闭,严禁任何无关人员在场,交接过程应处于监控镜头可视范围内。

(6)严禁擅自接设电线,不得擅自使用大功率电器。

(7)严禁携带易燃、易爆、易腐蚀物品进入收费管理室。

(8)监控员不得随意将移动存储设备接入收费和监控系统计算机,严禁擅自改变收费和监控系统计算机的网络设置。

(9)按规程操作办公计算机,必须安装安全防护软件,不得利用网络从事违法行为,不得查阅、复制和传播淫秽色情信息。

(10)保持信息畅通,做好安全信息的及时上传下达工作。

14.6.3 办公区域安全管控要求

(1)实行来访登记制度,加强人员进出管理,严禁闲杂人员在办公区域逗留。

(2)加强用电管理,严禁擅自接设电线,不得擅自使用大功率电器。

(3)办公电脑应安装安全防护软件,不得利用网络从事违法行为,不得查阅、复制和传播淫秽色情信息。

(4)库房内物品应摆放整齐、分类存管,不得随意堆放,堵塞通道。非工作需要无关人员不得随意出入仓库。

(5)办公楼内通道应始终保持通畅,无杂物阻碍,地面湿滑时应采取防滑措施。

(6)工作人员长时间离开办公室前应关闭办公设备电源。

(7)停车区域应有清晰的停车标线,引导车辆安全有序停放,防止消防通道堵塞。

14.6.4 机房安全管控要求

(1)机房设备必须由专人操作,操作人员必须经过专业培训,取得相应的资质,其他人员不得操作各种系统。

(2)操作人员必须遵守机房安全操作规程,佩戴必备的安全防护用品操作,严禁酒后操作、野蛮操作。

(3)实行机房管理值班制度,发生异常情况时应快速响应。

(4)保持机房门窗锁闭,严禁其他人员入内。

(5)做好机房内部环境卫生,清除杂物和灰尘,严禁出现积尘覆盖设备的现象。

(6)认真落实机房设备维护要求,及时发现和处理设备安全隐患。

(7)对工作中的发电机灭火时,不得使用干粉灭火器、消防沙桶等颗粒状消防设施。

14.6.5 生活区域安全管控要求

(1)加强用电管理,严禁带水触碰处于工作状态的电器,严禁擅自接设电线和随意拆卸电器设备,不得擅自使用大功率电器。按规定安装和使用电热水器防触电保护装置。

(2)食堂工作人员必须取得卫生部门颁发的《健康证》,应加强食品卫生管理,不得采购和使用腐烂变质、假冒伪劣或其他可能危害健康的食品,对食品进行妥善保管,积极采取措施防范苍蝇、老鼠、蟑螂及其他有害物的污染,防止出现变质和其他影响食品安全的情况发生。

(3)保持食堂的环境卫生,做好个人卫生,定期对食堂用具进行消毒处理,按规定排放污水和处理废弃物。

(4)因施工需要进行特种作业时,应对作业环境进行检查,施工方填写安全责任保证书,做好必要防护措施,经所长批准后方能开始作业。

14.7 安全检查及隐患整改

管理所安全应急管理小组,应建立安全检查制度,制订安全检查计划,明确安全检查内容。

14.7.1 安全检查的组织和要求

安全检查由管理所所长负责组织,安全应急管理小组成员参与,主要任务是查找不安全的因素和风险,对发现的问题提出整改措施,并监督实施。安全应急检查的过程和结果均应详细记录和备案。

14.7.2 安全检查的形式和内容

管理所根据不同时期的安全应急管理需要,分多种形式组织有针对性的安全检查。

(1)综合检查。每季度至少组织一次,全面检查管理所内安全应急设施的配备和保管情况、机电设备的维护和运行情况、操作规程的执行情况、安全管控要求的落实情况、安全应急演练的开展情况、安全应急知识的学习情况。

(2)恶劣天气专项检查。密切注意所在地天气状况,当出现暴雨、雷暴、雨雪冰冻等恶劣天气预警时,开展有针对性的防汛、防雷、防冻防滑等专项检查。防汛防涝专项检查主要检查管理所排水设施的运作情况,评估周边山体的安全状况,防洪物资的储备等情况;防雷专项检查主要检查防雷系统的运行等情况;防冻防滑专项检查主要检查防冻防滑物资的储备、重要管线的防护等情况。

(3)节假日专项检查。在法定节假日和重大活动之前,必须组织安全应急专项检查,重点检查内容为收费机电设备的运行和维护情况、收费应急设备(便携式收费机、预制卡、定额票据、通行纸券)的储备和运行情况、保畅应急措施的准备、员工队伍稳定状况等情况。

14.7.3 安全隐患整改

管理所安全应急管理小组必须对安全检查中发现的问题进行反馈和责任追究,制订详细的整改措施、指定整改责任人、规定整改完成时限,做好返查。对可能引发安全责任事故的隐患和整改情况应及时向公司综合部上报。

14.8 应急管理

为了妥善处置造成或者可能造成严重影响收费管理秩序,对人身财产安全造成严重威胁的各类突发事件,公司各级部门必须加强应急管理,予以有效应对。

14.8.1 应急机构

1)应急机构设置

(1)公司成立公司安全应急指挥小组,由公司主要领导、各单位、各部门负责人组成。

(2)公司安全应急指挥小组下设应急办公室,挂靠综合部,由综合部负责人任主任。

(3)管理所成立应急现场处置小组和救援突击队,所长为第一负责人,成员包括本所重要岗位人员、收费骨干,本所对应管段的路政、养护、交警部门工作人员。

2)应急机构职责

(1)公司安全应急指挥小组负责对公司及各子公司、委管路段发生的Ⅰ、Ⅱ级别特重大安全事故进行指挥、协调和处理。

(2)公司应急办公室主要负责应急值班,突发事件条件下履行值守应急、信息汇总和综合协调职能,发挥运转枢纽作用,并在安全应急指挥小组领导下,参与特重大安全事故的处理,现场抢救及善后工作。

(3)安全应急现场处置小组主要负责:

①准确掌握和上报突发事件的情况,根据现场评估结果,及时上报公司应急指挥小组,依照突发事件处理预案启动应急响应。

②对所辖区域出现的Ⅲ、Ⅳ级安全事故时,代表公司负责突发事件收费现场的组织、指挥和综合协调,有效保障正常收费秩序。

③对辖区出现的Ⅰ、Ⅱ级别特重大安全事故,公司应急指挥小组尚未到达现场时,代表公司负责突发事件收费现场的组织、指挥和综合协调,有效保障正常收费秩序。

④配合当地政府、高速交警以及地方专业应急救援机构,实施现场应急处置和救援行动,维护经营收费秩序,保护财产和人身安全。

3)应急信息网络的建立

公司建立应急信息网络,制作专门的应急联系档案并持续更新,应包括公司主要领导、各单位和部门负责人的联系方式,各单位和部门的工作电话,联网部及路段内其他单位工作电话,沿线高速交警、地方应急办、公安、医疗、消防等部门的工作电话。各管理所也建立相应的应急信息网络。

14.8.2 应急预案

1)预案的制定

公司针对各类情况制定《湖北楚天高速公路股份有限公司突发事件应急预案文件汇编》,管理所应严格依照《汇编》要求,结合本所实际情况,制订应急预案。管理所应急预案应报公司安全应急办公室备案,并送达有关应急协作单位留存。

2)预案的完善

当出现以下情况时,应对安全应急预案进行修订和完善:

(1)应急预案所依据的法律法规出现了修改的。

(2)上级有关部门出台新的安全应急方面法律、法规和要求的。

(3)公司安全应急预案出现修改的。

(4)根据安全应急处置的实践,需要安全应急预案的部分内容加以完善的。

3)预案的范围

(1)车道设备故障应急预案。

(2)供配电系统故障应急预案。

(3) 特、重大交通事故应急分流预案。

(4)重大节假日应急保畅预案。

(5)防盗防抢预案。

(6)恶劣天气应急预案。

(7)防火紧急预案。

(8)群体性事件应急预案。

(9)自然灾害应急预案。

(10)食品安全卫生应急预案。

4)应急演练

各管理所应建立专门的安全应急演练档案,结合实际情况和应急预案每年至少开展1次应急演练,并对演练效果进行记录和评估。根据评估结果,修订、完善应急预案,改进应急管理工作。

14.8.3 应急处置

突发事件的应急处置必须严格按照《湖北楚天高速公路股份有限公司突发事件应急预案文件汇编》的要求执行。

1)应急处置的原则

(1)以人为本。把保障公众及员工的健康和生命安全作为首要任务。凡是可能造成人员伤亡的突发事件发生前,要及时采取人员避险措施;突发事件发生后,要优先开展抢救人员的紧急行动;要加强抢险救援人员的安全防护,最大程度地避免和减少突发事件造成的人民生命和财产损失。

(2)预防为主。树立常备不懈的观念,提高管理所全员的防范突发事件意识,落实各项预防措施,做好应对突发事件的思想准备、应急方案准备、机制准备和工作准备。建立健全信息报告体系、科学决策体系、防灾救灾体系,在应急准备、指挥程序和处置方式等方面,实现平时预防与突发应急的有机统一。

(3)科学处置。加强安全应急风险的预警、预防,提高应对突发事件处置的科技水平和指挥能力,避免发生次生、衍生事件;加强宣传和培训教育工作,提高员工自救、互救和应对各类突发事件的综合素质。

(4)快速联动。突发事件应急处置的各环节都要坚持效率原则,建立健全快速反应机制,及时获取充分而准确的信息,跟踪研判,果断决策,迅速处置,最大程度地减少危害和影响。建立和完善联动协调制度,加强管理所内部的分工协作处置,加强与公司其他单位、部门,行业内其他单位,以及高速交警、周边政府、公安、医疗、消防等部门的沟通协调,形成反应灵敏、协调有序、运转高效的应急管理机制。

2)应急信息传递程序

当收费现场出现供配电系统故障、机电设备故障、特重大交通事故分流、群体性事件等突发事件时,按以下程序进行信息传递:

(1)现场工作人员向监控员上报。

(2)监控员查看现场情况后,确认属于突发事件的,第一时间联系所长。

(3)所长应迅速到达现场,了解事件起因和事态发展,对事件可能造成的影响进行预判,并向公司分管领导汇报事件情况。

(4)公司分管领导根据事件情况下达相应的事件处理指令。

3)应急预案启动

召集安全应急队伍成员到达指定应急岗位,对处置工作要求进行安排。

4)安全应急级别的增减

按照突发事件的后续发展情况和上级要求,对处置级别进行相应的增减。

5)收费现场突发事件的处置要求

(1)因供配电系统、收费设备故障造成的突发事件,按以下要求处置:

①管理所机电维护员应在5min内到达故障现场,分析原因并努力排除故障,无法排除的应立即向中心监控员或维护人员报告。

②中心监控员接到故障报告后,应迅速通知维护人员,维护人员立即与管理所维护员取得联系,详细了解故障的特征及原因,并口头指导管理所排除故障,如有需要,应向厂家和代维人员通报情况并询问解决办法。

③管理所无法排除故障时,中心维护人员应携带便携发电机、便携收费设备、系统恢复软件等应急设备及时赶赴现场,必要时通知设备生产厂家或承包商赶赴现场共同排除故障。

④因供电系统发生故障收费系统由备用电源(UPS)供电时,所监控员应关闭收费监控机房内除服务器、管理计算机(便于在车道预制卡不足时紧急制作预制卡)和硬盘录象机(便于事后查询故障期间的图像资料)外的其他设备电源。并通知收费员关闭备用车道电源,如车辆较少,每个收费广场应尽可能地只开启一入一出两个车道。如车道使用UPS供电超过30min仍未恢复正常供电,应将入口车道电源关闭,以保证出口电能供应,并按下款规定发放预制卡或通行纸券。当使用发电机长时间发电超过5h后,应将发电机停机30min,期间使用备用电源(UPS)供电。

⑤当同一广场车道收费系统均无法使用时,管理所应及时向监控中心、运营部报告,经监控中心确认短时间内无法修复的,报告分管领导同意后,会同运营部下达发放预制卡、售定额票的指令。

⑥监控中心向联网部及路网其他成员单位通报情况,请求对方配合。管理所联系管段路政及交警部门协助维护现场收费秩序,必要时实施交通分流。

⑦入口发放预制卡,预制卡不足时,发放入口通行券。出口根据司机提供的入站名,按对应的车型和价格撕售定额票,对入站口有疑义的,条件允许时由监控员根据卡号查询IC卡路径确定入站名,货车无法计重时,由监控中心报联网部同意后按车型收费。

⑧故障排除后,内业管理员应在系统中按规定做好预制卡、定额票据的登记、录入工作;收费员应将未经车道读取的IC卡单独上交,待系统恢复后逐张查询应收金额,统计出与实收的差额并随情况报告上报。

⑨监控中心维护人员到现场处理车道收费系统故障,应遵循保证收费数据安全的原则,避免在未备

份数据的情况下重新恢复系统。若无法处理的，先向厅信息中心软件部报告故障现象，咨询处理方法，待数据安全上传后，方可进行重新恢复系统的维护操作。

⑩因通信系统故障导致车道数据不能上传超过8h，由所内业管理员负责将每班车道数据的导出；管理所当天数据不能上传超过24小时，由中心内业管理员负责数据的导出。网络恢复正常后，各级内业管理员应对系统自动上传的数据与人工导出的数据进行核对，以确保报表及收入清分的准确性。

(2)因特重大交通事故、恶劣天气或其他原因造成的应急分流时，按以下要求处置：

①管理所及时增配收费现场工作人员，打开所有车道。

②开足车道后仍然无法缓解车辆严重滞留的，管理所联系管段路政及交警部门协助维护现场收费秩序，必要时实施交通分流。

③在其他站口和主线上通过可变情报板向司乘人员做好出行提示，提前进行分流。

④监控中心及时向省客服中心报告交通信息，以便通过网络、电台等媒体向社会发布，提醒司机选择合适线路行驶。对涉及安全保密或社会性原因引起的封道、分流信息，其交通管制原因不得向社会公开发布。

(3)发生治安事件和群体性事件时，按以下要求处置：

①现场发生对收费现场人身和财产造成直接威胁的突发性治安案件时，收费员首先应尽可能地做好自我保护，尽量避免和降低人身伤害，在形势允许的情况下，采取隐蔽手段按下报警按钮或通过对讲机向监控室报警。

②监控员应调整广场摄像机镜头，做好录像取证工作，迅速了解现场情况后第一时间向公安机关报警，并向所长汇报情况。

③对收费员人身、通行费和现场设施安全不构成威胁，但严重影响现场收费秩序的，监控员应立即向所长和中心监控员汇报情况，必要时迅速与当地公安交警部门和路政部门联系请求支援。

④因人为堵道造成车辆无法正常通行、收费工作无法正常开展时，管理所应联系管段路政及交警部门请求实施交通分流。

⑤对群体性的事件应及时向当地政府有关部门和公司领导报告，当班人员应坚守岗位，避免与现场群众发生直接冲突。

6)应急状态的解除

符合下列条件的，突发事件现场应急处置小组应提供应急结束的信息、解除应急响应所采取的各项特别措施。

(1)故障排除，收费系统恢复正常工作。

(2)险情排除、交通管制或抢救活动结束，道路恢复通畅。

(3)突发事件得到控制和消除。

应急状态的解除指令由负责应急指挥的公司领导下达。

7)后续处理

应急处置结束后，管理所应收集、整理、汇总相关信息，对应急处置过程进行认真的总结和评估，总结经验，分析存在问题，形成应急处置报告，3日内上报公司应急办公室，归档备查。

第15章 综合考核

15.1 总则

15.1.1 目的

树立起注重基础和日常的考核导向,激励各单位收费工作人员切实履行职责,强化日常管理质量,努力完成任务目标。

15.1.2 适用范围

高速公路运营企业依据本标准开展收费综合考核,子公司及委管单位结合自身实际参照执行。

15.1.3 编制的依据

(1)《湖北省高速公路系统费收管理综合考核办法》(试行)。

(2)《湖北楚天高速公路股份有限公司目标责任制考核办法》(2009年修订稿)。

(3)《湖北楚天高速公路股份有限公司收费管理办法》(2013年修订稿)。

15.2 考核原则

收费管理综合考核是公司依据考核指标,运用科学、合理的方法,对收费管理各单位的管理情况、服务效果、工作业绩进行客观、公正的综合评价,应遵循以下原则开展考核工作。

(1)科学规范的原则。科学制订考核内容和标准,规范考核开展的流程与方法,确保考核工作有序开展。

(2)公正公开的原则。所有单位平等参与考核之中,按照统一的考核内容、标准、方法和尺度进行公正客观的评价。定期公示考核结果,接受监督。

(3)注重日常的原则。细化考核内容,覆盖收费管理日常工作的主要关键流程、环节。通过日常化的检查和临时性的抽查,将考核的主要重点放在收费日常管理上来。

(4)突出履职的原则。加大对收费管理职责履行情况的考核力度,增强收费管理岗位人员的尽职履责意识,对不尽职、不履责的问题进行重点整治。

15.3 考核方式

(1)考核的具体实施由运营部负责,监控中心协助。负责具体考核的人员应坚持定期开展检查,并做好考核的原始记录,填写《收费管理考核记录表》,注明具体的时间和事件,每旬向各单位进行一次集中反馈。对涉及的图片、音像等检查资料应做好存档,以备核查。

(2)考核实行千分制,由目标完成情况(400分)、日常检查情况(300分)、现场检查情况(200分)、行评检查(100分)四部分组成,具体内容见15.4。各单位的收费管理综合考核得分按百分制进行折算后作为公司季度目标责任制中收费管理部分的最终得分。

①目标完成是根据各单位通行费任务和安全廉政目标的完成情况每年进行评分。

②日常检查是在日常管理过程中,通过统计各类收费指标、核对抓拍图像、查看监控录像、核查信息记录等方式,对各单位的业务指标、通行品质、服务水平、稽核稽查、内业管理、设备保障、政令畅通以及安全应急等方面管理情况进行检查,按月进行评分,每季度汇总。

③现场检查是通过随机抽查或季度集中检查的方式,对各单位制度建设、业务素质、文明服务、监控稽查、现场管控、环境卫生、收费设施、行为规范、管理督导、现金管理、票据管理、IC卡管理、数据报表、安全管理、机电管理以及电子支付等方面的管理情况进行现场检查,按月进行评分,每季度汇总。

④行评检查是委托公司行风评议机构,不定时间、不定线路、不表明身份,以服务对象的角度,每月实地抽查各单位收费现场的环境卫生、通行秩序、文明服务、设施保障等4个方面的管理情况,按月进行评分,每季度汇总。

(3)运营部每月对各单位考核的结果进行汇总和通报。年终取每月考核平均分作为年度收费管理综合考核结果,作为评先和表彰的依据。

(4)监控中心、各管理所应建立相应的综合考核机制,开展日常化的检查考核,并定期公示,督促员工按照考核要求做好业务工作。

(5)出现重大安全生产责任事故、严重经济违纪事件等情况的,按照公司目标责任制考核办法处理。

15.4 考核标准

(1)目标完成(400分)。

通行费任务完成情况	完成季度收费目标任务得300分;未完成季度任务的,每差1%扣0.5分(不足1%的按1%计)
堵漏任务完成情况	完成年度收费目标任务得50分;未完成年度任务的,每差1%扣0.1分(不足1%的按1%计)
安全廉政目标完成情况	无安全生产责任事故和经济违纪事件的,得50分;发生安全责任事故和非自查发现的经济违纪事件,此项不得分。经内部自查对违纪事件及时发现、上报和处理的,可酌情减轻考核

(2)日常检查(300分)。

项目	检查内容		评分标准
业务指标	车种误判	通过图像稽查机检查车种输入情况,随机抽取各单位相同时段通行的200辆车(含进口),每周1次	每错1台扣1分
	车牌误输	通过图像稽查机检查车牌输入情况(含自动发卡机)。随机抽取各单位相同时段通行的200辆车(含进口),每周1次	每错1台扣1分
	车型误判	统计各单位当月低于“灰名单”提示车型收费的比例	不足5%不扣分,超过5%部分每1%扣1分
	货车无称重	统计各单位当月货车无称重流量占货车交费总流量的比例	每超过1/10000扣2分
	系统解封	统计因封账错误导致解封的次数	每次解封扣2分
	长短款	统计各单位当月长短款率: 长短款率=(长款数+短款数)/车道现金收入	每超5/100000扣2分
	丢卡	统计各管理所每月发空卡数、丢卡数	发空卡每次扣0.5分,人为遗失每张扣1分

续上表

项目	检查内容		评分标准
通行品质	保障畅通	通过查看实时视频或录像回放，随机查看各单位相同时段车辆通行情况，单车道排队5台车以上且持续2min以上视为车道车辆滞留，每月2次，每次10min	存在滞留现象扣5分；每延续1min加扣2分，开放全部车道并有效疏导的不扣分
	通行秩序	通过查看实时视频或录像回放，随机查看各单位相同时段广场、车道行车秩序，每月2次，每次10min	因开道不及时发生插队、抢道、堵道等现象或周边游闲杂人员，扣2分；有打架、扯皮事件发生，且无人管理扣5分；情节严重，场面混乱，扣10分
服务水平	文明服务	通过查看实时视频或录像回放，随机抽取各单位相同时段连续通行10辆车的亭内录像，查看收费员是否坚持文明用语、唱收唱付、手势服务、规范着装等，有无从事与工作无关的事情，有无脱岗、睡岗现象，每月2次	未达文明服务要求，每台次扣2分；有脱岗、睡岗等不规范行为，每次扣5分
	投诉争议	每月对投诉受理情况（含省高速公路服务热线、网站及来信来访等）进行调查回访。是否妥善处理收费现场争议和纠纷	对投诉未及时受理或处理不当的，每次扣2分；属有理投诉的，每次扣5分；引发了激烈冲突或导致公司被上级部门问责的，每次扣10分。对收费争议处理不当引发严重冲突的，每次扣5分；被新闻媒体曝光负面新闻的，每次扣20分
稽核稽查	"绿色通道"管理	通过录像回放，"绿通车"是否落实了两人在场、多点查验、跟踪监控的查验要求，每周2次，随机抽取各单位绿通车共10台	未按要求落实到位的，每次扣2分
	特情审核	通过录像回放，检查管理人员是否及时开展特情（绿通车、卡坏、无卡、超时、J行、无称重、货改客、降档、免费车、紧急车、闯关、U3、U4、邮政车、黑名单等）的班审、日审及稽核工作，是否按照政策控制减免范围，是否存在私放人情车、擅自扩大减免范围等现象，每月2次，随机抽取各单位以上特情共100台	未按要求开展班审、日审及稽核工作，每次扣2分；审核不认真、对非政策范围车辆进行减免未发现的，除补足票款外，每次扣5分；对涉及协助或串通司机逃缴、少缴通行费的，按公司相关规定处理
	稽查协查	查看当月"黑名单"车辆的通行、查处、核销情况	查处不力的，每次扣5分；查处完毕不及时上报核销的，每次扣2分
内业管理	现金管理	每周查看缴款记录。查看录像回放，检查是否在监控镜头范围内进行现金交接，是否及时将收缴的现金放置于保险柜中，是否24h有人值守，监视镜头是否清晰可视，每周1次	解缴登记表填写不规范的，每次扣2分；存缴金额出现错误而未及时发现和处理的，每次扣10分；出现截留、挪用通行费事件的，按照经济违纪处理
	票据管理	每旬查看票据盘存记录，是否进行定期盘存，异常情况的上报和处理是否及时，各项数据是否准确	对管理中存在的数据不符和异常情况不及时处理的，每次扣2分
	IC卡管理	每旬查看IC卡盘存记录，异常卡的上报和处理是否及时，各项数据是否准确。每月查看IC卡赔付记录，比对无卡车的处理情况进行核实	对管理中存在的数据不符和异常卡等问题不及时处理的，每次扣2分；私自留存IC卡的，每次扣10分。未按要求收取赔付金的，每次扣2分；收取赔付金而未提供规定票据的，每次扣5分；账实不符的，每次扣5分
	报表数据	按时、准确完成报表、数据的统计和报送（电子版本）。按要求保存和报送录像资料	收费数据报表和信息未按规定时间上报的，每次扣1分；数据或信息存在错误的，每次扣1分

续上表

项目	检查内容		评分标准
设备保障	收费系统	统计各单位收费系统的重大故障,有无因设备原因影响计重收费、使用定额票据、发放预制卡,甚至收费系统完全瘫痪等情况	每次扣5分;完全瘫痪造成重大影响的扣10分
	监控、通信系统	检查各单位实时监控、录像回放功能是否正常,检查通信网络畅通和值班电话值守情况	监控或录像无法调看、无声音、无图像或工作值班电话3声铃响无人接听,每次扣2分;影响收费工作每次扣5分
政令畅通	数据、资料	收费数据及各类资料是否按照要求及时准确上报	未及时准确上报,每次扣2分
	重大事项	发生与收费相关的重大事项是否按要求及时上报	未及时准确上报,每次扣2分;情节严重扣5分
	政策、要求	政策、要求上传下达是否及时、准确,是否落实到位	传达落实不到位,每次扣2分
安全应急	应急处置	对突发紧急事件快速响应,处置得当	应急反应不及时的,每次扣10分;处置失当,造成严重影响的,每次扣20分
	安全防护	查看视频录像,检查各项安全作业要求的落实情况,是否存在闲杂人员进出费亭、监控室、收费管理室、机房,逗留收费广场的现象,是否列队上下岗,监控镜头跟踪监控下班路途全过程,是否关门作业,离岗人员是否关门关窗,执勤查验人员是否着反光背心。每单位每旬检查1次	对于安全作业的要求落实不到位的,每次扣1分

注:日常检查考核每小项扣分以20分为限,扣完为止。

(3)现场检查(200分)。

项目	检查内容	评分标准
制度建设	建立健全内部管理制度,制定相关操作流程	未达到要求每次扣2分
	结合实际开展收费主题活动,并制定具体工作方案	
	建立完善考核、考评、激励机制,并落实到位。相关制度、业务指标、考核、奖惩上墙公示,结果公开	
业务素质	准确掌握收费政策和收费标准,无理解、执行不到位情况	未达到要求每次扣2分
	熟悉掌握相关设备操作流程,准确进行业务操作,无差错	
	准确掌握相关通达知识,及时了解路况信息	
文明服务	着装规范,仪表端庄,整洁大方。实行列队上下岗和挂牌服务。语言规范,态度亲切,表情自然,使用普通话和文明用语,语音语调语速适中,坚持唱收唱付和手势服务。遇车辆等待时应提示司机请稍候,无服务忌语	未达到要求每次扣2分(20分为限)。出现服务忌语扣20分
	能准确向司乘解答收费政策,并提供相关文件、路况信息和行车路线指引服务,态度热情,耐心细致	

续上表

项目	检查内容	评分标准
监控稽查	落实24小时实时监控制度,有效指导现场操作。认真录入各类收费信息,及时开展班审、日审和稽核工作	未落实实时监控制度,每次扣2分;未按要求开展班审、日审及稽核工作,每次扣2分;审核不认真、对非政策范围车辆进行减免未发现的,除补足票款外,每次扣5分;对涉及协助或串通司机逃缴、少缴通行费的,按公司相关规定处理
	检查稽查工作的开展情况,是否当场制止了逃费行为,是否加强现场指导、数据和特情分析,及时发现逃费的漏洞和动向,是否针对本单位的逃费情况采取了相应措施,是否严格按照稽查奖励制度对稽查记录进行认真的审核和上报	对发现的逃费行为不主动采取措施,造成通行费流失的,每次扣5分;对明显的逃费漏洞未及时堵塞,造成通行费严重流失的,每次扣20分;对稽查记录审核不严的,每次扣2分
现场管控	收费站车辆通行畅通,单一车道排队车辆超过5台时,及时增开道口并有专人进行疏导。维护收费现场秩序,广场内无闲杂人员逗留,通行秩序良好,无打架、扯皮事件发生	发生滞留或秩序混乱的,每次扣2分;未采取有效措施应对车辆滞留、收费现场发生冲突事件造成不良影响的,每次扣5分
	对收费争议及时妥善处理	对收费争议处理不当引发严重冲突的,每次扣5分;被新闻媒体曝光负面新闻的,每次扣20分
环境卫生	收费广场、车道、安全岛、边沟(坡)以及办公区域干净整洁	未达到要求每次扣2分
	收费亭内外整洁,物品齐全,摆放有序	
	各类设施、设备完好整洁,各类工作物品摆放整齐	
收费设施	公示栏内容准确完整。服务承诺牌中公示上岗人员工号。便民服务设施齐全,功能完善,使用正常。车道收费设备保证开启状态,每天进行一次上下班操作	未达到要求每次扣2分
	车道指示灯准确反映运行状态。情报板内容规范,无过期信息。称重台前后无小石子等杂物。照明、消防等设备完好无故障。合理使用空调或取暖设备	
行为规范	做好交接班和岗前讲评,不携带通信工具、私款等违禁物品	未达到要求每次扣2分
	坚持亭外执勤,工作时不从事与工作无关的事,无聊天、脱岗、睡岗等现象	未达到要求每次扣2分
管理督导	落实一线工作法,实行所领导及管理人员带班制度。根据监控员记录所领导、管理人员到现场的时间,调看视频录像查看	未达到要求每次扣2分
	认真开展班审、日审、稽核工作。根据监控员记录班审、日审的时间,调取视频录像查看	未达到要求每次扣2分
	落实实时监控要求,及时对收费现场进行督促指导。根据特情产生时间,调取视频录像查看	未达到要求每次扣2分
	及时妥当受理服务投诉,做好解释宣传工作。查看投诉登记本,了解投诉的处理过程	未达到要求每次扣2分
	定期组织业务考试。查看考试试卷和成绩	未达到要求每次扣2分
	定期召开收费例会、班务会。查看会议记录	未达到要求每次扣2分
	绿色通道政策执行情况。查看视频录像	未达到要求每次扣2分
	查看收费信息督导本,检查收费政策和要求是否及时记录和传达到位	未达到要求每次扣2分

续上表

项目	检 查 内 容	评 分 标 准
现金管理	通行费及时、足额、安全解缴,无坐支、截留、挪用行为	解缴登记表填写不规范的,每次扣2分;存缴金额出现错误而未及时发现和处理的,每次扣10分;出现坐支、截留、挪用通行费事件的,按照经济违纪处理
	对现金实行分类管理,专柜存放,放置于摄像头清晰可视范围内。所有现金交接必须在摄像头范围内进行	保管存在隐患的,发现1处扣1分;因保管不善造成遗失、被盗、损毁等事件的,扣20分。现金未在摄像头范围内交接而引发的纠纷,由当事人自行负责,导致严重后果的,追究当事人责任
	与收款银行保持有效沟通,确保零钞的充足供应	零钞供应不足且未上报公司及时处理,对收费工作造成影响的,每次扣5分;挪用备用金的,按照经济违纪处理
票据管理	按规定做好票据的申报、领用、销售、结存、清查、盘点等工作	对管理中存在的数据不符和异常问题不及时处理的,每次扣2分;对数据不符和异常问题未发现的,每次扣5分
	实行专柜存放,放置于摄像头清晰可视范围内	票据保管存在隐患的,发现1处扣2分;因保管不善造成遗失、被盗、损毁在5张以下的,扣10分,在5张以上的扣20分
	规范废票管理,做好登记和保存	未达到要求每次扣2分
	加强弃票管理,及时销毁,不得留存	收费亭内留存弃票的每次扣2分;车道和广场有售出1小时以上弃票未及时销毁的每次扣2分
IC卡管理	规范卡盒管理流程,做好IC卡的领用、调配、发放、回收、清查、盘点、预制卡制作等工作,确保账实相符	对管理中存在的数据不符和异常卡等问题不及时处理的,每次扣2分;对数据不符和异常卡未发现的,每次扣5分;未制作预制卡的,扣2分;私自留存IC卡的,每次扣10分
	严格按照规定收取IC卡成本费,提供规范的票据	未按要求收取成本费的,每次扣2分;收取成本费而未提供规定票据的,每次扣5分。账实不相符的,每次扣5分
	实行专柜存放,统一保管,定期清洗	保管存在隐患的,发现1处扣1分;未按要求清洗的,每次扣2分;遗失、被盗、损毁数量在10张以下的,扣10分,在10张以上的,扣20分
数据报表	及时准确做好收费数据的统计和报送,定期开展收费分析	收费数据报表和信息未按规定时间上报的,每次扣1分
	及时核对各类收费数据,确保报表准确、备注完整	数据或信息存在错误,每次扣1分
	及时规范做好各类收费报表的装订、存档工作	未达到要求每次扣2分
	做好各类收费数据、资料的保存和保密工作,防止外泄	违反规定对外提供数据、资料,造成公司内部信息外泄的,每次扣10分

续上表

项目	检查内容	评分标准
安全管理	建立完善的安全管理制度和应急预案，明确责任人，定期组织安全应急演练，及时排除安全隐患，并有规范记录	安全管理要求落实不到位的，每次扣2分；存在明显安全隐患未排查的，每次扣5分；安全记录不到位的，每项扣2分
	各类安全设施齐全、完好，票卡款库房配有防盗及监控设施	
	员工能熟练使用各类安全设施，熟悉应急处置流程和方法	
	收费亭关门作业，监控室24h有人值守，无闲杂人员出入	
	严格按照规定流程操作和使用收费设施，落实安全作业和防护的各项要求，杜绝安全责任事故发生	
	劝阻非机动车、行人上高速，2:00～5:00劝阻客车上高速，超重货车出站时联系路政部门，此三项必须将车牌、时间记录到监控值班日志上	
机电管理	规范机电设备使用，定期检查、保养各类机电设备，日常维护有计划、有记录	未达到要求每次扣2分
	及时排除各类故障隐患，遇有影响收费的故障迅速响应、有效处置，确保机电设备和收费工作的正常运行	未达到要求每次扣2分
	按规范流程确保收费系统升级顺利进行	未按要求造成系统升级出现问题的，每次扣2分；未及时上报和处理，严重影响了收费秩序的，每次扣10分
电子支付	对办理ETC业务的客户信息进行严格核查，确认车牌、车型等信息的真实有效	开户车辆信息与实际信息不一致的，每次扣1分
	按照安全管理要求，妥善保管预存通行费，按时上缴，不得截留、挪用	上缴不及时的，每次扣1分；因保管不善造成通行费遗失、被盗、损毁的，扣20分；截留、挪用的，视为经济违纪
	据实出具票据，对产生的打印凭条和废票做好登记、保管和上缴	票据管理不到位的每次扣1分
	按规定流程进行充值操作	违反充值操作规定的每次扣1分
	加强易通卡、电子标签的保管，实行专人、专柜管理	因保管不善造成电子支付设备大量遗失、被盗、损毁的，扣20分
	对突发紧急事件快速响应，处置得当，做好预制卡的制作、发放和定额票的销售以及后续工作	应急反应不及时的，每次扣10分；处置失当，造成严重影响的，每次扣20分

（4）行评检查（100分）。

项目	检查内容	评分标准
环境卫生	车道（含安全岛）干净整洁，无垃圾、积尘、果皮、纸屑或其他抛洒物	各项分别计分，5分为限。未达到要求的每处扣1分，有明显的脏、乱、差现象每处扣2分
	收费广场干净整洁，无垃圾、积尘、果皮、纸屑或其他抛洒物	
	边沟（坡）干净整洁，无垃圾、积尘、果皮、纸屑或其他抛洒物	
	收费亭内外干净整洁，物品摆放整齐有序，无污渍积尘，无乱贴乱画	
	公示栏、护栏、各类指示牌、消防设施以及其他各种亭外设施干净整洁，无污渍积尘或破损，无乱贴乱画	
通行秩序	收费站车辆通行畅通，单一车道排队车辆超过5台时，及时增开道口并有专人进行疏导	未及时增开道口或无专人进行疏导，扣2分；车辆等候时间超过5min，每超过1min加扣1分（10分为限）
	广场、车道行车秩序良好，现场周边无闲杂人员逗留，无插队、抢道、堵道现象，无打架、扯皮事件发生	有插队、抢道、堵道等现象或周边有闲杂人员，扣2分；有打架、扯皮事件发生，且无人管理扣5分；情节严重，场面混乱，扣10分

续上表

项目	检 查 内 容	评 分 标 准
文明服务	着装规范，仪表端庄，整洁大方，使用普通话以及手势服务，态度亲切、有迎声送语、唱收唱付，语音语调语速适中，表情自然，文明礼貌。遇车辆等待时应提示司机请稍候，无服务忌语	未达到要求每次扣2分。出现服务忌语扣20分
	能准确向驾乘解答收费政策，并提供相关文件、路况信息和行车路线指引服务，态度热情，耐心细致	
	业务操作熟练，无差错	
	不从事与工作无关的事，无聊天、脱岗、睡岗等现象	
	服务承诺执行到位，设立有便民服务箱和医药箱，并配有简易维修工具和常备药品，能按需提供冷热饮用水	
设施保障	收费广场及车道标线齐全，地面平整无破损、坑洞	未达到要求每次扣2分，情况严重每项扣4分
	可变情报板、公示栏、服务承诺牌、各类指示标牌布局合理，查看方便，内容准确清晰、更新及时，无破损、歪斜	
	收费亭、收费设施以及照明、消防等设备完好无故障，无破损	
	安全防撞设施反光材料清晰，无破损	

附录1　收费业务操作流程

一、收费人员上下班流程

收费人员上下班流程如附图1-1和附图1-2所示。

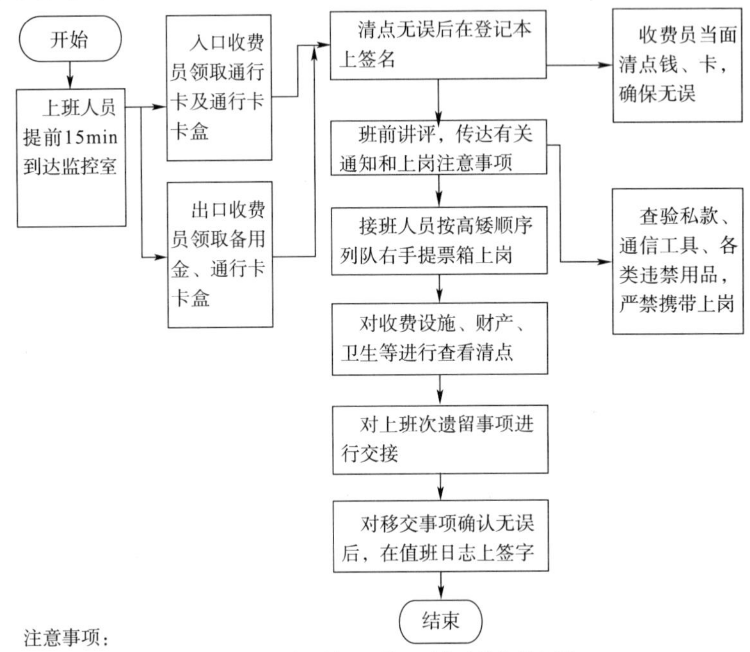

附图1-1　收费人员上班流程

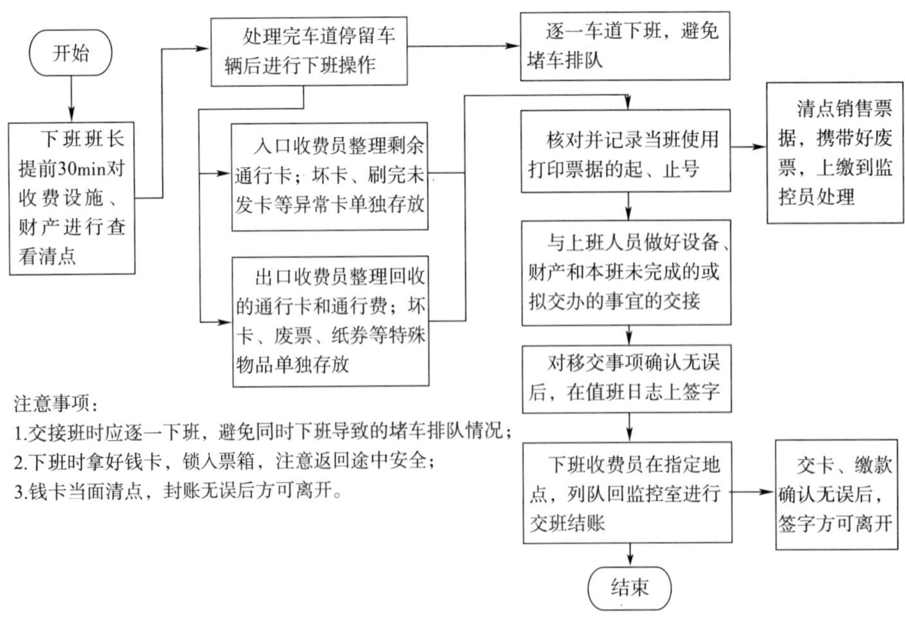

附图1-2　收费人员下班流程

二、入口车道上班操作流程

1. 操作说明

(1)上班前查看网络、设备状态是否正常、程序版本号、站名是否正确、有无故障提示,如附图 1-3 所示。

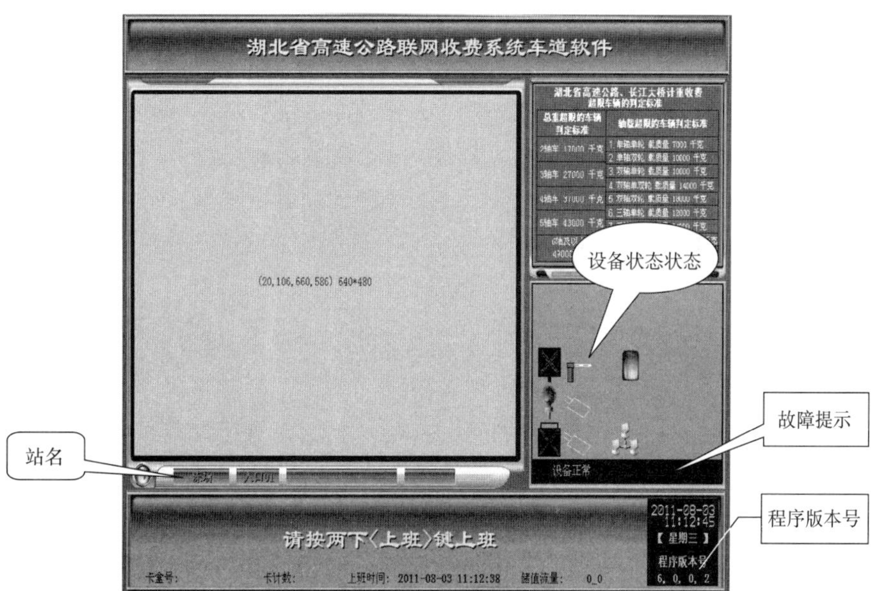

附图 1-3　入口车道上班前确认界面

(2)输入工号、密码,核对班次、时间,如附图 1-4 所示。

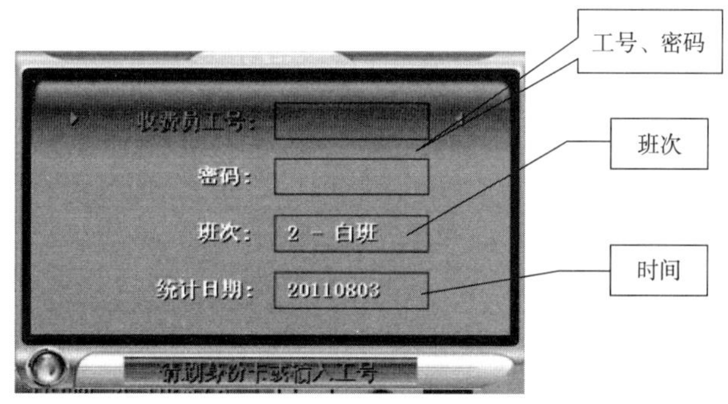

附图 1-4　入口车道上班输入界面

(3)刷卡盒标签卡,如附图 1-5 所示。

附图 1-5　入口车道上班刷卡盒标签卡界面

(4)进入上班操作界面。

2. 操作流程图

入口车道上班操作流程图如附图 1-6 所示。

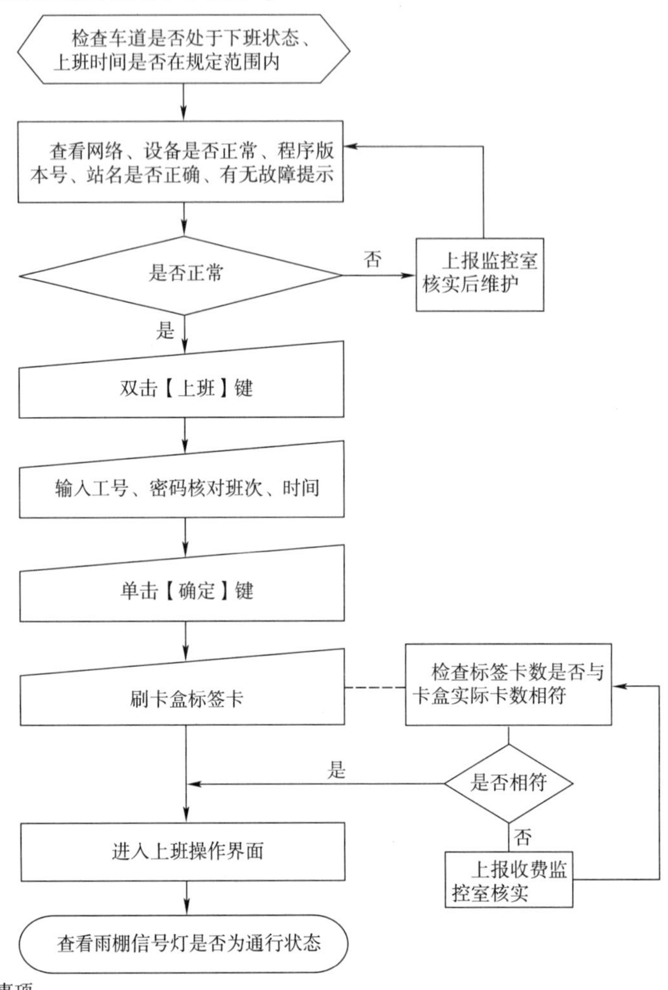

注意事项：

1.接班人员仔细核对系统时间、班次、班组信息是否正确，如不符立即通知票管监控室；

2.接班人员仔细对标签卡记录数与实际卡数是否相符，如不符立即上报管监控室查明原因，短时间内无法查明原因的重新领用卡盒；

3.收费员执行上班操作应在系统设定上班时间之后操作，不得提前上班。

附图 1-6　入口车道上班操作流程图

三、入口车道下班操作流程

1. 操作说明

(1)双击【下班】键，刷卡盒标签卡，如附图 1-7 所示。

附图 1-7　入口车道下班刷卡盒标签卡界面

(2)下班后操作界面,如附图 1-8 所示。

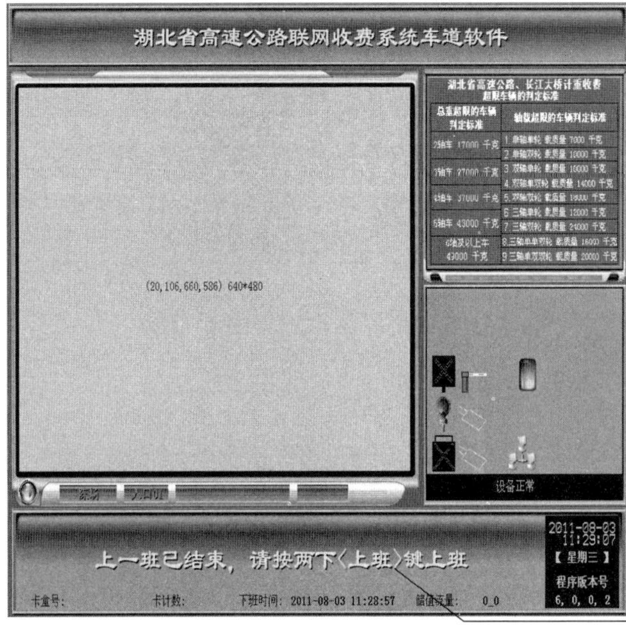

附图 1-8　入口车道下班后操作界面

2. 操作流程图

入口车道下班操作流程如附图 1-9 所示。

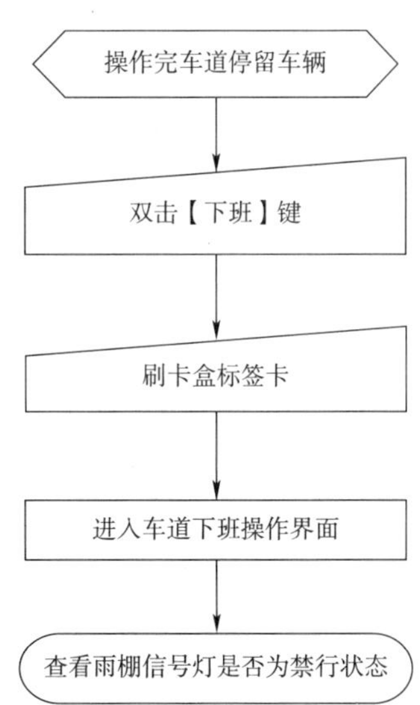

注意事项：

1.交班人员需处理完车道停留车辆，待车辆驶离车道，栏杆落下后,方能执行下班操作；

2.交班人员将剩余通行卡装入卡盒，坏卡、刷完未发卡等异常卡单独上交；

3.交班人员交班前检查雨棚信号灯是否处于禁止通行状态；

4.多个车道同时下班时，应按照监控室指令逐个下班，确保无车辆滞留。

附图 1-9　入口车道下班操作流程图

四、出口车道上班操作流程

1. 操作说明

(1)上班前查看网络、设备状态是否正常、费率版本号、程序版本号、站名是否正确、有无故障提示,如附图 1-10 所示。

附图 1-10　出口车道上班前确认界面

(2)核对系统票号与实际是否相符,如附图 1-11 所示。

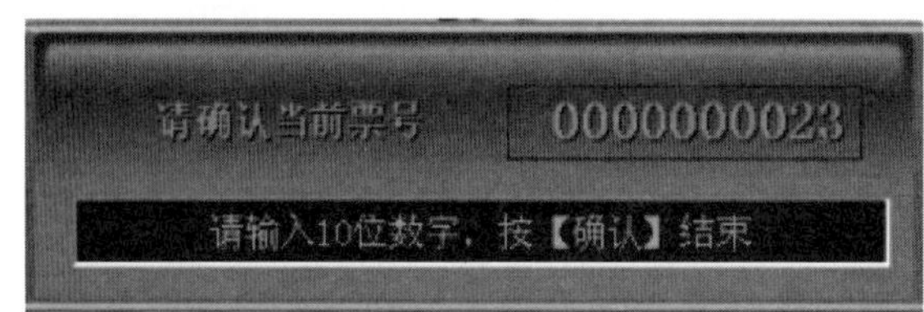

附图 1-11　出口车道上班核对系统票号界面

(3)输入工号、密码,核对班次、时间,如附图 1-12 所示。

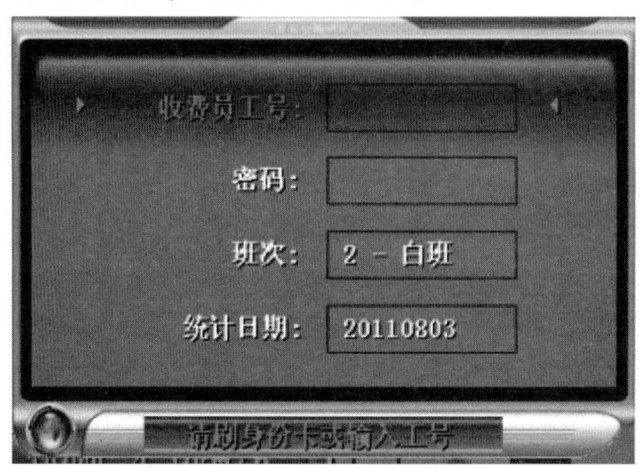

附图 1-12　出口车道上班输入界面

(4)刷卡盒标签卡,如附图 1-13 所示。

附图 1-13　出口车道上班刷卡盒标签卡界面

(5)进入上班操作界面。

2. 操作流程图

出口车道上班操作流程图如附图 1-14 所示。

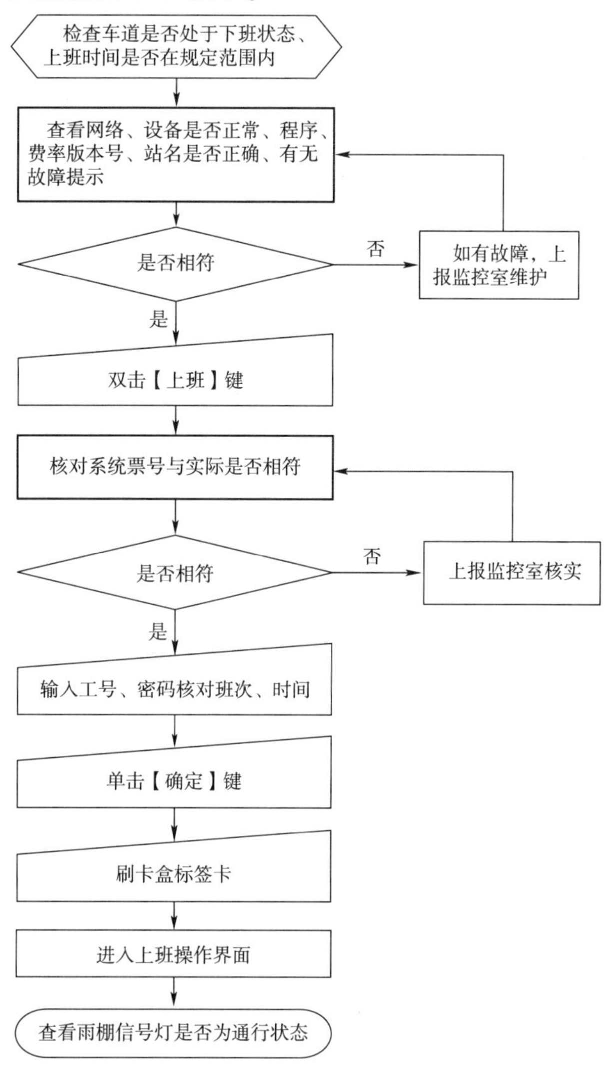

注意事项：

1.接班人员核对系统时间、班次、班组信息是否正确，计算机、计重设备是否正常，如有故障立即通知票管监控室；

2.接班人员仔细核对系统当前票号与实际票号是否相符，如有不符，立即通知监控室查明原因；

3.收费员执行上班操作应在系统设定上班时间之后，不得提前上班。

附图 1-14　出口车道上班操作流程图

五、出口车道下班操作流程

1. 操作说明

（1）双击【下班】键，刷卡盒标签卡，如附图 1-15 所示。

附图 1-15　出口车道下班刷卡盒标签卡界面

(2)下班后界面显示如附图 1-16 所示。

附图 1-16　出口车道下班后界面

2. 操作流程图

出口车道下班操作流程图如附图 1-17 所示。

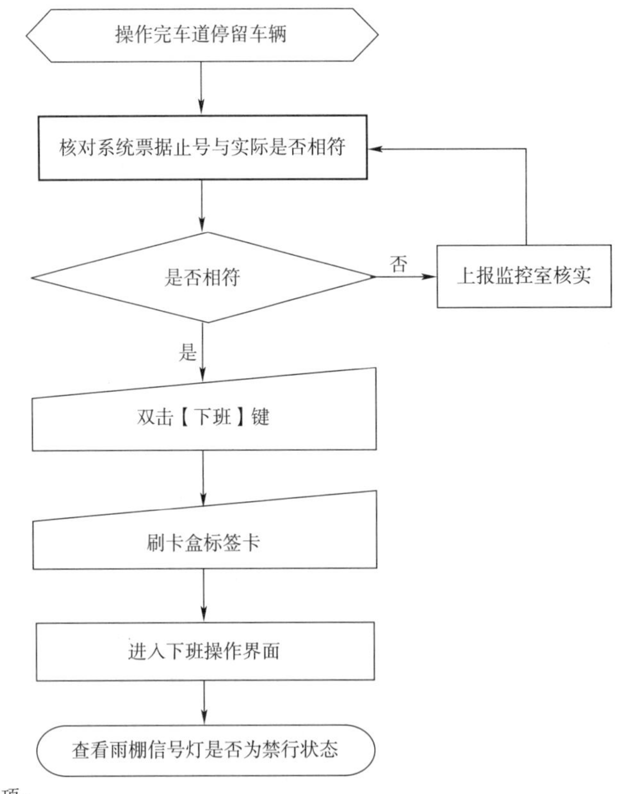

注意事项：

1.交班人员需处理完车道停留车辆，待车辆驶离车道，栏杆落下后，方能执行下班操作；

2.将剩余通行卡装入卡盒，坏卡等异常卡单独上交；

3.交班人员应仔细核对票据止号与实际是否相符，不符则上报票管监控室核查。

附图 1-17　出口车道上班操作流程图

六、入口通行卡操作流程

1. 操作说明

(1)判断车种,自动识别车牌或手动修改车牌,系统提示“请放通行卡或储值卡”,如附图1-18所示。

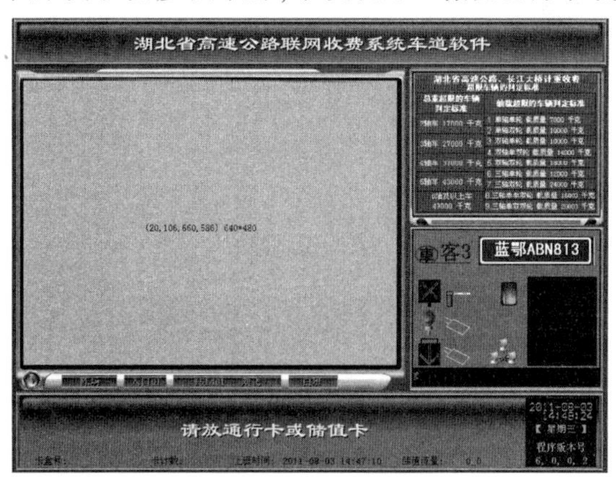

附图1-18　入口通行卡系统界面

(2)入口刷通行卡后,系统界面显示,如附图1-19所示。

请按【确认】键放行

附图1-19　刷通行卡后的系统界面

(3)按【确认】键放行。

2. 操作流程图

入口通行卡操作流程如附图1-20所示。

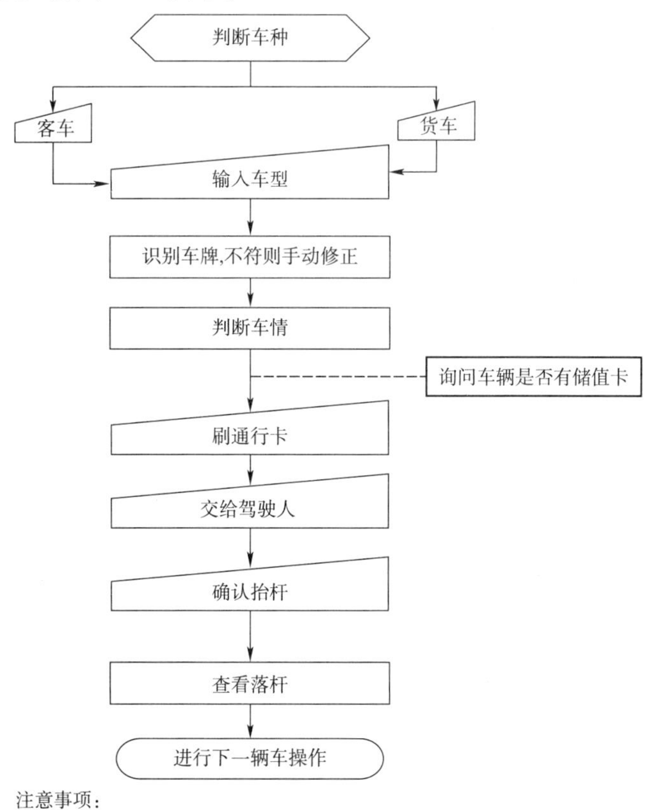

注意事项:

1.刷卡操作应在车辆驶入车道抓拍线圈后执行，严禁提前刷卡;

2.除拖车外，必须做到一车一卡一杆;

3.坏卡、恢复卡应单独存放上交。

附图1-20　入口通行卡操作流程图

七、入口储值卡操作流程

1. 操作说明

(1)判断车种,系统自动识别车牌或手动修改车牌,系统提示“请放通行卡或储值卡”,如附图 1-21 所示。

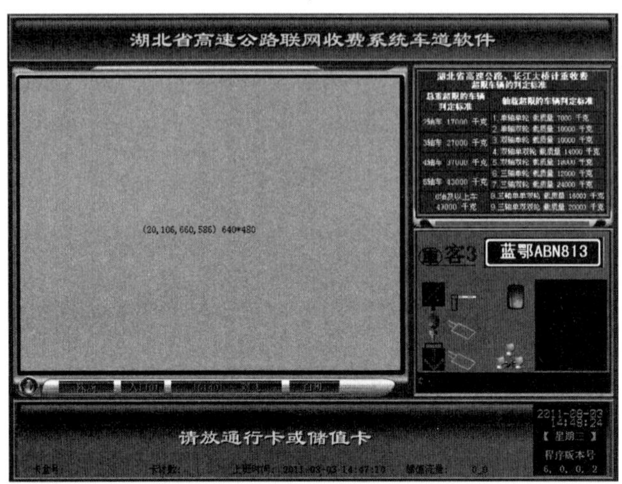

附图 1-21　入口储值卡系统界面

(2)入口刷储值卡后,系统界面下方显示,如附图 1-22 所示。

卡内余额:27555,请按【确认】键放行

附图 1-22　入口刷储值卡后的系统界面

(3)按【确认】键放行。

2. 操作流程图

入口刷储值卡操作流程如附图 1-23 所示。

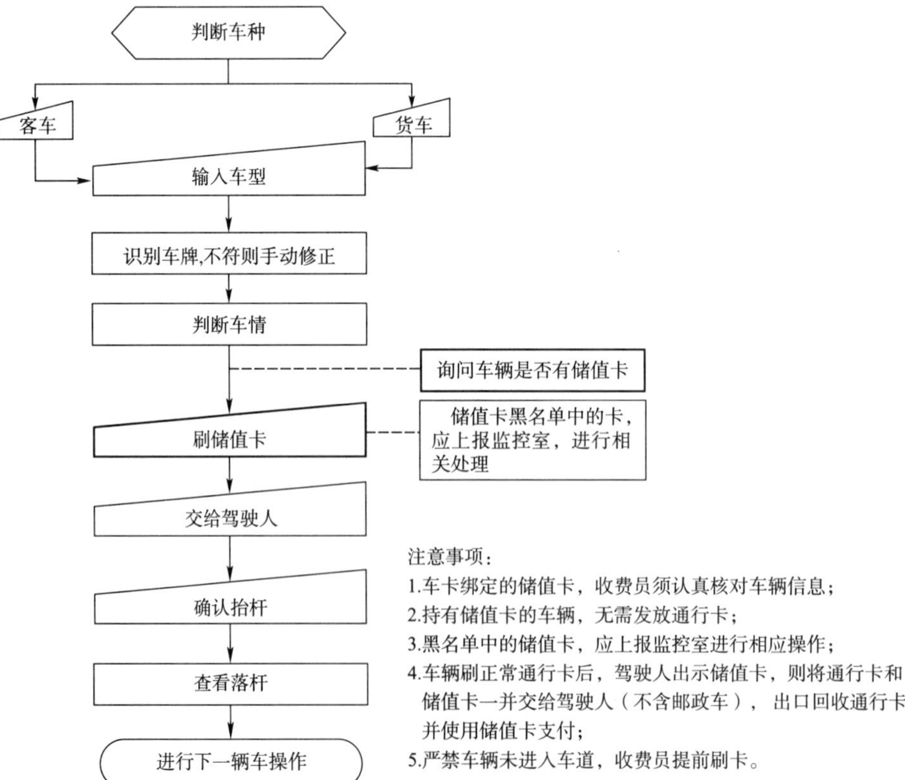

附图 1-23　入口刷储值卡操作流程图

八、入口记账卡操作流程

1. 操作说明

(1)判断车种,自动识别车牌或手动修改车牌,系统提示“请放通行卡或储值卡”,如附图 1-24 所示。

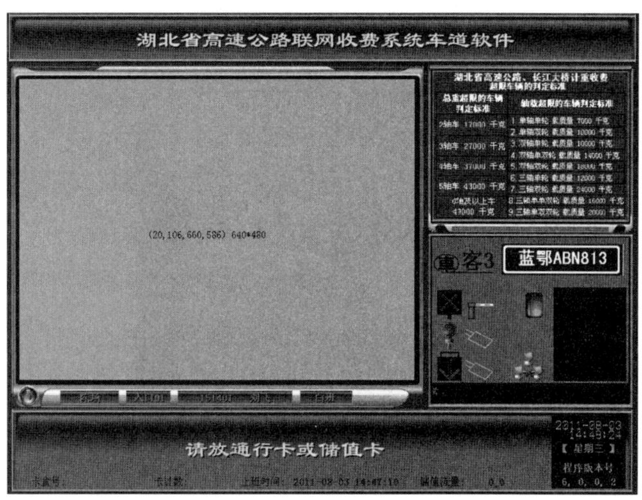

附图 1-24　入口记账卡系统界面

(2)入口刷记账卡,系统界面显示,如附图 1-25 所示。

卡内余额:0,请按【确认】键放行

附图 1-25　入口刷记账卡后系统界面

(3)按【确认】键放行。

2. 操作流程图

入口刷记账卡操作流程如附图 1-26 所示。

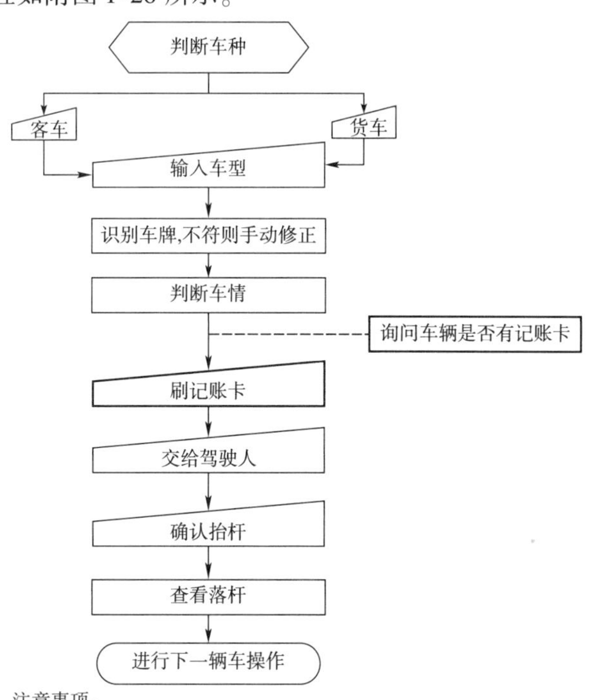

注意事项:

1.车卡绑定的记账卡，收费员须认真核对车辆信息;

2.持有记账卡的车辆，无需发放通行卡。

附图 1-26　入口刷记账卡操作流程图

九、现金支付操作流程

1. 操作说明

(1)判断车种,自动识别车牌或手动修改车牌,系统提示放通行卡,如附图 1-27 所示。

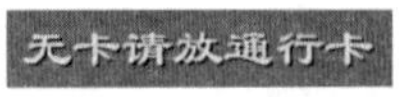

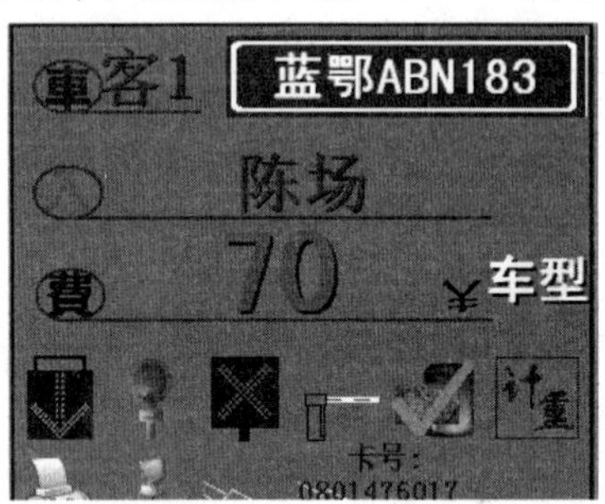

附图 1-27　现金支付系统界面

(2)出口刷通行卡,费额计算出来后,系统显示如附图 1-28 所示。

附图 1-28　出口刷通行卡后界面

①若驾驶人以现金支付,收费员应收取通行费,双击【确认】打票,单击【确认】抬杆。

②若驾驶人递交储值卡支付,但在刷储值卡后系统提示余额不足、卡坏、储值卡黑名单等信息时,收费员应提示驾驶人该储值卡无法支付,请以现金支付,在收取现金后,双击【确认】打票,单击【确认】抬杆。

2. 操作流程图

现金支付操作流程如附图 1-29 所示。

注意事项:

1.货车通过光栅后收费员必须查看是否有轴重信息，确认正确的轴重信息后方可刷卡;

2.出口收费员在监控镜头下收取、清点现金时坚持唱收唱付;

3.收费员应待驾驶人离开窗口后，再将所收现金放入抽屉;

4.对驾驶人遗弃的票据应立即在监控镜头范围内销毁，严禁留存;

5.刷储值卡后提示余额不足，收费员须提示驾驶人并询问是否圈存，得到驾驶人答复后方可进行下一步操作;

6.圈存后仍然余额不足，收费员须告知驾驶人现金支付;

7.黑名单中的储值卡，上报监控室进行相应操作。

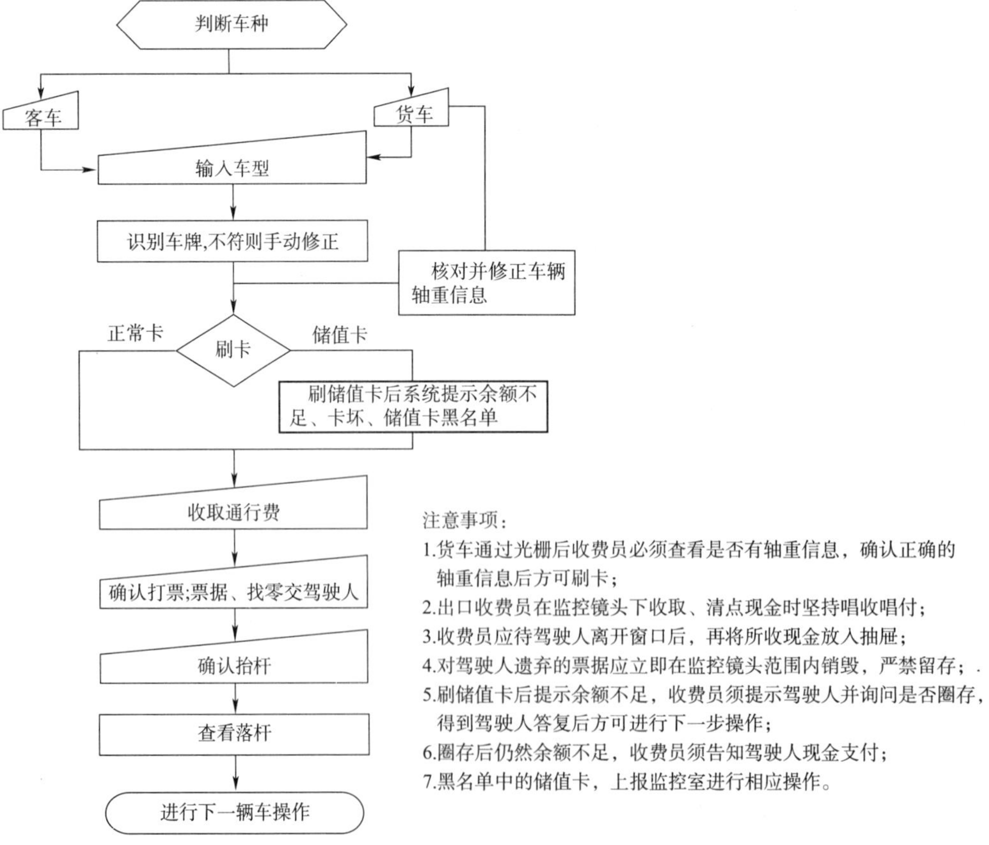

附图 1-29　现金支付操作流程图

十、储值卡支付操作流程

1. 操作说明

出口刷通行卡，费额计算出来后具体操作如下：

(1)驾驶人以储值卡支付，收费员双击【储值】，界面显示如附图 1-30 所示。

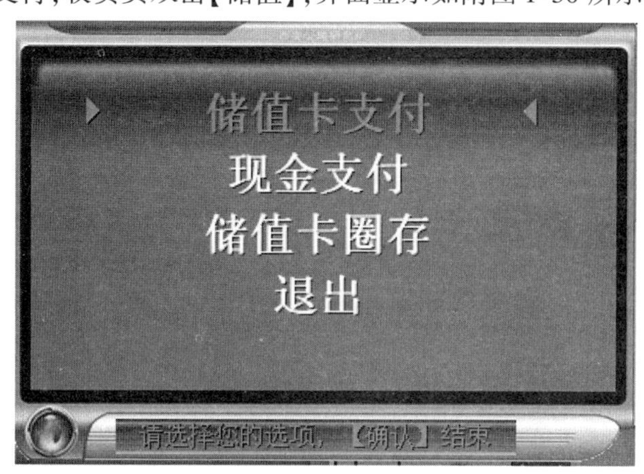

附图 1-30　储值卡支付系统界面

(2)单击【确认】，系统自动从储值卡中扣取通行费，界面显示如附图 1-31 所示。

扣款金额：20元，卡内余额10010元

附图 1-31　扣取储值卡中通行费界面

(3)若出口刷储值卡，系统界面显示如附图 1-32 所示。

附图 1-32　出口刷储值卡系统界面

(4)按【↑】键选择【储值卡支付】，若余额大于本次通行费，系统直接从储值卡内扣款并提示，如附图 1-33 所示。

扣款金额：70元，卡内余额9800元

附图 1-33　扣款提示界面

扣款成功后，系统直接抬杆放行。

(5)若余额小于本次通行费，系统将会提示"卡内余额不足，请选择现金消费"，如附图 1-34 所示。

余额不足，请选择现金消费

附图 1-34　余额不足提示界面

2. 操作流程图

储值卡支付操作流程如附图 1-35 所示。

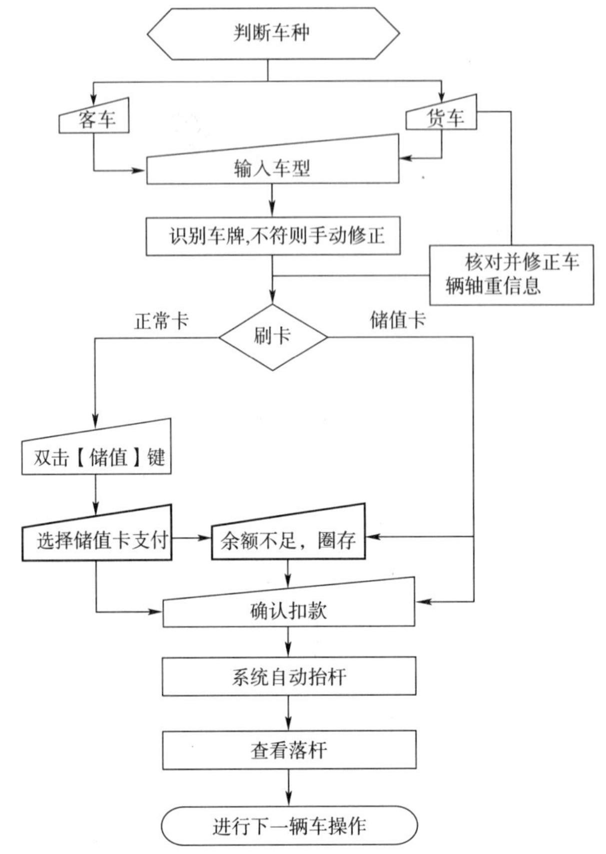

注意事项：
1.车卡绑定的储值卡，收费员需认真核对车辆信息；
2.收费员需告知驾驶人通行费用及卡内余额；
3.刷储值卡后提示余额不足，收费员要提示驾驶人并询问是否圈存，得到驾驶人答复后方可进行下步操作；
4.黑名单中的储值卡，上报监控室进行相应操作；
5.因系统原因造成的造成的储值卡无法进行扣款（收费员操作准确无误），则告知驾驶人进行现金支付，票管监控员及时向监控中心报告查明原因，及时修复。

附图 1-35　储值卡支付操作流程图

十一、记账卡支付操作流程

1. 操作说明

(1)判断车种,自动识别车牌或手动修改车牌,系统提示“无卡请放通行卡”。

(2)出口刷卡,费额计算出来后,系统弹出支付界面,如附图 1-36 所示。

附图 1-36　支付界面

此卡为记账卡,按【↑】选择“记账卡支付”,单击【确认】,系统将会从记账卡中扣取通行费,界面显示如附图 1-37 所示。

记账卡处理成功，扣款金额:70元

附图 1-37　扣款界面

扣款成功后，系统直接抬杆放行。

2. 操作流程图

记账卡支付操作流程如附图1-38所示。

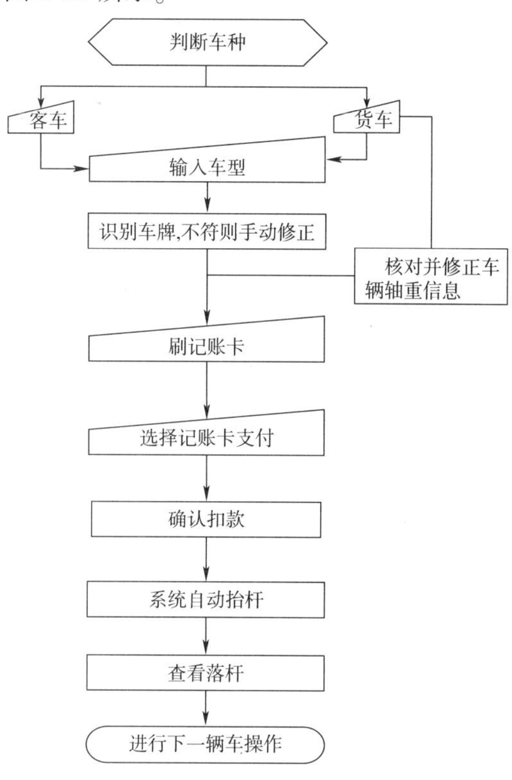

附图1-38　记账卡支付操作流程图

十二、储值卡圈存操作流程

1. 操作说明

(1)入口车道。

①在输入车牌之前双击【储值】键(圈存操作与车牌无关)，系统弹出对话框，如附图1-39所示。

②按确认键进入如附图1-40所示界面。

附图1-39　储值卡圈存系统界面

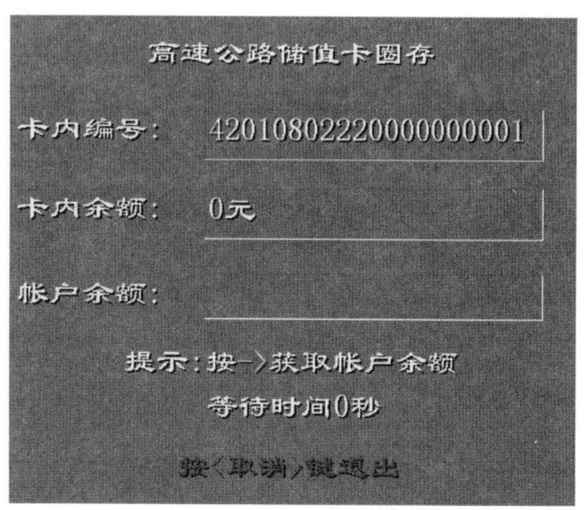

附图1-40　储值卡圈存确认界面

③按照界面显示，按【→】键获取账户余额，余额获取成功之后按【储值】键圈存。

(2)出口车道。

①在输入车牌之前双击【储值】键(圈存操作与车牌无关)，操作方法同入口。

②出口刷卡之后弹出对话框，如附图1-41所示。

按【↑】选择“储值卡圈存”即可进入圈存操作界面(注:每次圈存后的卡内最大余额为20000元)。

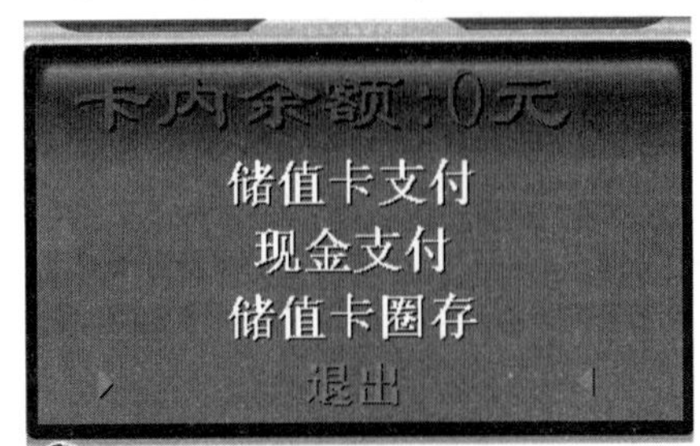

附图1-41　出口刷卡后的界面

2.操作流程图

储值卡圈存操作流程如附图1-42所示。

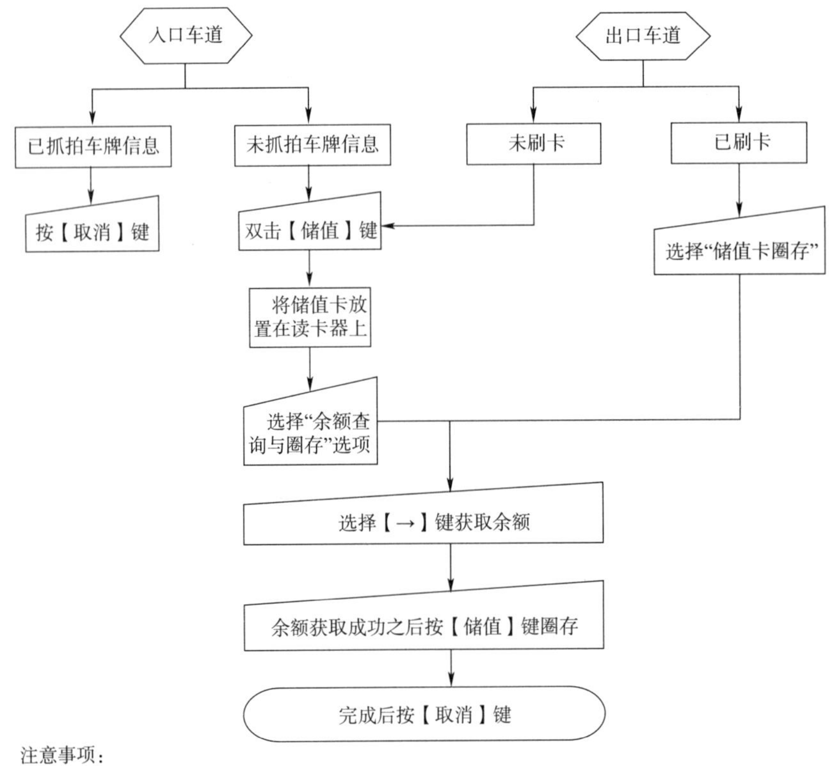

附图1-42　储值卡圈存操作流程图

十三、储值卡车卡绑定车牌输入错误操作流程

1.操作说明

(1)判断车种,自动识别车牌或手动修改车牌,系统提示“无卡请放通行卡”。

(2)收费员应核实该车车牌,如果为输入错误,则应按【车牌】键修改车牌,正确后按正常车操作流程继续操作。

(3)刷储值卡,系统提示,如附图1-43所示。

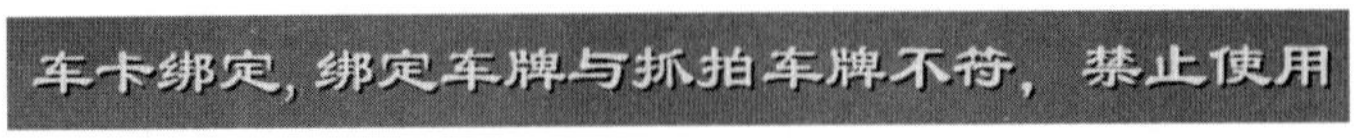

车卡绑定,绑定车牌与抓拍车牌不符,禁止使用

附图1-43　系统提示界面

(4)如果输入车牌无误,仍提示“车牌不符”,则该车不能用此储值卡通行。

2. 操作流程图

储值卡车卡绑定车牌输入错误操作流程如附图 1-44 所示。

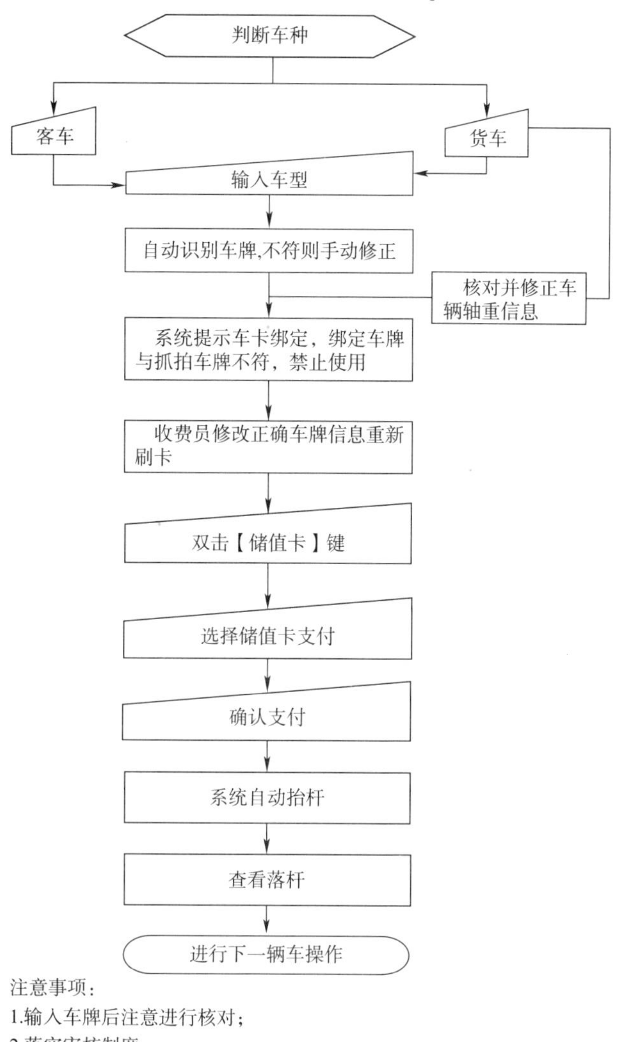

附图 1-44　储值卡绑定车牌输入错误操作流程图

十四、储值卡余额不足操作流程

1. 操作说明

(1)判断车种,自动识别车牌或手动修改车牌,系统提示“无卡请放通行卡”。刷储值卡,系统提示如附图 1-45 所示。

附图 1-45　刷储值卡系统提示界面

(2)选择“储值卡支付”,若卡内余额不够支付该次通行费,则系统提示如附图1-46所示。

余额不足,请选择现金消费

附图1-46　储值卡余额不足提示界面

并再次弹出附图1-45所示的“支付类型选择对话框”,询问驾驶人是否账户上有钱。

①若账户有钱,则按【↑】键选择“储值卡圈存”,圈存成功后,双击【储值】键进行支付,操作流程同于正常储值卡支付流程,支付成功后系统自动抬杆。

②若账户上没有钱或者圈存失败,则按【↑】键选择“现金支付”,收取通行费后,双击【确认】打票,单击【确认】放行。

2. 操作流程图

储值卡余额不足操作流程如附图1-47所示。

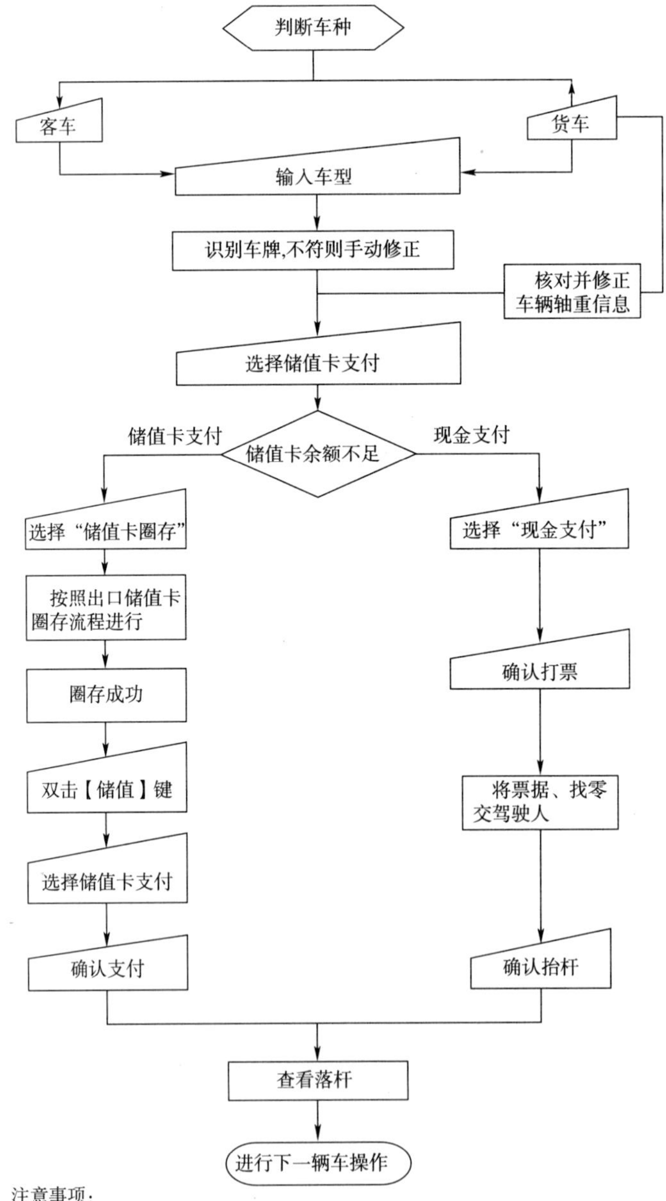

注意事项:

1.提示驾驶人余额情况,余额不足告知驾驶人使用现金支付;

2.若因网络原因车道圈存不成功,可进行多次圈存操作,直到成功。

附图1-47　操作流程图

十五、储值卡卡坏操作流程

1. 操作说明

判断车种，自动识别车牌或手动修改车牌，系统提示“无卡请放通行卡”，刷储值卡。

(1) 入口

驾驶人提供的储值卡不能正常读出信息，刷 IC 卡发放给驾驶人，告知驾驶人到客服点处理故障。

(2) 出口

驾驶人提供的储值卡不能正常读出信息，报监控室查询该车的入口站信息，双击【卡坏】键，在“请输入卡号”对话框内输入 10 个 0，然后按照卡坏操作流程操作，收取现金通行费。

系统提示如附图 1-48 所示。

此卡为回收状态，可能入口未刷

附图 1-48　系统提示界面

报监控室查询该车的入口站信息，双击【卡坏】键，输入 10 个 0 的卡号并输入入口站号，在确认“出入口信息一致”后双击【储值】键，系统提示如附图 1-49 所示。

最后按照储值卡支付正常流程操作。

2. 操作流程图

储值卡卡坏操作流程如附图 1-50 所示。

附图 1-49　选择界面

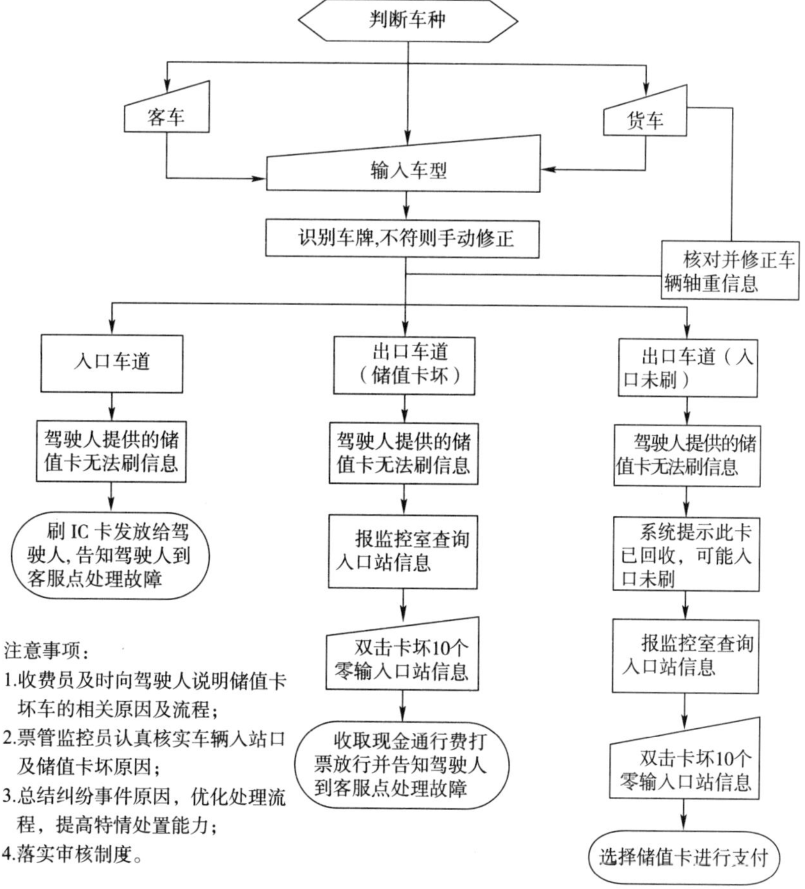

附图 1-50　储值卡卡坏操作流程图

十六、全车牌输入操作流程

1.操作说明

当车牌识别仪通信故障、硬件故障或者自动抓拍车牌有误时,需要手工输入车牌或者修改车牌。

(1)输入车牌

①车牌颜色对话框,如附图1-51所示。

附图1-51 车牌颜色对话框

②车牌省份对话框,如附图1-52所示。

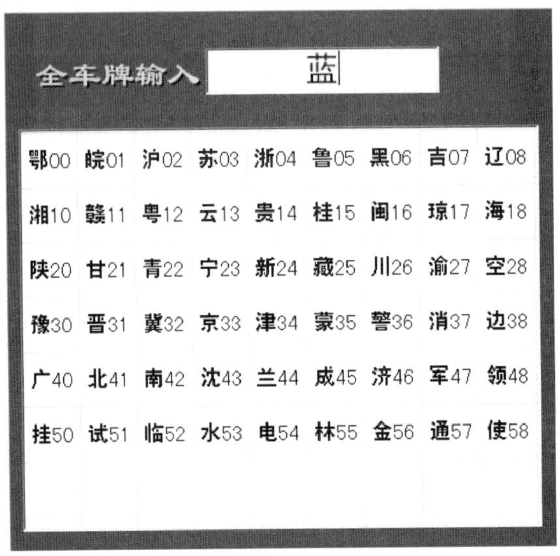

附图1-52 车牌省份对话框

③全车牌输入对话框,如附图1-53所示。

附图1-53 全车牌输入对话框

单击【确认】结束输入。

(2)修改车牌

若车牌有误,按【←】或【→】键更改对应的字,如附图1-54所示。

附图1-54 修改车牌界面

输入0可将黄改为蓝。

2. 操作流程图

全车牌输入操作流程如附图 1-55 所示。

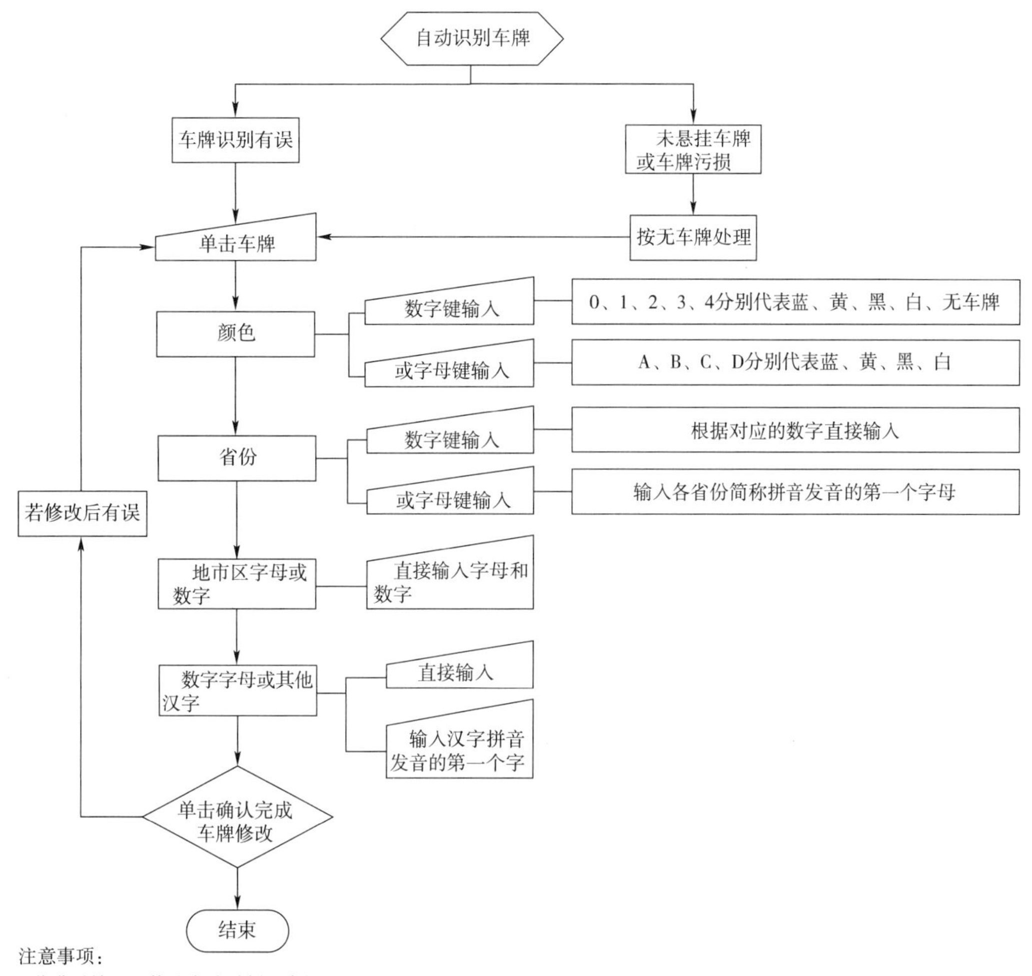

注意事项：

1.收费员输入、修改车牌需须认真核对；

2.收费员熟记《键码表》后，可加快速度提高输入准确性。

附图 1-55　全车牌输入操作流程图

十七、绿通车操作流程

1. 操作说明

(1)判断车种,自动识别车牌或手动修改车牌,系统提示“无卡请放通行卡”。

(2)若刷通行卡,在费额计算出来后,若已验证该车为绿色通道车辆,双击【优惠】键,系统弹出绿色通道选项框,如附图 1-56 所示。

附图 1-56　绿色通道选项框

单击【确认】后,系统界面上费额显示为 0,右边的特情栏中显示 优惠 ,单击【确认】放行。

2. 操作流程图

绿通车操作流程如附图 1-57 所示。

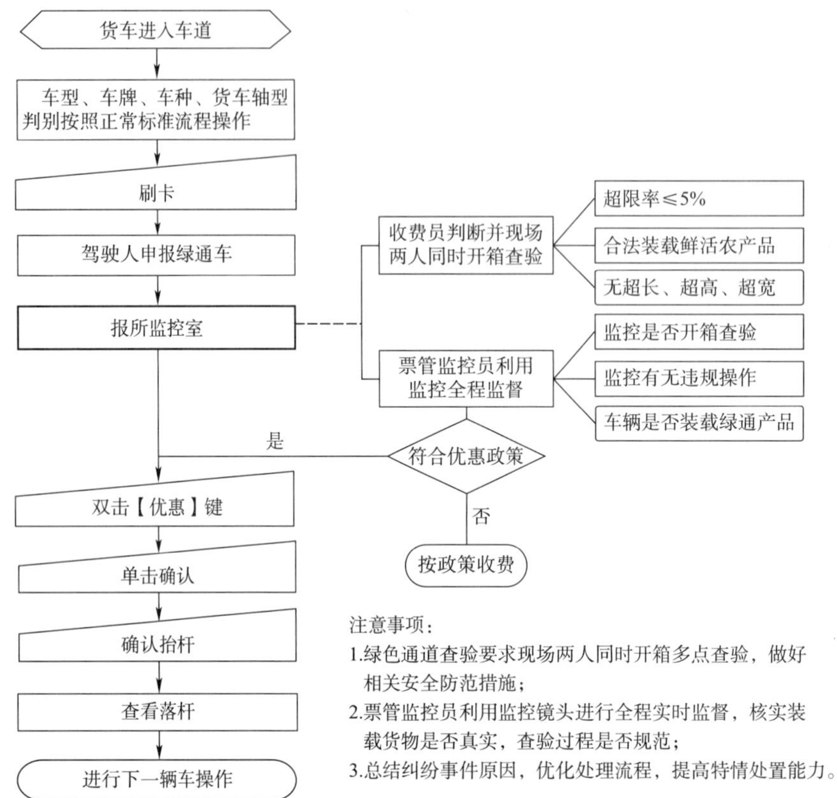

附图 1-57　绿通车操作流程图

十八、邮政车操作流程

1. 入口邮政车操作

(1)操作说明。

①判断车种，自动识别车牌或手动修改车牌，系统提示“请放通行卡或储值卡”，如附图 1-58 所示。

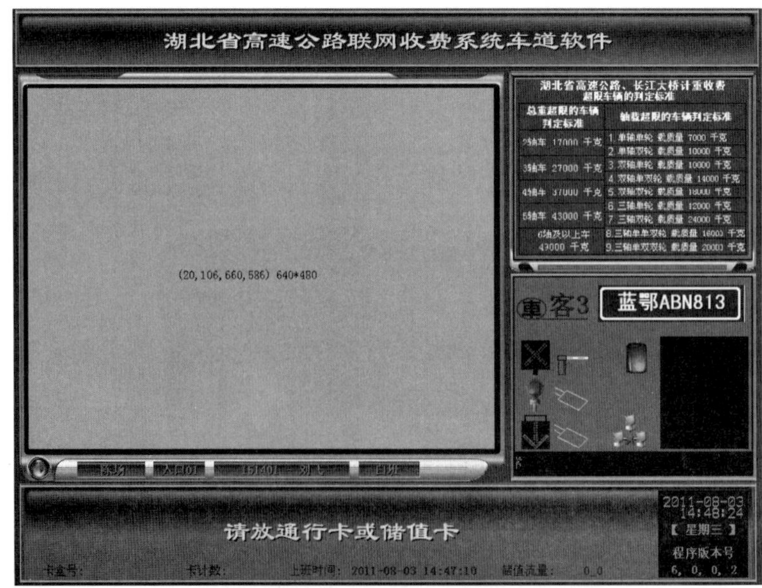

附图 1-58　系统提示界面

②入口刷通行卡后，系统界面显示，如附图 1-59 所示。

③入口刷储值卡后，系统界面显示，如附图 1-60 所示。

请按【确认】键放行

附图 1-59　入口刷通行卡后界面显示

卡内余额:27555, 请按【确认】键放行

附图 1-60　储值卡内余额界面显示

④按【确认】键放行。

(2)操作流程图。入口邮政车操作流程如附图 1-61 所示。

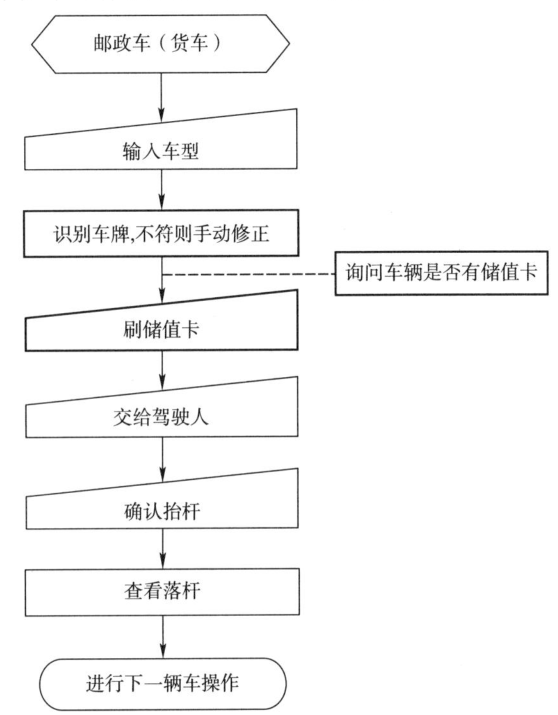

注意事项：

1.邮政优惠车入口必须刷储值卡，收费员应尽主动提醒义务，避免出现因收费员操作原因造成的出口不能使用储值卡支付；

2.车辆正常刷通行卡后，邮政车驾驶人出示储值卡，则模拟落杆后再刷储值卡，将正常通行卡单独存放，下班后单独上交，票管监控员应通过监控录像查明原因；

3.严禁车辆未进入车道，收费员提前刷卡。

附图 1-61　入口邮政车操作流程图

2. 出口邮政车操作

(1)操作说明。

①判断车种，自动识别车牌或手动修改车牌，系统提示"无卡请放通行卡"。

②若所刷储值卡为邮政优惠卡，则系统弹出优惠卡确认界面，如附图 1-62 所示。

单击【确认】，显示如附图 1-63 所示。

确认为优惠车辆后，单击【确认】，显示如附图 1-64。

附图 1-62　优惠卡确认界面

附图 1-63　确认后显示界面

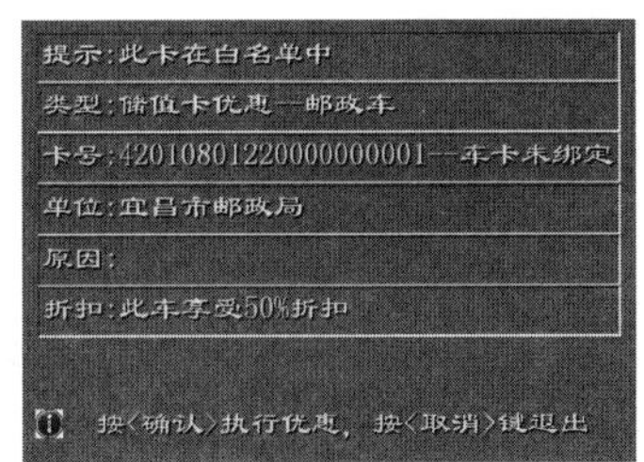

附图 1-64　确认为优惠车辆后显示界面

经核实车辆在优惠范围，按【确认】键执行优惠操作，系统会根据折扣率计算优惠后的金额，确认无误之后，双击【储值卡】键，系统进入储值卡扣款界面，选择储值卡支付，支付成功后系统抬杆放行。

(2)操作流程图。出口邮政车操作流程如附图1-65所示。

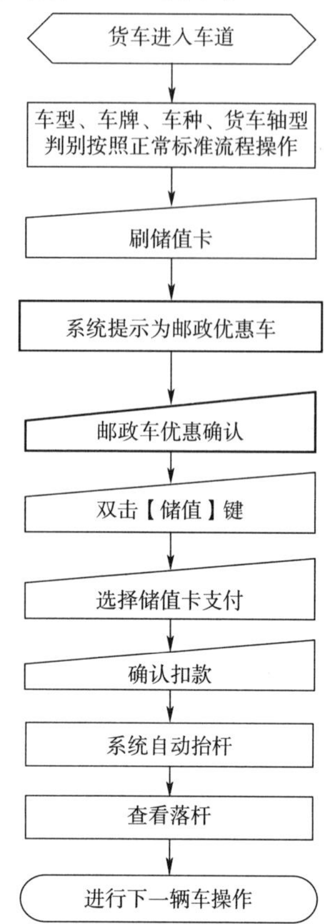

注意事项：
1.收费员认真核对车辆信息；
2.邮政车车牌在读卡之前必须输入正确；
3.入、出口必须刷储值卡并且进行储值卡支付；
4.落实审核制度。

附图1-65　出口邮政车操作流程图

十九、变档车操作流程

1. 操作说明

判断车种，自动识别车牌或手动修改车牌，系统提示“无卡请放通行卡”，刷卡进行变档操作。

(1)自动变档。

如果出口判断车型与入口判断车型不同，则系统特情栏会显示 变档 此种变档为“自动变档”。同时系统弹出“变档，请重新输入车型”，如附图1-66所示。

输入核实后车型单击【确认】，然后按照正常流程打票及放行。

(2)强制变档。

如果出口初始判断车型与入口判断车型相同，而中途发现该车判断车型与实际不符，可双击【变档】键，系统特情栏会显示 变档 此种变档为“强制变档”。同时系统弹出“变档，请重新输入车型”，如附图1-67所示。

附图1-66　自动变档界面

附图1-67　强制变档界面

输入核实后车型单击【确认】，然后按照正常流程打票及放行。

2. 操作流程图

变档车操作流程如附图 1-68 所示。

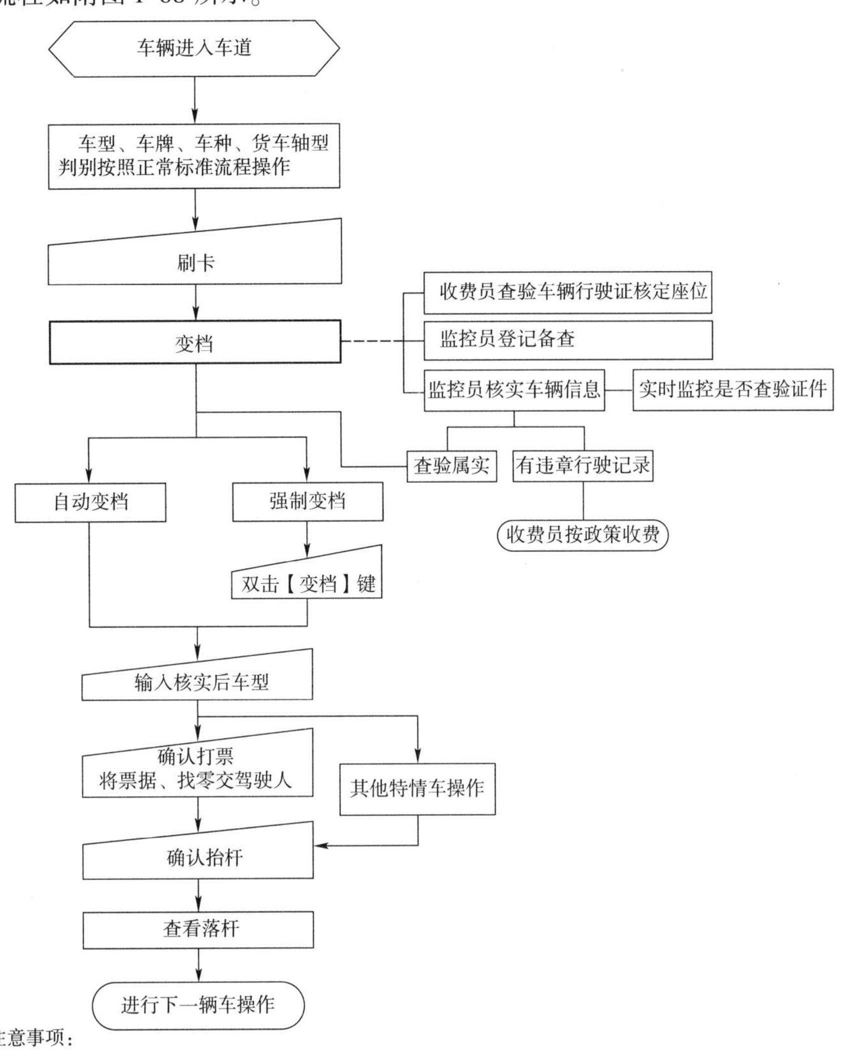

注意事项：

1.严禁收费员对客车未查验证件降低收费标准收费；

2.收费管理员核实车辆历史记录；

3.落实审核制度。

附图 1-68　变档车操作流程图

二十、免费车操作流程

1. 操作说明

判断车种，自动识别车牌或手动修改车牌，系统提示“无卡请放通行卡”。

刷通行卡，在费额计算出来后，若该车出示证件表示为免费车，收费员应先报票管监控室，由票管监控员判断是否可免费放行，若确认为免费车，则双击【免费车】键，费额显示为 0，且在车辆特情信息显示如附图 1-69 所示。

对于军警车，直接双击【军警车】键，费额显示为 0 元，如附图 1-70 所示。

特情信息显示区将显示如附图 1-71 所示。

附图 1-69　免费车显示界面

附图 1-70　军警车显示界面

军车

附图 1-71　特情信息显示区显示军车界面

2. 操作流程图

免费车操作流程如附图 1-72 所示。

注意事项：

1.严禁对不符合免费规定的车辆进行免费操作；

2.规范特情处理程序，所有减免通行费操作要求先上报后操作；

3.特定时期专项减免车辆，票管监控员要调整镜头实时查看车辆外观、装载情况；

4.票管监控员要及时、熟练运用监控设备，配合现场人员实时进行查验；

5.落实审核制度。

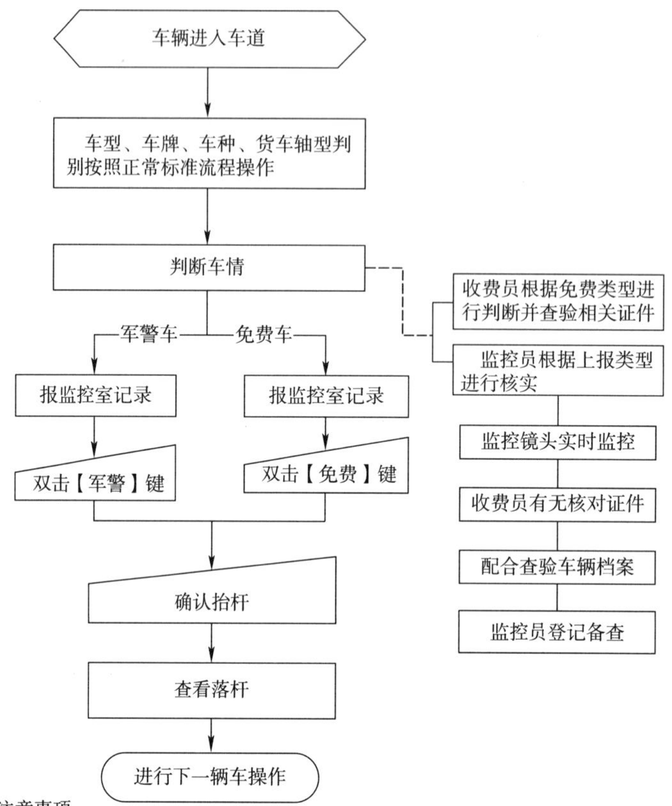

附图 1-72　免费车操作流程图

二十一、紧急车操作流程

1. 操作说明

(1)判断车种，双击【紧急车】键，栏杆抬起，如附图 1-73 所示。

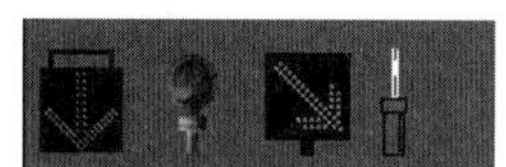

附图 1-73　栏杆抬起界面

收费界面的右边“特情栏”中显示如附图 1-74 所示。

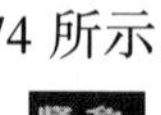

附图 1-74　特情栏的显示信息

(2)等待车辆过后，双击【紧急车】键，栏杆落下，如附图 1-75 所示。

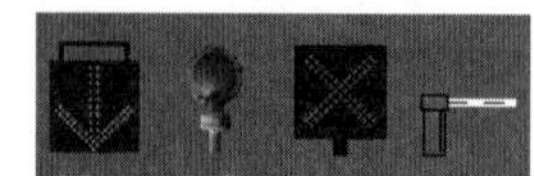

附图 1-75　栏杆落下界面

收费员应查看落杆，报监控室及路段中心紧急车相关信息。

2. 操作流程图

紧急车操作流程如附图 1-76 所示。

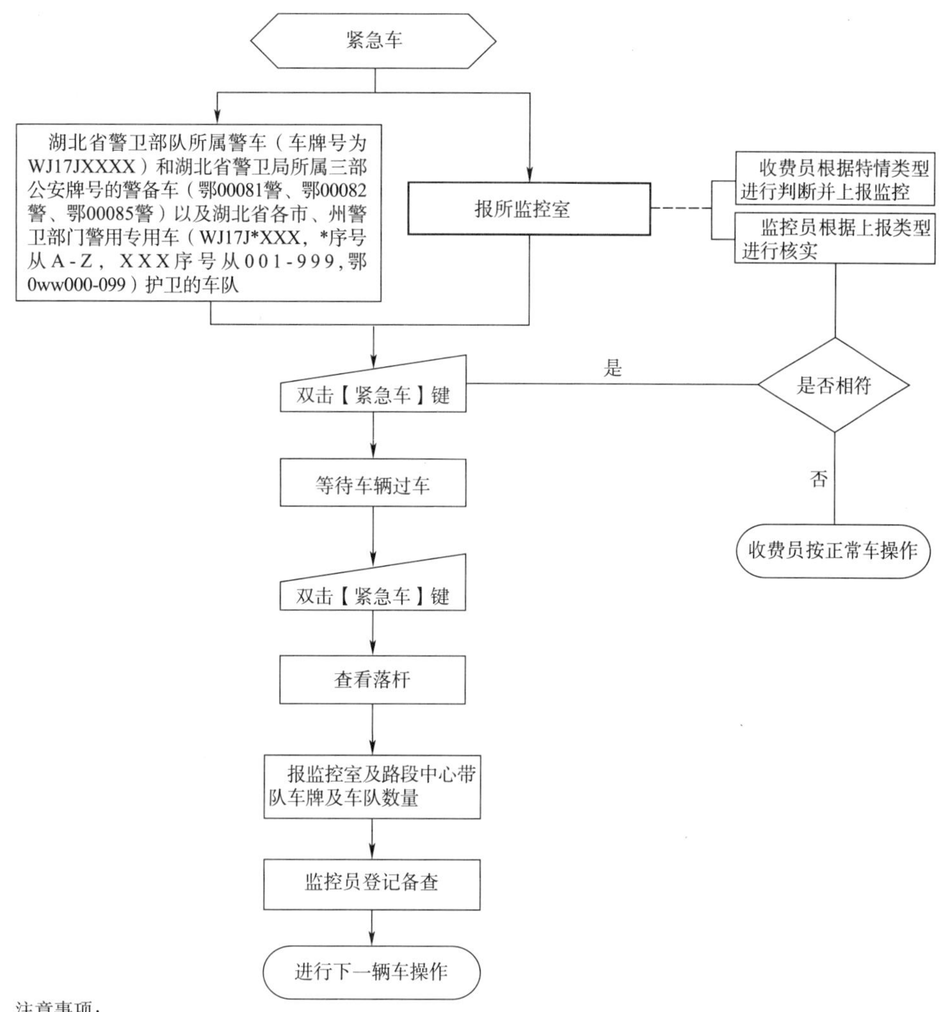

附图1-76　紧急车操作流程图

二十二、卡坏操作流程

1.操作说明

(1)判断车种,自动识别车牌或手动修改车牌,并放入通行卡,IC卡信息无法读出。

(2)双击【卡坏】键,输入IC卡编号,如附图1-77所示。

(3)输入入口站号,如附图1-78所示。

附图1-77　输入卡号界面

附图1-78　输入站号界面

(4)输入站号,系统会弹出如下信息,核实出入口信息是否一致,按【确认】结束,如附图1-79所示。

(5)若出入口信息一致,费额计算出来后收费。若出入口信息不一致,按换卡处理收费。

附图 1-79　核实信息界面

2. 操作流程图

卡坏操作流程如附图 1-80 所示。

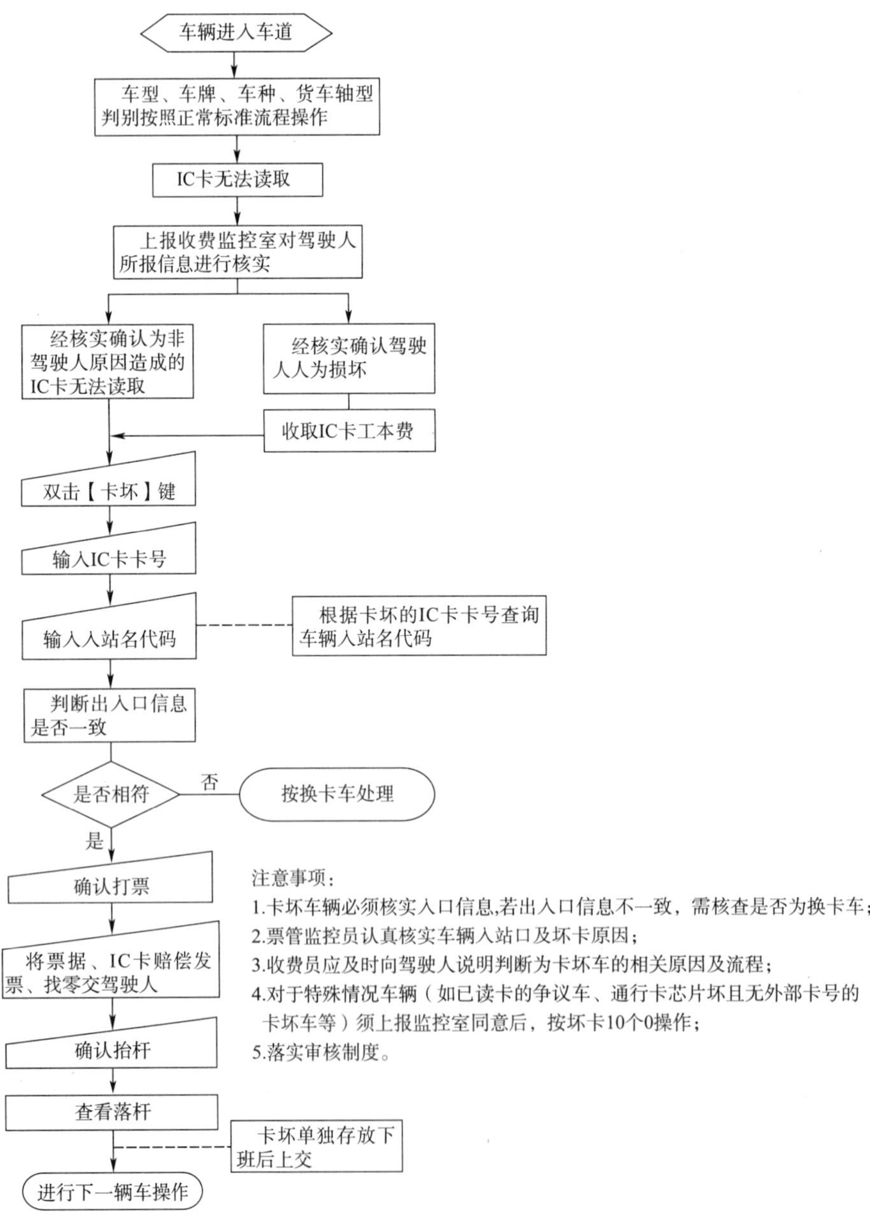

附图 1-80　卡坏操作流程图

二十三、无卡操作流程

1. 操作说明

判断车种，自动识别车牌或手动修改车牌，双击【无卡】键，如附图1-81所示。

（1）若不能证明入口，系统会自动默认按最高收费额收费，费额计算出来后收费、放行，如附图1-82所示。

（2）若能证明入口，则输入入口站号，站名输入完毕费额计算出来后，收费、放行，如附图1-83所示。

附图1-81　无卡操作界面

附图1-82　不能证明入口时的显示界面

附图1-83　输入入口站号界面

2. 操作流程图

无卡操作流程如附图1-84所示。

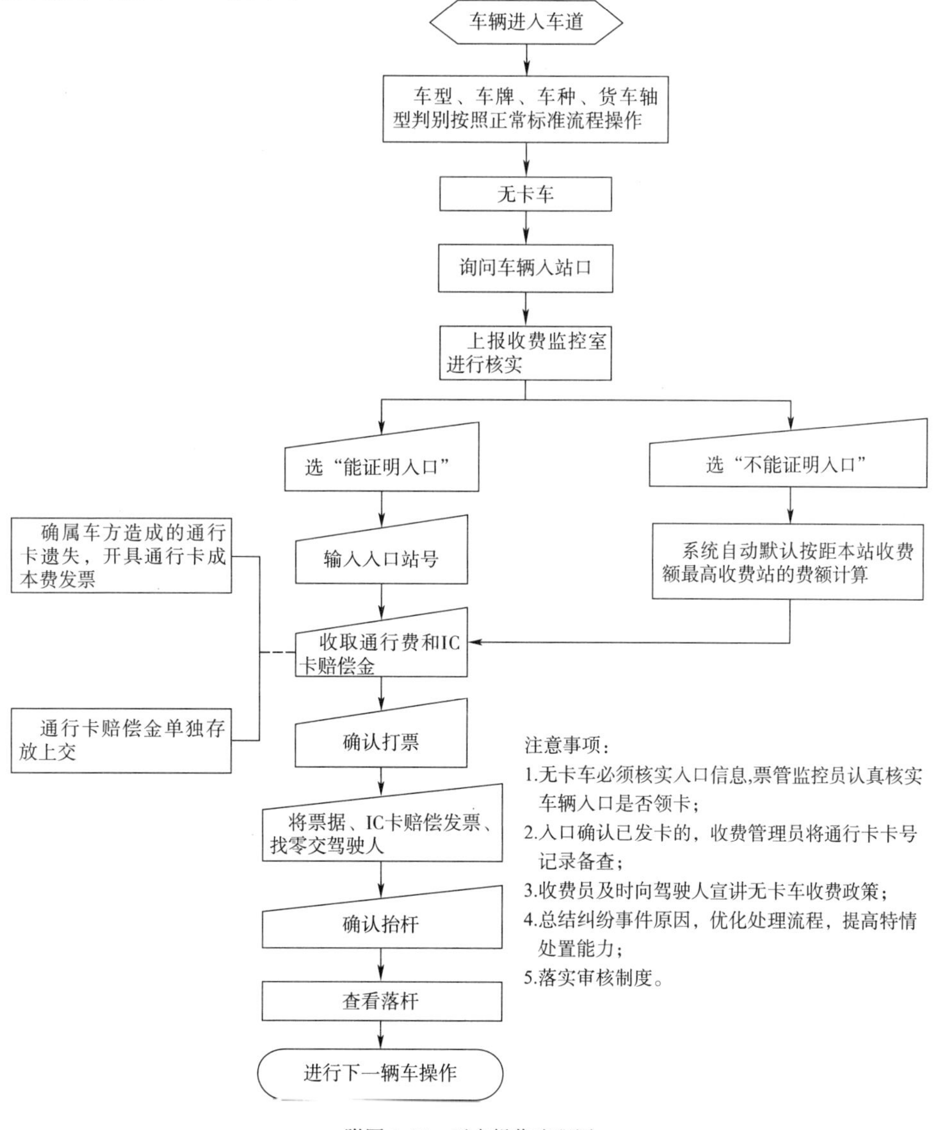

附图1-84　无卡操作流程图

二十四、超时车操作流程

1. 操作说明

判断车种，自动识别车牌或手动修改车牌，系统提示“无卡请放通行卡”，刷卡计算费额。

超时

附图 1-85　超时显示界面

系统特情栏中显示如附图 1-85 所示。

①动态超时：若界面右侧显示车超时，根据入出站对应的最短里程及该车对应车型平均时间界定，则为动态超时。

②静态超时：若超时 12h，则为静态超时。

如附图 1-86 所示，车辆行驶间为 16h28min，故该车为静态超时车辆。

收费员应询问车辆超时原因，核对车辆入出口信息是否一致，并报所票管监控室，由票管监控员判断有无违章行驶。若无违章行驶，则按照卡内信息按照正常车出口流程操作；若有违章行驶，则按照相关规定进行处置。

入口时间:
2011-08-03
17:51:35
计16小时28分钟

附图 1-86　静态超时车辆

2. 操作流程图

超时车操作流程如附图 1-87 所示。

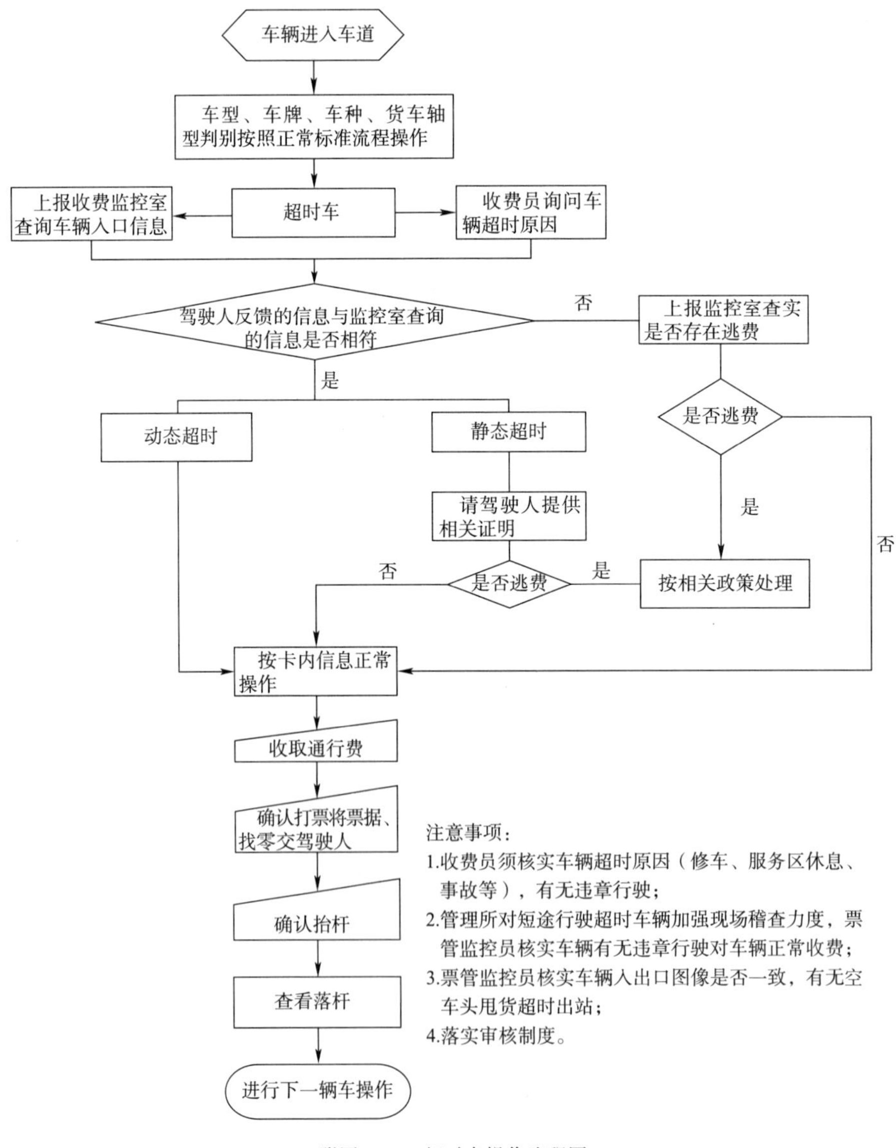

附图 1-87　超时车操作流程图

二十五、U 行车操作流程

1. 操作说明

判断车种，自动识别车牌或手动修改车牌，系统提示“无卡请放通行卡”，进行刷卡操作。

(1) U 行时间小于 10min。

系统自动计算出费额为 0，在特情栏中显示 U行，单击【确认】放行，若该车为军警或免费车，还应进行【军警】或【免费】操作。

(2) U 行时间大于 10min 小于 30min。

系统自动按该车车型的最近站的费额的两倍计算并显示，同样在特情栏中显示 U行，收取正确通行费后，双击【确认】打票，单击【确认】放行。

(3) U 行时间大于 30min，系统弹出对话框，如附图 1-88 所示。

附图 1-88　U 行时间大于 30min 系统选择界面

①不能证明 U 转地点，则系统自动默认按最高收费额计算并显示，在特情栏中显示 U行，收取正确通行费后，双击【确认】打票，单击【确认】放行。

②能证明 U 转地点，则系统弹出输入 U 转站号输入框，如附图 1-89 所示。

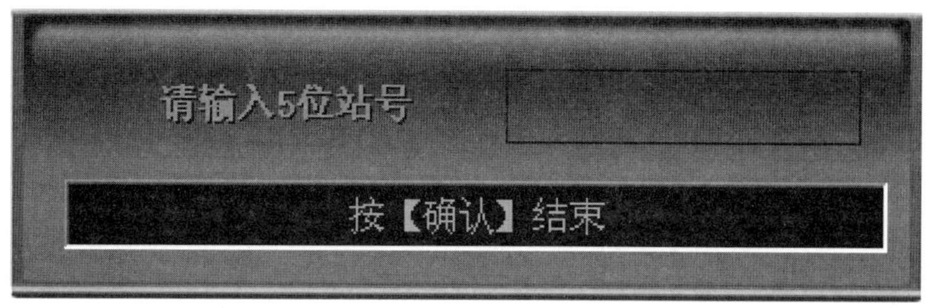

附图 1-89　U 转站号输入界面

在输入站号后，系统计算出费额并显示，在特情栏中显示 U行，收取正确通行费后，双击【确认】打票，单击【确认】放行。

2. 操作流程图

U 行车操作流程如附图 1-90 所示。

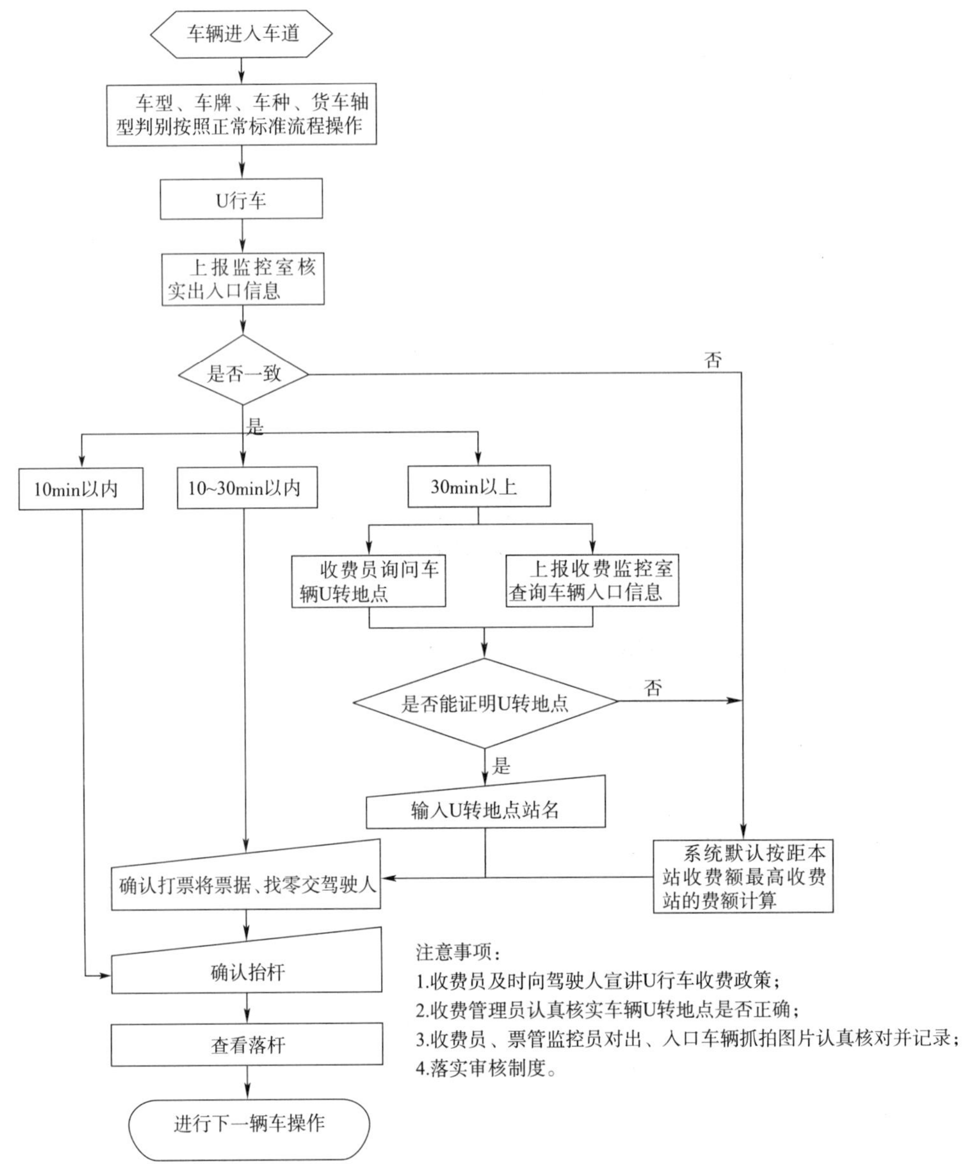

附图 1-90　U 行车操作流程图

二十六、J 行车操作流程

1. 操作说明

(1)按正常车操作流程收取通行费并打印票据。

(2)重新输入车种、车型以及车牌信息,双击【补票】,界面如附图 1-91 所示。按【↓】键选择【J 行补票】。

①客车:系统弹出输入 J 行点对话框,如附图 1-92 所示。

输入完 J 行点后系统弹出补票金额确认输入框,如附图 1-93 所示。

附图 1-91　补票界面

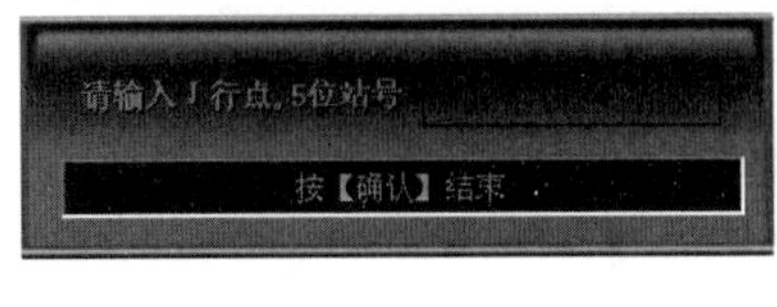

附图 1-92　站号输入界面

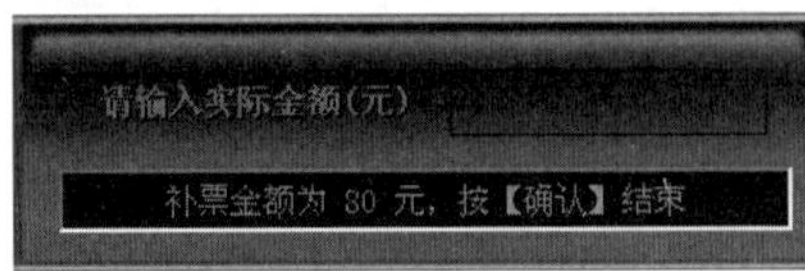

附图 1-93　补票金额确认界面

在输入完实际金额后,确认打票,结束流程。

②货车:系统弹出输入该车总重及限重输入框,后续操作同客车流程,如附图1-94所示。

a)总重输入界面

b)限重输入界面

附图1-94　货车总重与限重输入界面

2. 操作流程图

J行车操作流程如附图1-95所示。

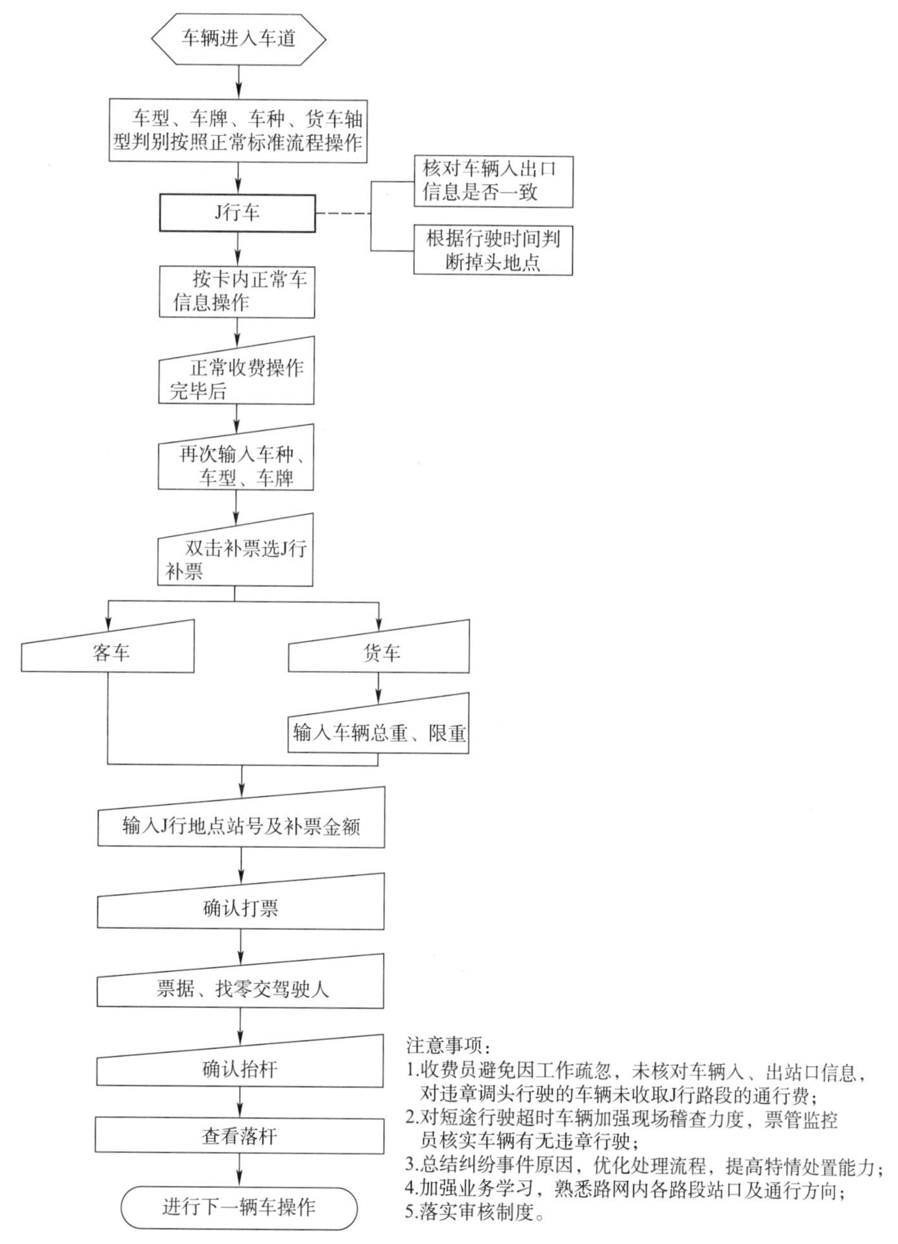

附图1-95　J行车操作流程图

二十七、换卡车操作流程

1. 操作说明

(1)收费员按正常车操作,刷卡成功后,进入特情操作。

(2)系统读取通行卡内信息检测出入口车牌是否一致。如果不一致,系统显示"不符",同时远程调出入口收费站车道抓拍图像,显示在收费显示器上供收费员与出口车道抓拍图像对比核查。

(3)收费员确认车辆不符后,通知监控室值机员请求有关人员协助处理,经批准后双击【换卡】键,系统显示 换卡 ,计算并显示新的收费金额,该费额为路网中距本站收费额最高收费站的费额。

(4)双击【取消】键,可取消换卡操作,费额也会重新按照正常计算方式计算并显示。

(5)系统可以继续进行其他特情操作(军警、免费、公务等),双击【取消】键,可取消或更改特情操作。

(6)后续处理同正常收费车。

2. 操作流程图

换卡车操作流程如附图 1-96 所示。

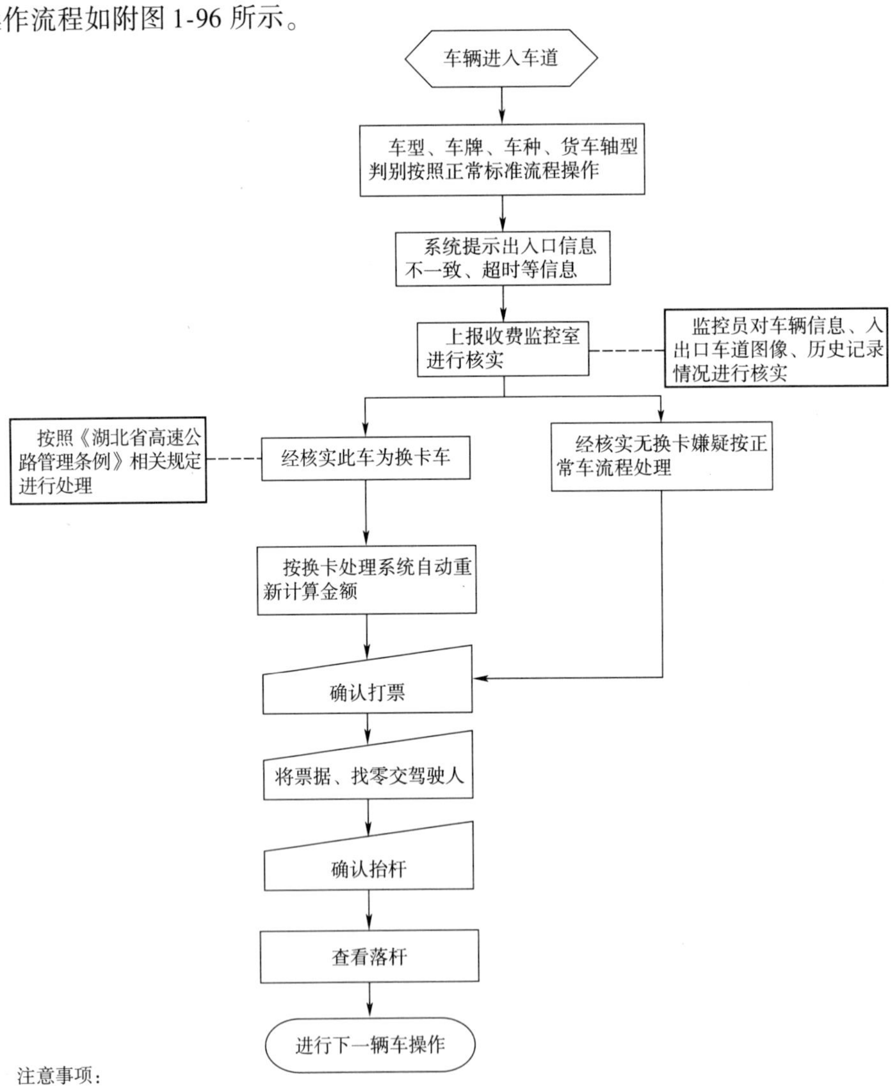

注意事项:

1.收费员须核实车辆入站口及车辆相关图像;

2.票管监控员认真核实车辆的行驶记录及换卡车辆相关信息;

3.收费员及时向驾驶人说明判断为换卡车的相关原因及换卡处理;

4.总结换卡车事件原因,优化处理流程,提高特情处置能力;

5.落实审核制度。

附图 1-96 换卡车操作流程图

二十八、冲岗操作流程

1. 操作说明

(1) 当系统检测收费员未执行放行操作,有车辆通过过车线圈时,系统自动启动报警器报警,同时弹出闯关车对话框,收费员可根据实际情况选择"未倒车"、"已倒车"、"误报警"、"冲卡",如附图 1-97 所示。

(2) 收费员通过【↑】【↓】键选择冲卡项,如附图 1-98 所示,报警自动解除,同时系统自动产生一条闯关记录写入数据库中。

附图 1-97　选择界面

附图 1-98　选择冲卡项

双击【落杆】键,单独存放 IC 卡,查看落杆,进入下一辆车操作。

2. 操作流程图

冲岗操作流程如附图 1-99 所示。

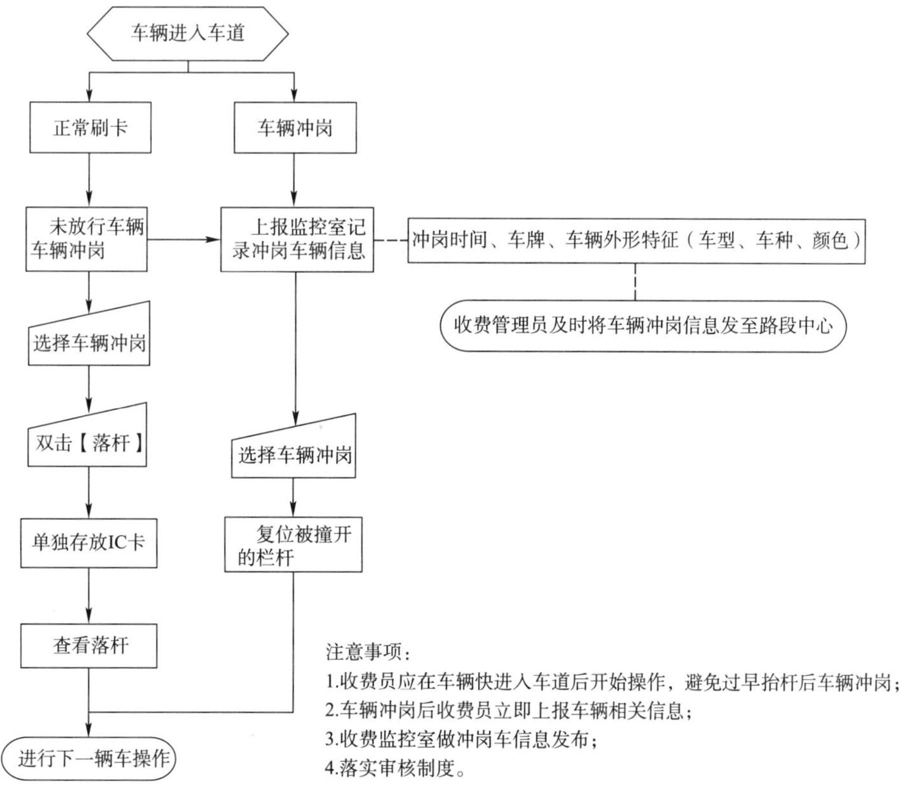

附图 1-99　冲岗操作流程图

二十九、拖车操作流程

1. 入口操作

(1)操作说明。

①收费员按正常车操作,刷卡成功后,进入特情操作阶段。

附图1-100　入口拖车界面

②双击【拖车】键,特情显示“牵引”,通行灯变绿,栏杆抬起,如附图1-100所示。

③按通行卡正常发卡流程操作第二辆车。

④将两张通行卡交给拖车司机,等待过车。

⑤双击【落杆】键,手动落杆。

(2)操作流程图

入口拖车操作流程如附图1-101所示。

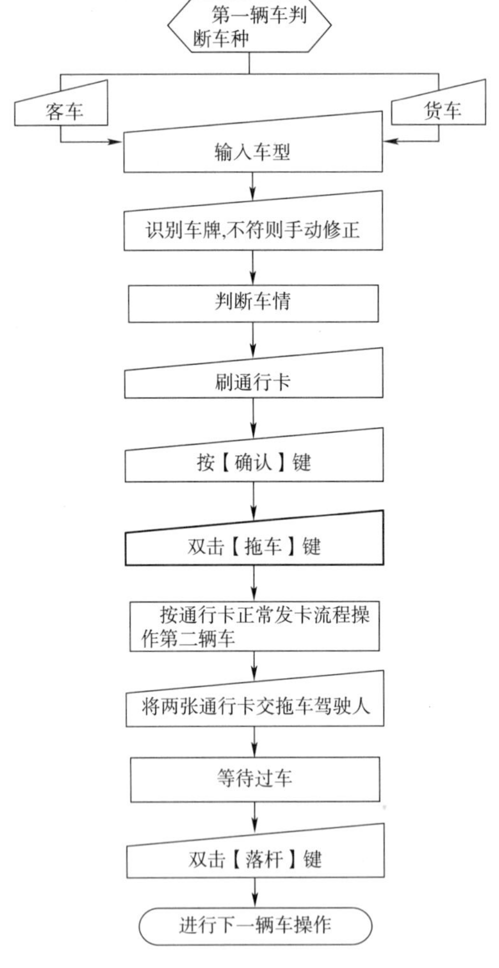

附图1-101　入口拖车操作流程图

2. 出口操作

(1)操作说明。

①收费员按正常车操作,双击【轴重】键进行车辆的分离轴操作。

②分离轴操作完成后,单击【轴重】键,退出轴重列表,再双击【轴重】键进行分离车操作。

③对第一辆车按正常流程操作后,双击【拖车】键,特情显示“牵引”,通行灯变绿,栏杆抬起,如附图1-102所示。

a)车辆信息　　b)栏杆抬起

附图1-102 出口拖车界面

④按正常流程操作第二辆车,等待过车。

⑤双击【手动落杆】键,手动落杆。

(2)操作流程图。

出口拖车操作流程如附图1-103所示。

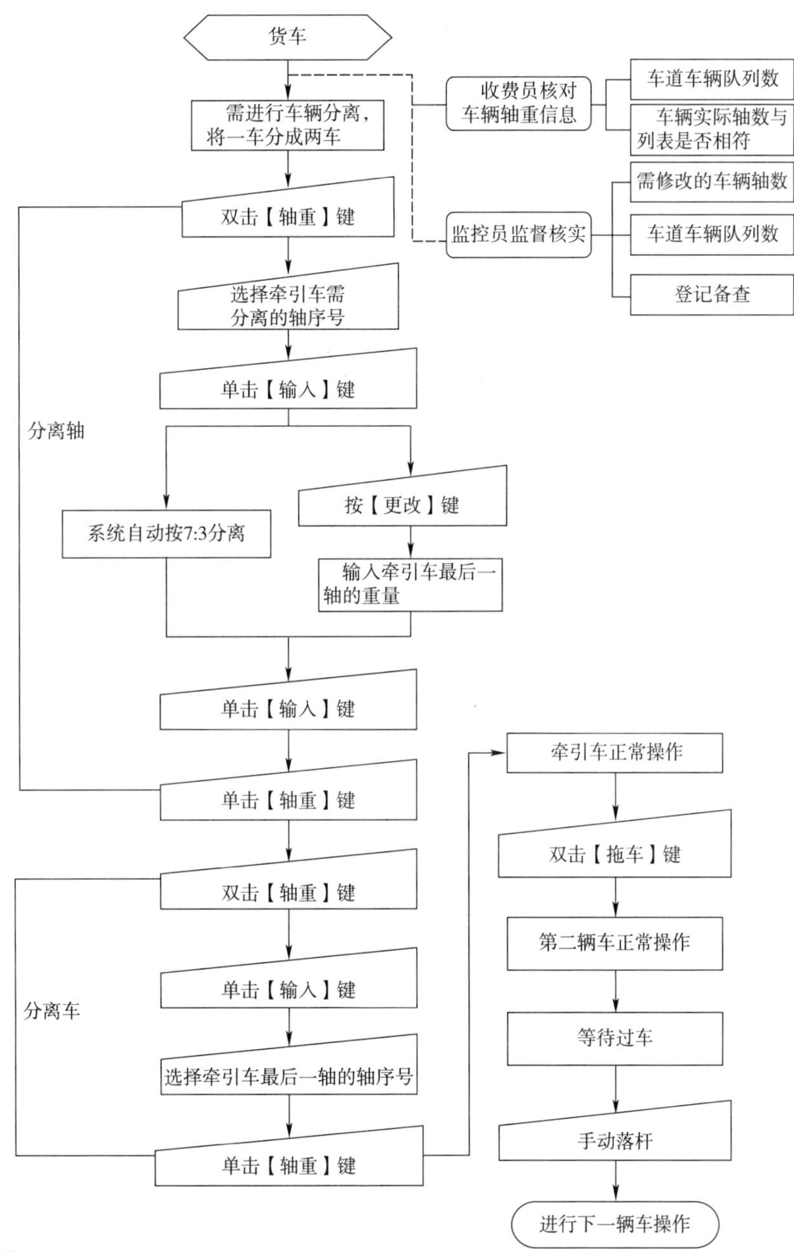

注意事项：

1.根据车辆相关证件及货单等确定车辆的重量，防止人为减轻货车重量，造成通行费流失；

2.询问路段中心是否有求助车辆，严查拖车协助收费车辆逃费（跨路段、带车上站等）；

3.票管监控员利用广场监控查看当前需修改车辆的实际轴数、胎型，利用车道监视远程查看轴重特情是否属实；

4.落实审核制度。

附图1-103 出口拖车操作流程图

三十、黑名单补票操作流程

1. 操作说明

(1)判断车种,自动识别车牌或手动修改车牌,车牌确认后,系统自动弹出黑名单提示框,如附图1-104所示。

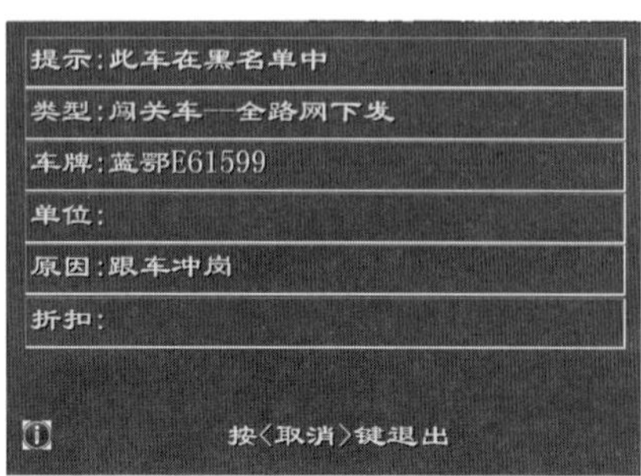

附图 1-104　黑名单提示框

同时,系统右侧特情栏中显示黑名单。

(2)单击【取消】键,刷卡,按正常车操作流程收取通行费并打票。

(3)重新输入车种、车型以及车牌信息,双击【补票】,按【↓】键选择【黑名单补票】,如附图 1-105 所示。

附图 1-105　黑名单补票选择界面

①客车:系统弹出输入补票实际金额对话框,在输入完实际金额后,确认打票,结束流程,如附图1-106所示。

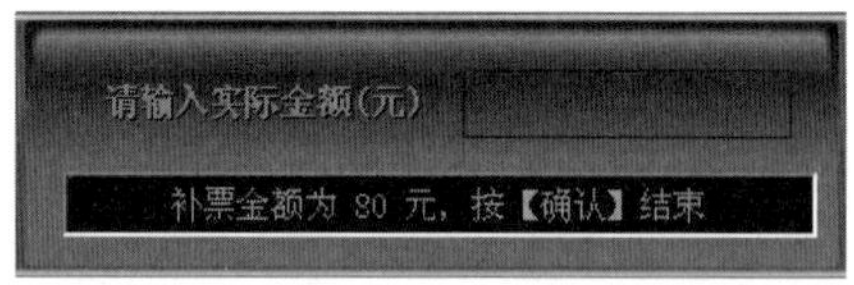

附图 1-106　输入金额界面

②货车:系统弹出输入该车总重及限重输入框,如附图 1-107 所示。

a)输入总重

b)输入限重

附图 1-107　总重与限重输入框

最后输入补票实际金额对话框同客车。

2. 操作流程图

黑名单补票操作流程如附图 1-108 所示。

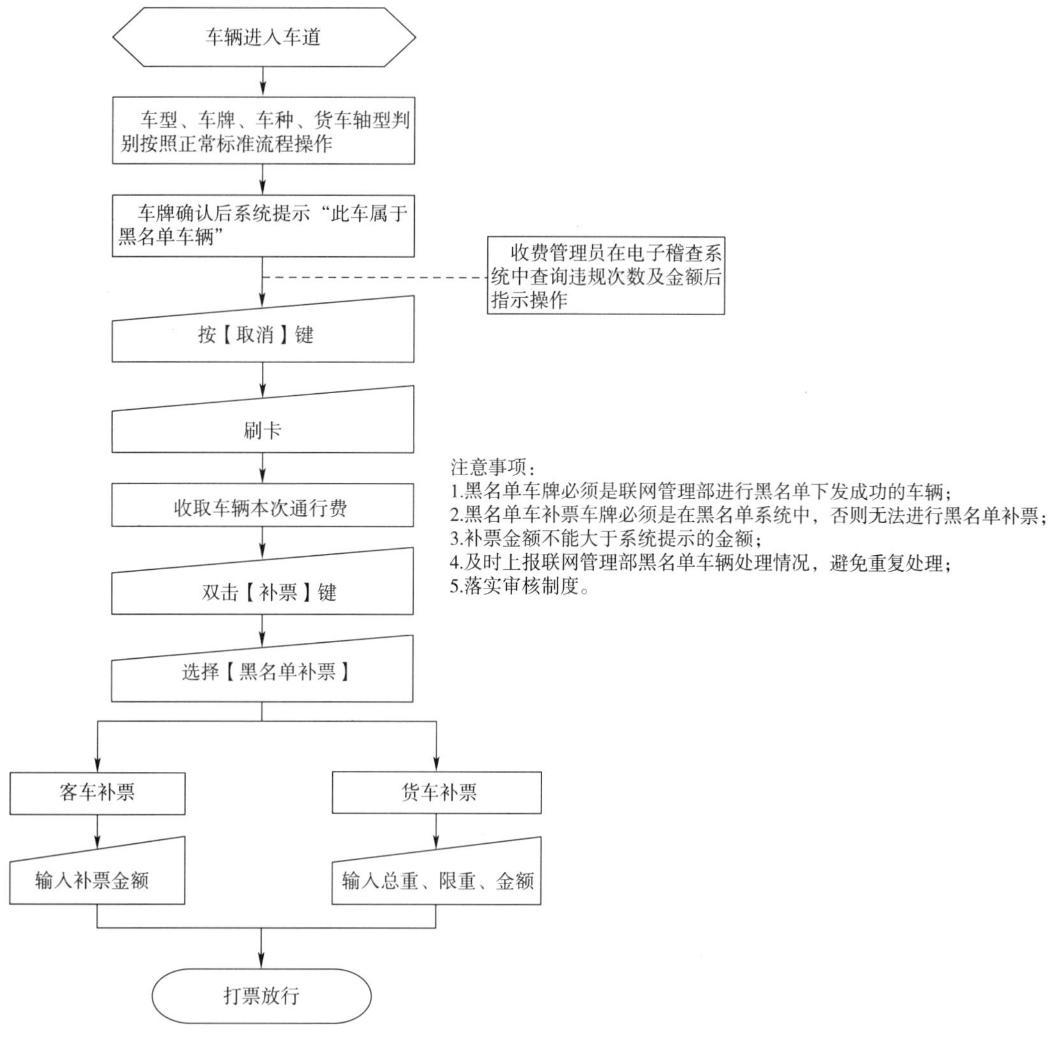

附图1-108　黑名单补票操作流程图

三十一、换卡车补票操作流程

1.操作说明

输入车种、车型以及车牌信息，双击【补票】，如附图1-109所示。

附图1-109　换卡车补票选择界面

按【↓】键选择【换卡车补票】，系统按照距该站最远站距离进行计算并显示。

①客车：系统弹出输入补票实际金额对话框，如附图1-110所示。

在输入完实际金额后，确认打票，结束流程。

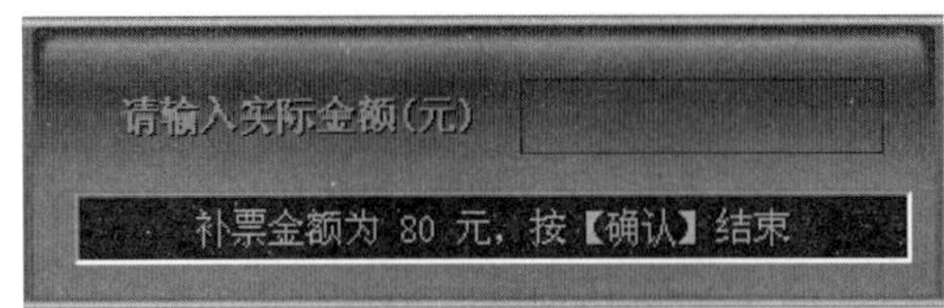

附图 1-110　输入补票金额界面

②货车：系统弹出输入该车总重及限重输入框，如附图 1-111 所示。

a)输入总重

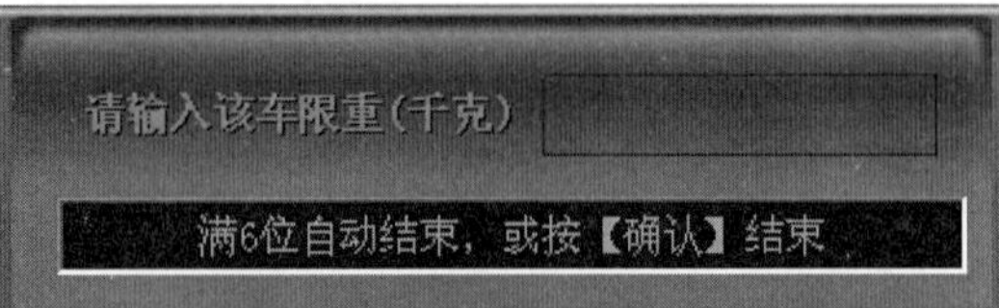

b)输入限重

附图 1-111　输入货车总重与限重

后面流程参照上面客车流程。

2. 操作流程图

换卡车补票操作流程如附图 1-112 所示。

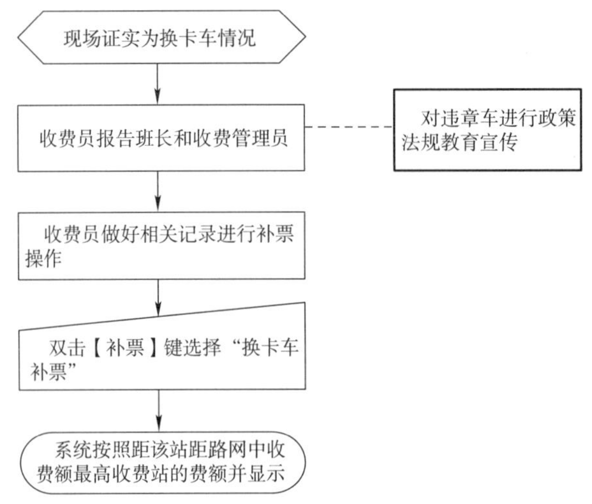

注意事项：
1.补票金额不能大于系统提示的金额，做好相关补票记录备查；
2.查询换卡车辆的历史记录情况，分析换卡车逃费数据；
3.落实审核制度。

附图 1-112　换卡车补票操作流程图

三十二、其他补票操作流程

1. 操作说明

输入车种、车型以及车牌信息，双击【补票】，如附图 1-113 所示。

附图 1-113　其他补票选择界面

按【↓】键选择【其他补票】。

①客车：系统弹出输入补票实际金额对话框，如附图1-114所示。

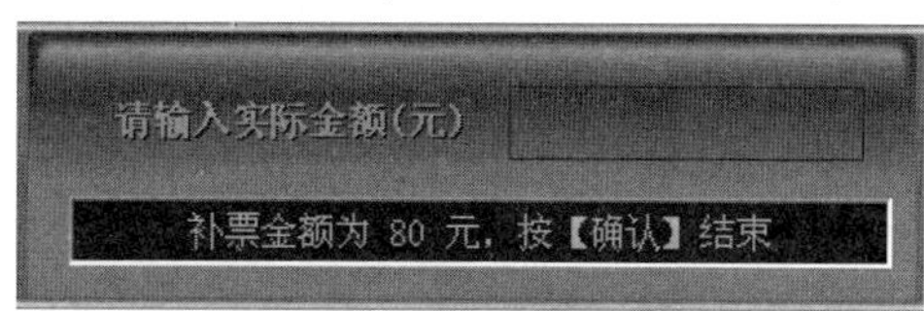

附图1-114　补票金额输入对话框

在输入完实际金额后，确认打票，结束流程。

②货车：系统弹出输入该车总重及限重输入框，如附图1-115所示。

a)输入总重

b)输入限重

附图1-115　输入货车总重与限重

在输入完总重和限重后，系统弹出请输入5位站号输入框，如附图1-116所示。

附图1-116　站号输入框

输入完站名待系统计算完金额后，确认打票。

2. 操作流程图

其他补票操作流程如附图1-117所示。

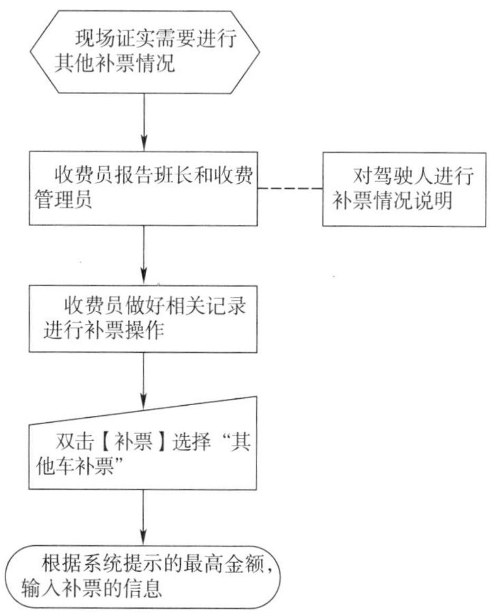

附图1-117　其他补票操作流程图

三十三、白名单车操作流程

1. 操作说明

输入车型、车牌(自动获取车牌)后刷储值卡,若储值卡持有者为白名单车辆,则出现如附图 1-118 所示界面。

(1)入口刷储值卡:按【确认】键,系统自动执行免费,并弹出储值卡操作界面,选择“储值卡支付”,系统抬杆放行,如附图 1-119 所示。

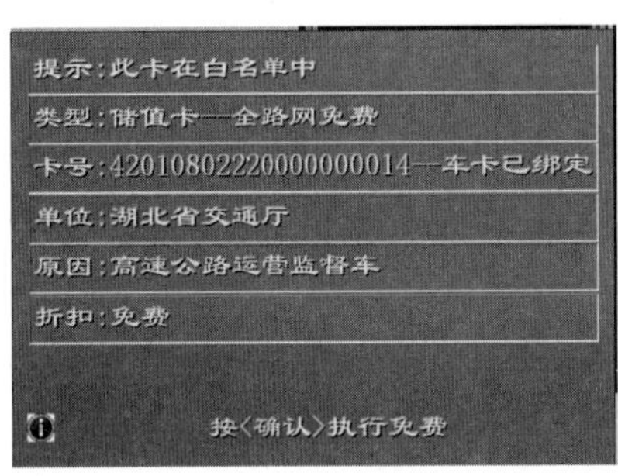

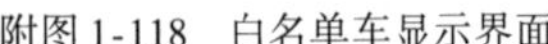
附图 1-118　白名单车显示界面

附图 1-119　储值卡操作界面

(2)入口刷通行卡,出口使用储值卡:先刷通行卡计算出费率,此时,将驾驶人提供的储值卡置放到读写器上并双击【储值】键,若车卡绑定并且绑定车牌与识别车牌一致,选择“储值卡支付”,系统抬杆放行(若车卡未绑定则正常收费;若绑定车牌与识别车牌不一致则禁止使用),操作界面与附图 1-119 一致。

2. 操作流程图

白名单车操作流程如附图 1-120 所示。

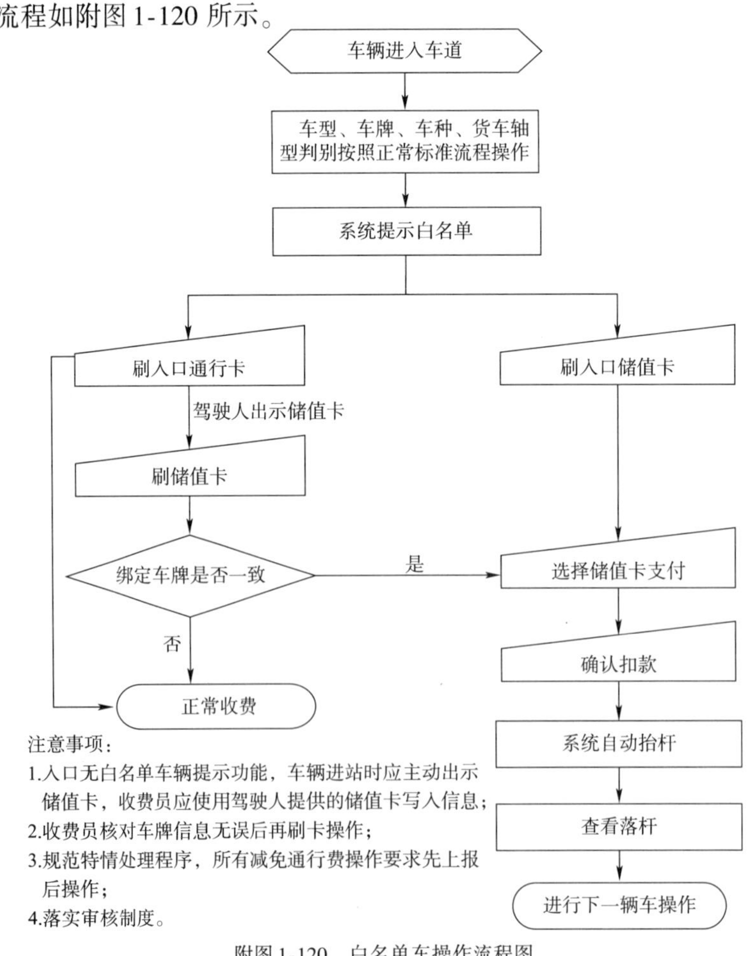

附图 1-120　白名单车操作流程图

三十四、灰名单车操作流程

1. 操作说明

(1)输入车型后,车牌被自动识别或者手动输入车牌后,系统会对车牌进行判定,若该车属于灰名单车辆,则系统弹出灰名单对话框,如附图1-121所示。

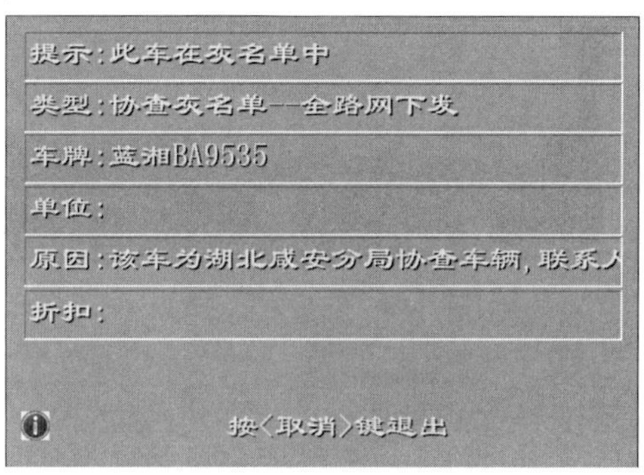

附图1-121 灰名单对话框

(2)按【取消】键可退出该对话框,然后可按正常收费操作流程收取通行费。

2. 操作流程图

灰名单车操作流程如附图1-122所示。

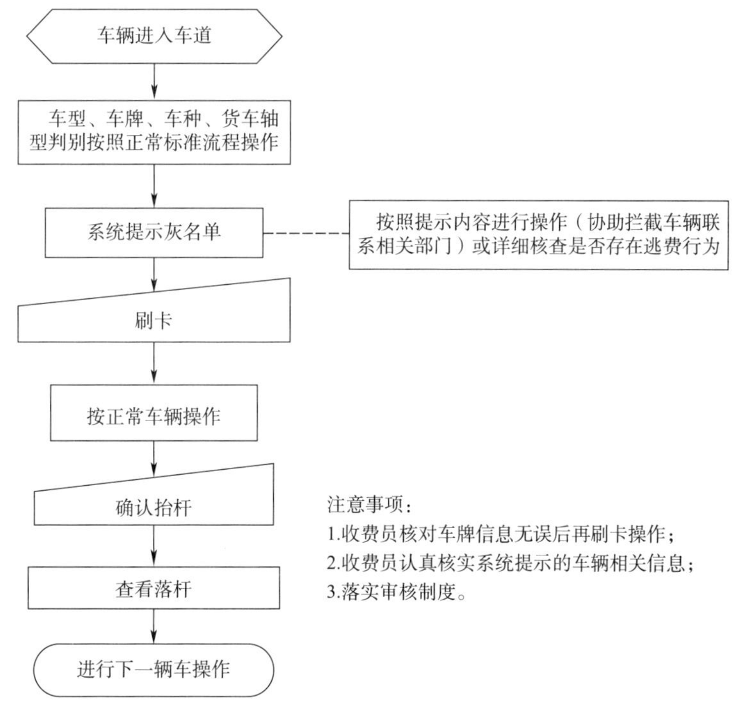

附图1-122 灰名单车操作流程图

三十五、计重特情操作流程

1. 插入车

(1)操作说明。

①收费员得到收费管理员指令后进行插入车操作,同时监控室同步显示车道收费界面。

②收费员双击【轴重】键,车道计算机屏幕显示"轴型-轴重"列表,收费员点击【输入】键,输入"0"键,插入一空称重数据。输入前如附图1-123所示。

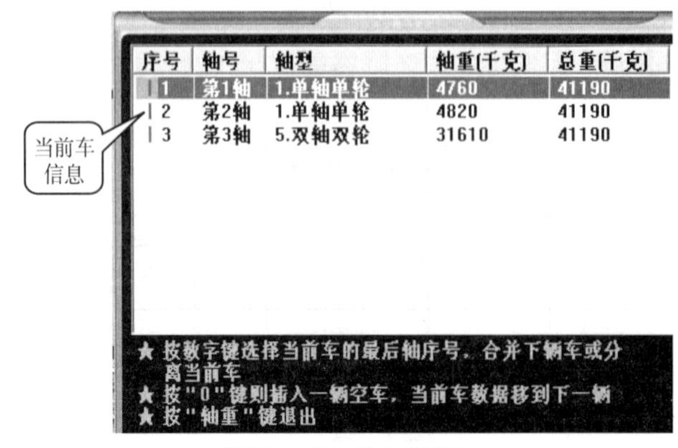

附图 1-123　输入前界面

输入后如附图 1-124 所示。

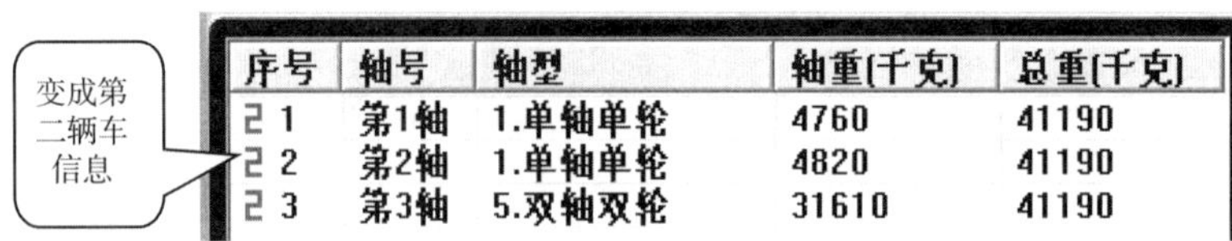

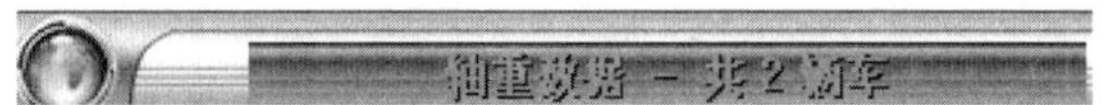

附图 1-124　输入后界面

③单击【轴重】键退出，系统自动按下一辆的称重数据计算收费额。

(2)操作流程图。计重特情操作流程如附图 1-125 所示。

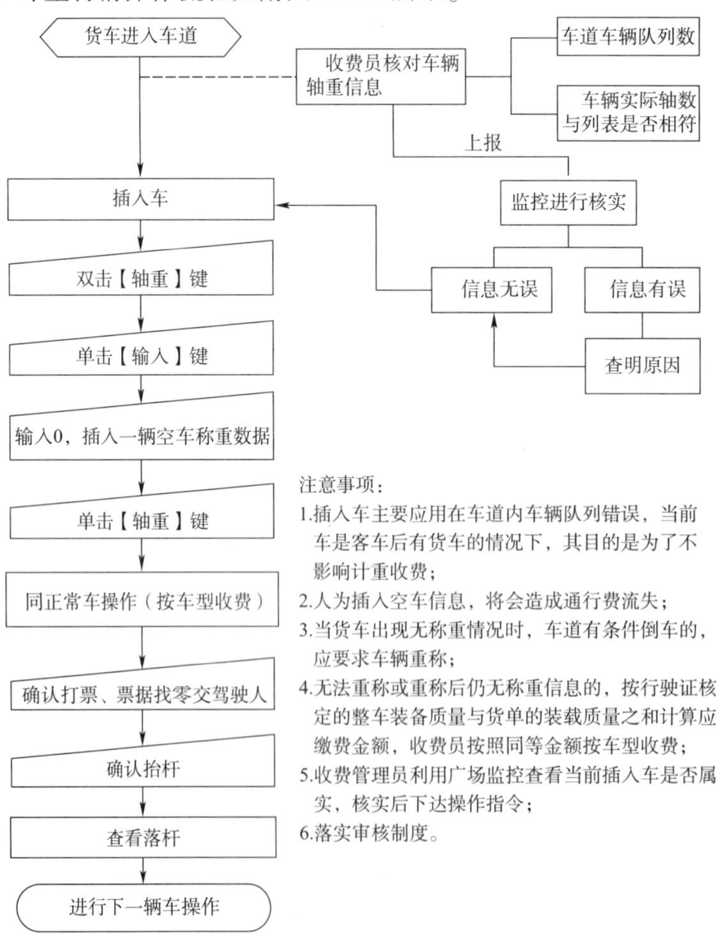

附图 1-125　计重特情操作流程图

2. 删除车

（1）操作说明。

①判断车种，输入车型，自动识别车牌或手动修改车牌，刷通行卡，自动抓拍车辆图像。

②收费员得到监控员指令后进行操作，同时监控室同步显示车道收费界面。

③车道计算机屏幕显示“轴型－轴重”列表，收费员点击【更改】键，选择“1”删除当前车辆轴重信息，选择“0”则放弃删除操作。如附图1-126所示。

④按“1”键后，删除当前车，如附图1-127所示。

序号	轴号	轴型	轴重(千克)	总重(千克)
1 1	第1轴	1.单轴单轮	3900	12090
1 2	第2轴	2.单轴双轮	8190	12090
2 3	第1轴	1.单轴单轮	4760	41190
2 4	第2轴	1.单轴单轮	4820	41190
2 5	第3轴	5.双轴双轮	31610	41190

★ 按"0"返回初始操作菜单
★ 按"1"键删除当前车的轴重数据!
★ 按"轴重"键退出

附图1-126　选择界面

序号	轴号	轴型	轴重(千克)	总重(千克)
1 1	第1轴	1.单轴单轮	4760	41190
1 2	第2轴	1.单轴单轮	4820	41190
1 3	第3轴	5.双轴双轮	31610	41190

附图1-127　删除当前车界面

⑤单击【轴重】键退出，系统自动按下一辆的称重数据计算收费额。

（2）操作流程图。删除车操作流程如附图1-128所示。

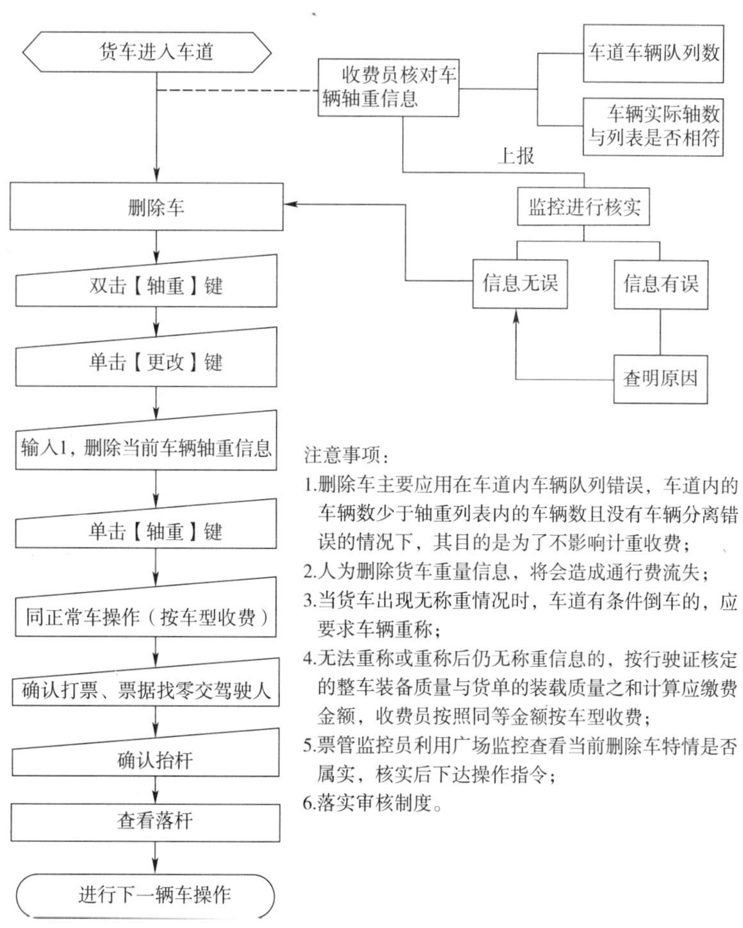

附图1-128　删除车操作流程图

3. 分离车、合并车

(1)操作说明。

①判断车种,自动识别车牌或手动修改车牌,并放入通行卡,读取 IC 卡信息。

②分轴即双击【轴重】键,进入轴重列表,单击需要分轴的轴序数字,双击【输入】键进行分轴操作,单击【轴重】键完成分轴操作;合轴即双击【轴重】键,进入轴重列表,选择并单击需要合轴的两个轴序数字,单击【轴重】键完成合轴操作。

③双击【轴重】键,进入如附图 1-129 所示界面。

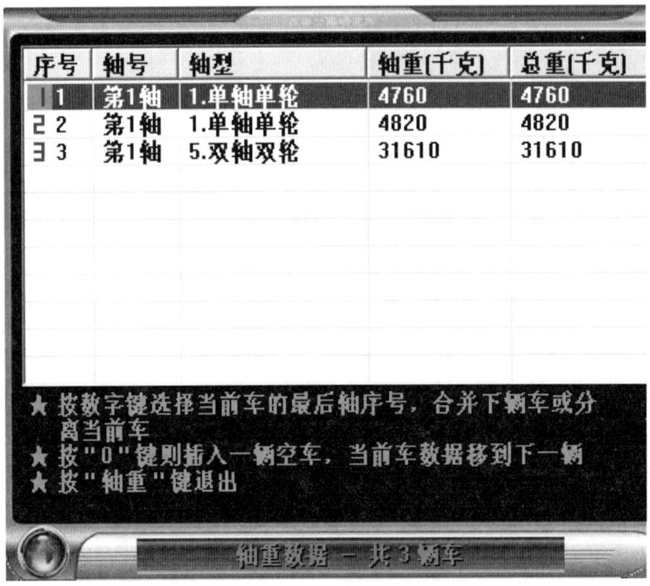

序号	轴号	轴型	轴重(千克)	总重(千克)
1 1	第1轴	1.单轴单轮	4760	4760
2 2	第1轴	1.单轴单轮	4820	4820
3 3	第1轴	5.双轴双轮	31610	31610

★ 按数字键选择当前车的最后轴序号，合并下辆车或分离当前车
★ 按"0"键则插入一辆空车，当前车数据移到下一辆
★ 按"轴重"键退出

轴重数据 - 共3辆车

附图 1-129　轴重数据界面

④单击【输入】键,进行车的合并或分离;再双击数字键即其他车的最后一个轴号,如本例单击数字键“2”,将车合并,变为 2 辆。如附图 1-130 所示。

序号	轴号	轴型	轴重(千克)	总重(千克)
1 1	第1轴	1.单轴单轮	4760	9580
1 2	第2轴	1.单轴单轮	4820	9580
2 3	第1轴	5.双轴双轮	31610	31610

附图 1-130　合并车显示界面

双击数字键即当前车的要分离的最后一个轴,如本例中双击数字键“1”,将车分离,变为 3 辆。如附图 1-131 所示。

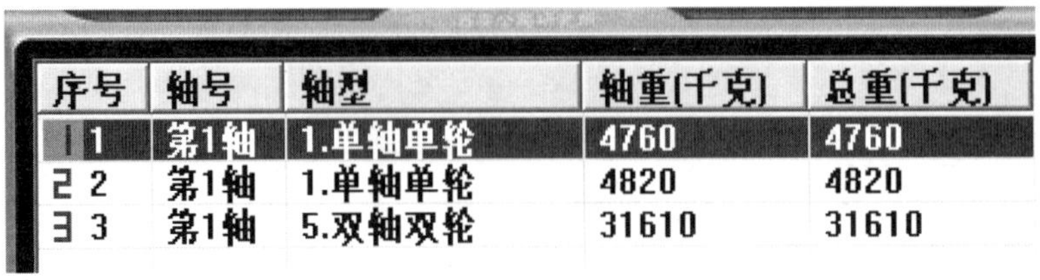

序号	轴号	轴型	轴重(千克)	总重(千克)
1 1	第1轴	1.单轴单轮	4760	4760
2 2	第1轴	1.单轴单轮	4820	4820
3 3	第1轴	5.双轴双轮	31610	31610

附图 1-131　分离车显示界面

⑤同正常车操作,收费、放行。

(2)操作流程图。分离车、合并车操作流程如附图1-132所示。

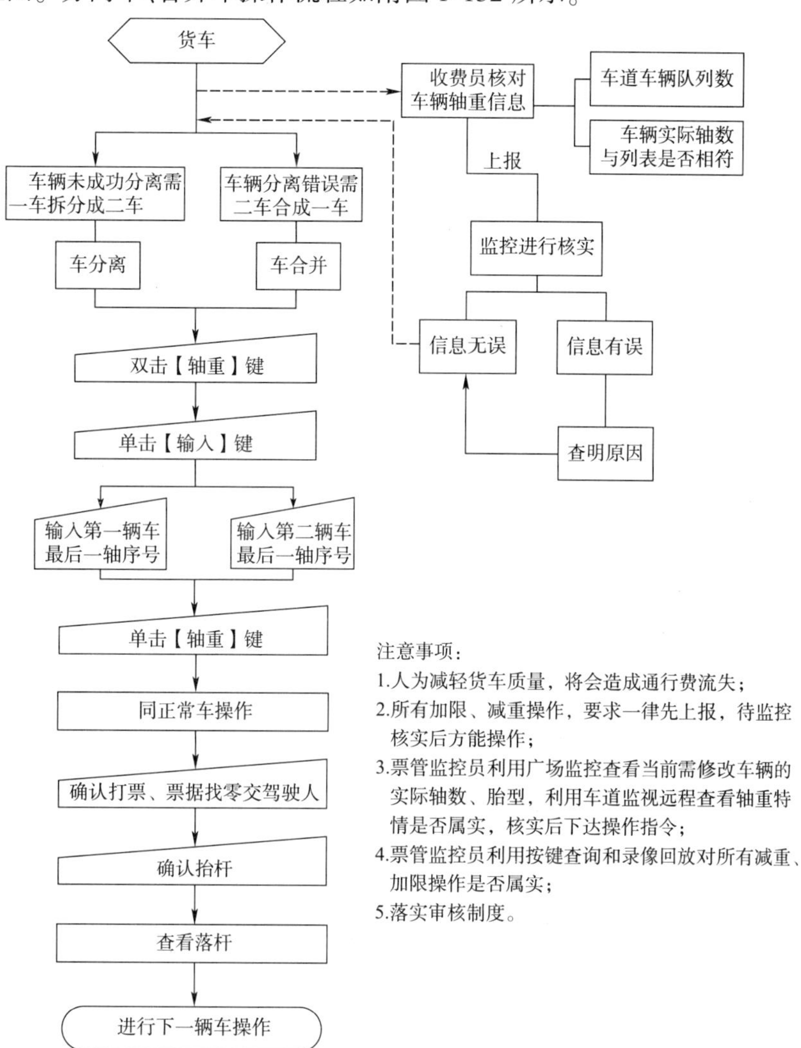

附图1-132 分离车、合并车操作流程图

三十六、收费系统软件更新流程

1. 操作说明

(1)车道程序更新。

在双击【上班】键之后系统出现“程序更新”提示框,如附图1-133所示。

图1-133 程序更新提示框

然后系统会自动重启并显示新的程序版本号。若上班发现车道程序版本号不正确须及时向监控室反映。

(2)费率更新。

双击【上班】键,输入人员工号和密码,刷卡盒标签卡,此时系统右侧的费率版本会自动更新为最新费率的费率版本号。若上班后费率版本号不正确须及时向票管监控室反映。

2. 操作流程图

操作流程如附图1-134所示。

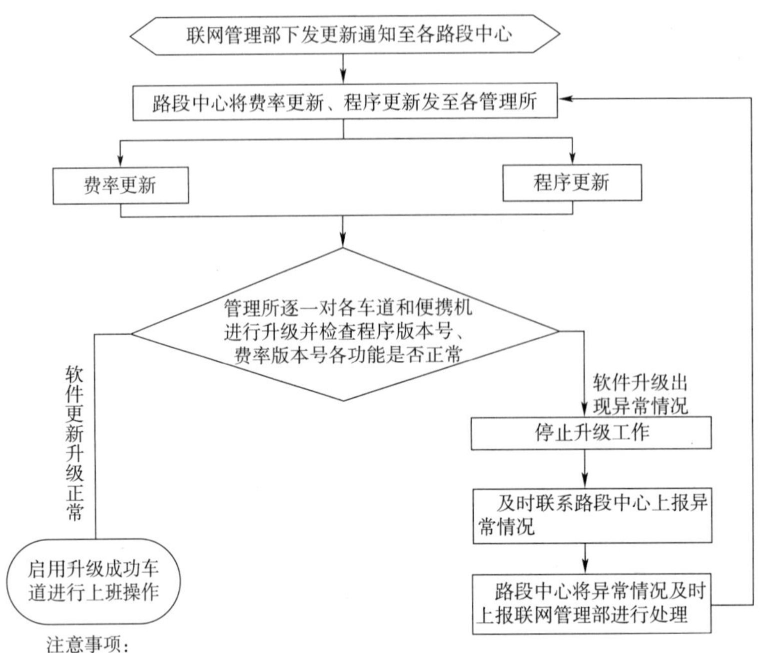

附图 1-134　操作流程图

三十七、收费系统软件更新流程

收费系统更新流程如附图 1-135 所示。

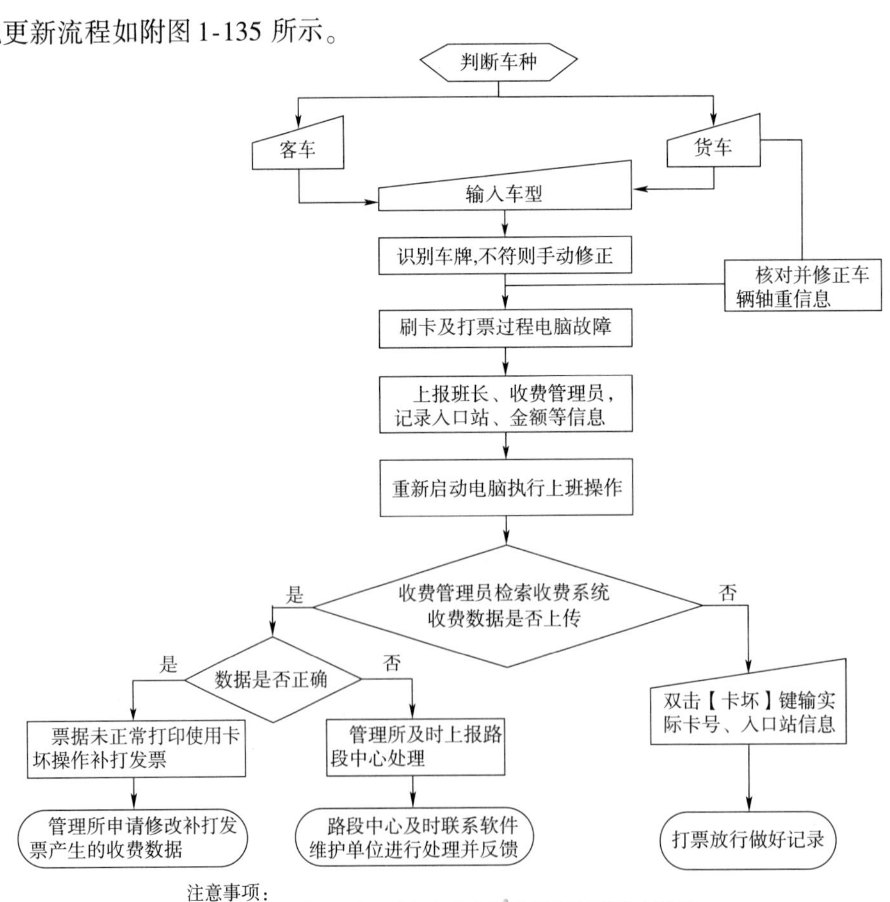

附图 1-135　收费系统软件更新流程

三十八、收费数据解封、修改流程

收费数据解封、修改流程如附图1-136所示。

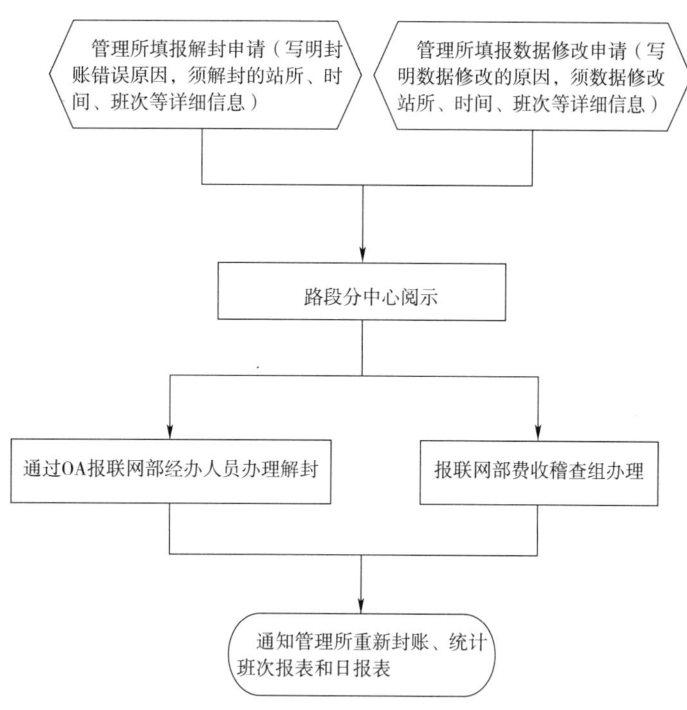

附图1-136　收费数据解封修改流程

三十九、黑名单车辆上报、注销流程

黑名单车辆上报、注销流程如附图1-137所示。

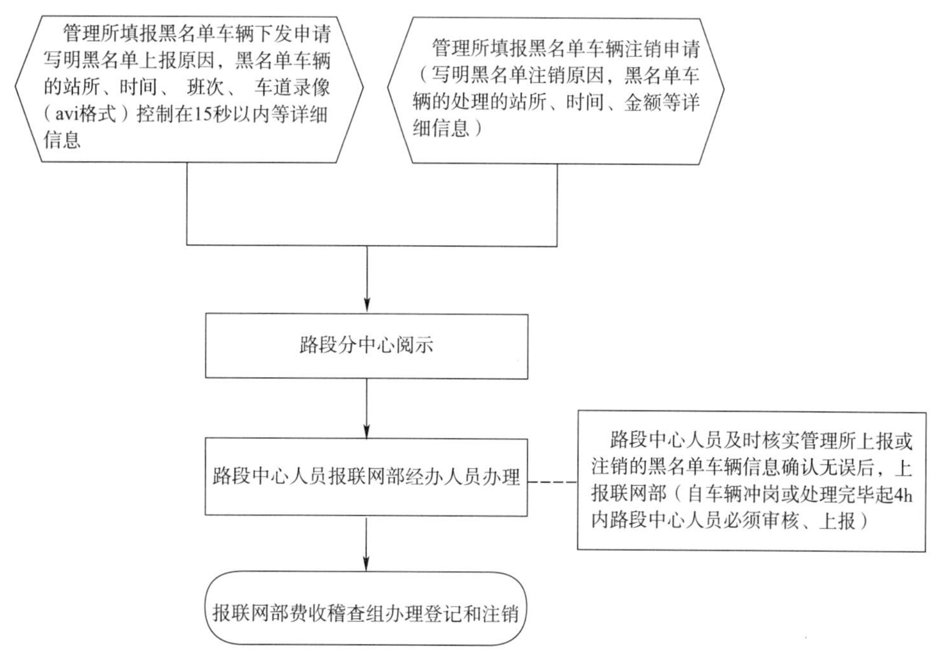

附图1-137　黑名单车辆上报、注销流程

四十、便携机操作流程

便携机操作流程如附图 1-138 所示。

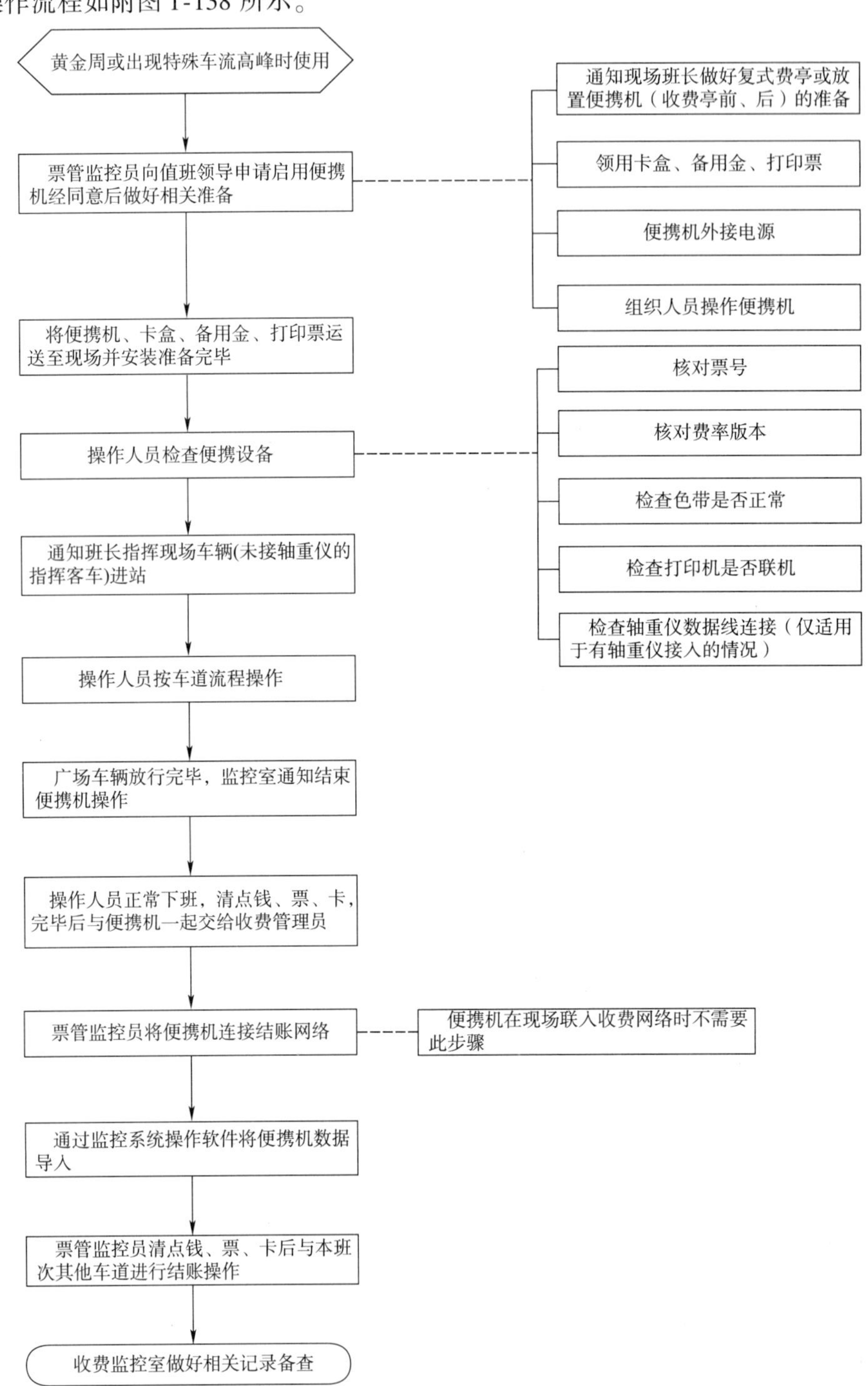

附图 1-138　便携机操作流程

四十一、电子支付系统上班操作流程

1. 操作说明

(1)系统启动后,点击“登录”,出现如附图 1-139 所示界面。

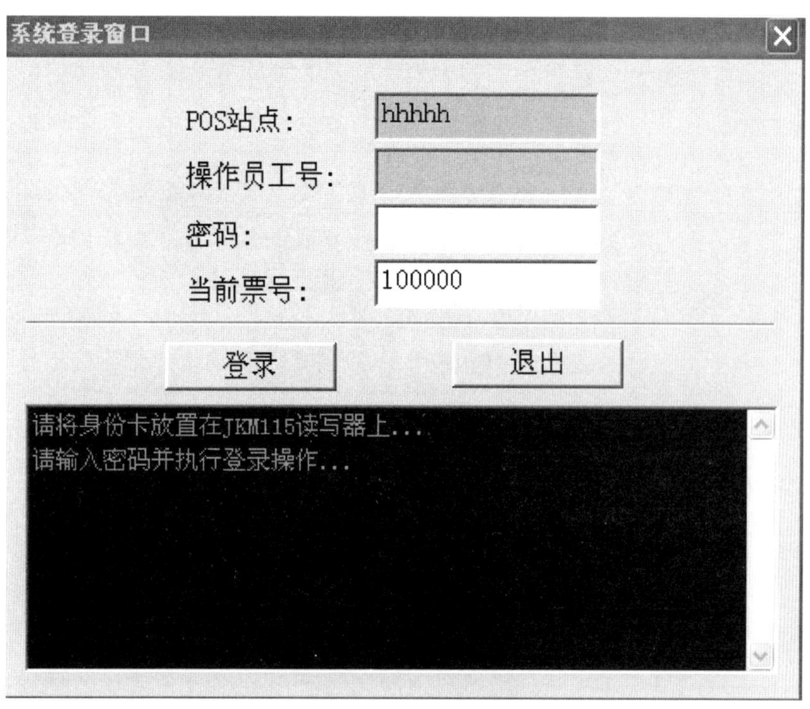

附图1-139　登录界面

(2)刷身份卡,系统会提取工号信息,工作人员输入密码并核对当前票号后点击“登录”,信息核对成功后,系统出现如附图1-140所示界面。

附图1-140　进入系统界面

所有功能模块均置为可操作状态。

2. 操作流程图

电子支付系统上班操作流程如附图1-141所示。

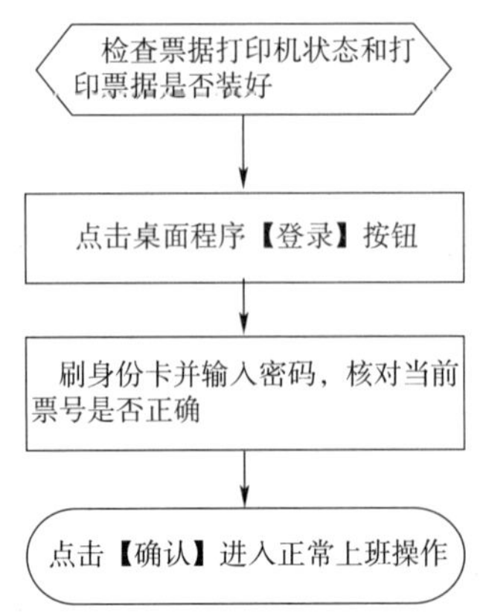

附图 1-141　电子支付系统上班操作流程图

四十二、电子支付系统下班操作流程

1. 操作说明

(1)下班结账:每天下班之前,先进行“下班结账操作”,点击“下班结账”程序,系统出现如附图 1-142 所示界面。

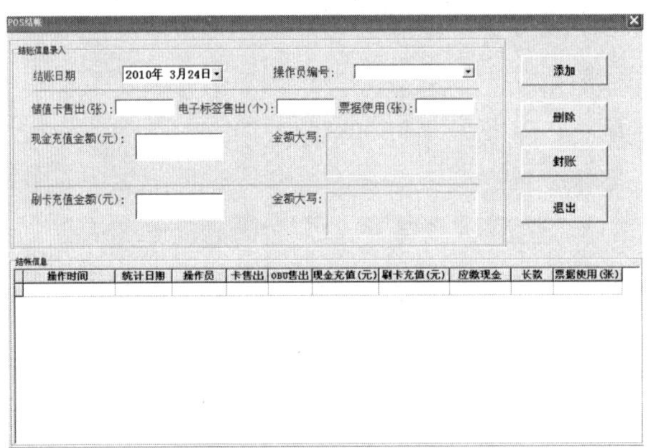

附图 1-142　下班结账界面

将当天的储值卡、记账卡售出情况、电子标签售出情况、票据使用张数、现金充值金额、刷卡充值金额等录入系统,所有操作人员信息录入完毕后点击封账。

(2)注销桌面:下班结账完成之后,点击桌面“注销”,系统回到初始不可操作状态,如附图 1-143 所示。

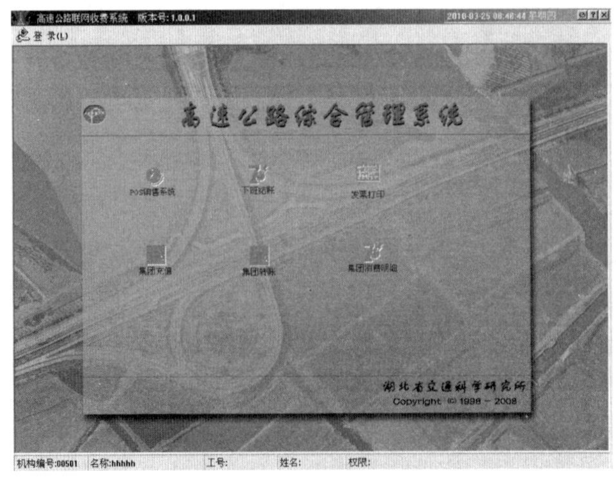

附图 1-143　注销后界面

2. 操作流程图

电子支付系统下班操作流程如附图 1-144 所示。

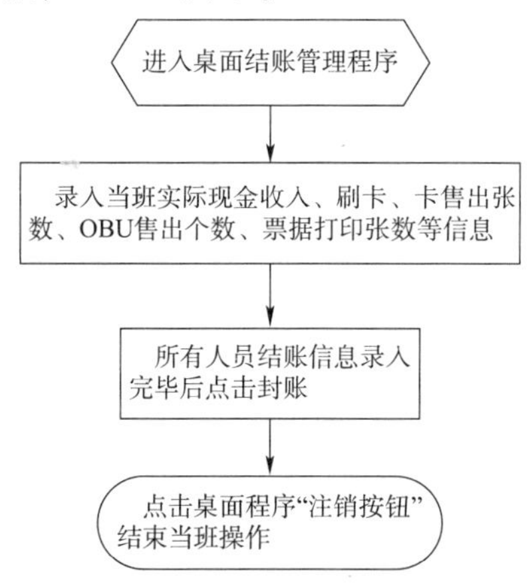

附图 1-144　电子支付系统下班操作流程图

四十三、电子标签售出操作流程

1. 操作说明

用户需要申请电子标签(将 OBU 模块安装到相关车辆上)。只有安装过 OBU 模块并将储值卡正确插入 OBU 模块,相关车辆才能使用 ETC 收费车道。

(1)选择[1]新电子标签申请,点击下一步,如附图 1-145 所示。

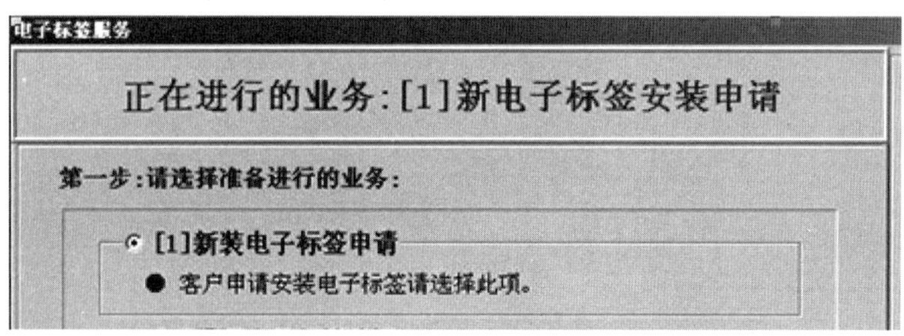

附图 1-145　新电子标签申请界面

(2)登记客户信息。

填写相关申请人资料,或输入曾经申请过电子标签的客户的证件编号。点击【下一步】进入下一步操作,如附图 1-146 所示。

附图 1-146　填写申请人资料界面

(3)输入六位客户查询密码,点击【下一步】进入下一步操作,如附图 1-147 所示。

(4)输入车辆相关信息,点击【下一步】进入下一步操作,如附图 1-148 所示。

附图 1-147　输入查询密码界面

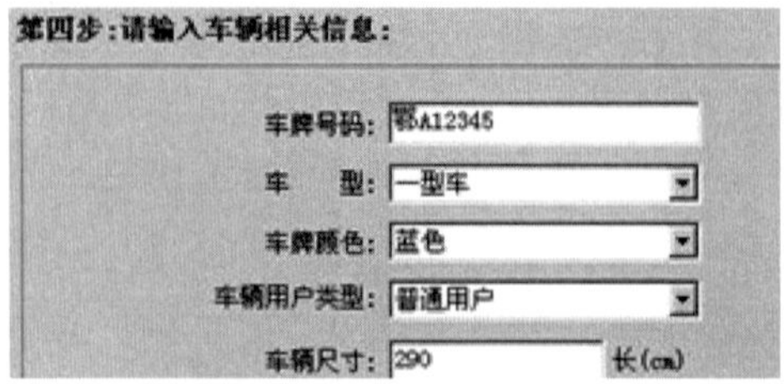

附图 1-148　输入车辆信息界面

(5)提取电子标签编号,点击【下一步】,如附图 1-149 所示。

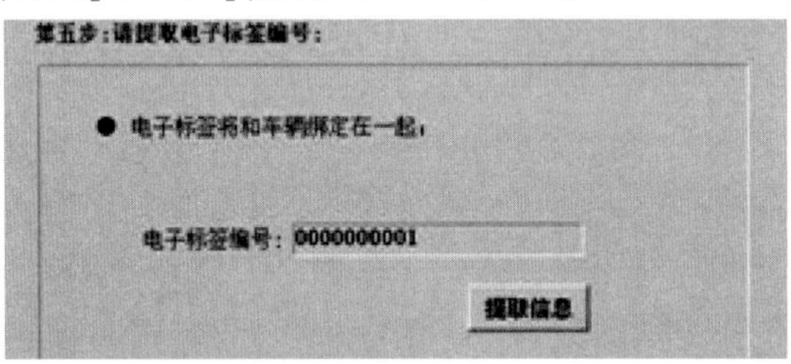

附图 1-149　提取电子标签编号界面

(6)系统提示操作完成,由工作人员将 OBU 模块安装到相关车辆上。

2. 操作流程图

电子标签售出操作流程如附图 1-150 所示。

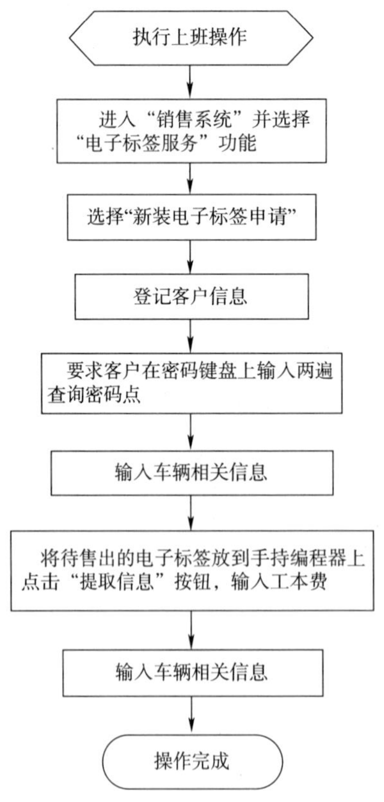

注意事项:

在提取电子标签信息时,需将电子标签位置放好,若提取失败可多试几次。

附图 1-150　电子标签售出操作流程图

四十四、集团账户开户操作流程

1. 操作说明

第一步：集团开户也就是资金账户开户，选择集团开户，点击【下一步】，如附图1-151所示。

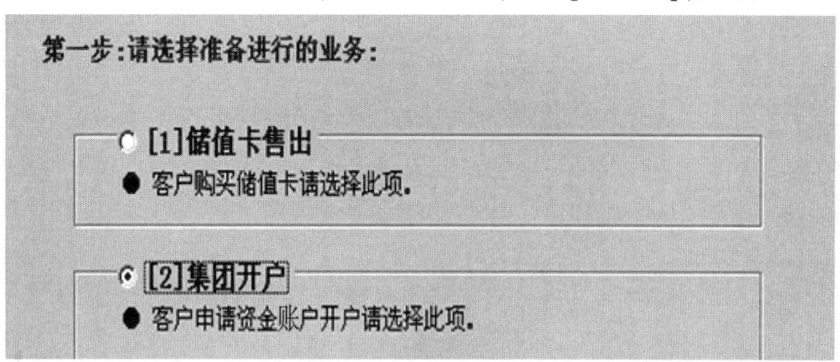

附图1-151　选择业务界面

第二步：登记客户信息。

填写相关申请人资料，输入客户证件编号。（集团用户登记的证件必须为营业执照或机构代码证，不能或输入曾经申请过电子标签的客户的证件编号，客户名称填写企业全名）

点击【下一步】进入下一步操作，如附图1-152所示。

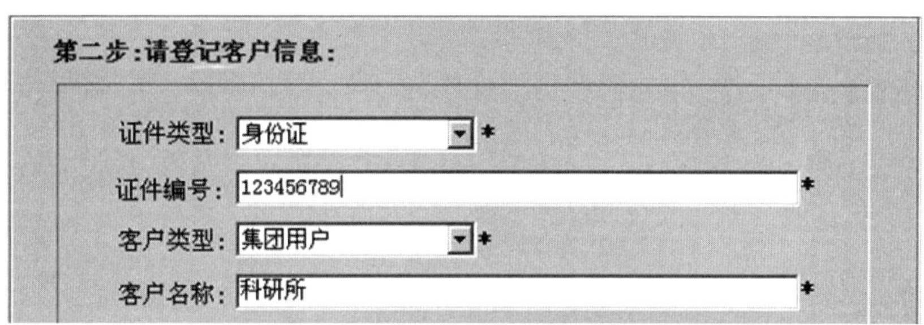

附图1-152　登记客户信息界面

第三步：输入客户查询密码。

客户查询密码用于查询或修改客户登记信息等操作，如附图1-153所示。

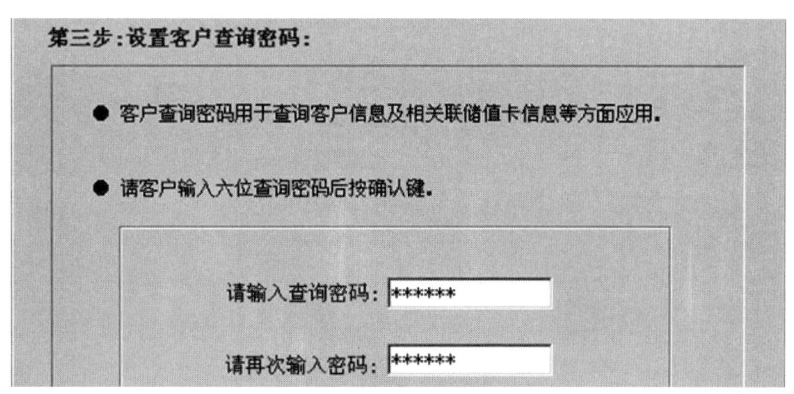

附图1-153　设置客户查询密码界面

第四步：售出储值卡。

系统验证账户有效性；操作员输入是否邮寄相关信息；然后由客户输入账户密码。

系统自动产生一个资金账户，客户账户密码用于转账、消费记录查询、储值卡挂失和解挂等应用，点击【下一步】进入下一步操作，如附图1-154所示。

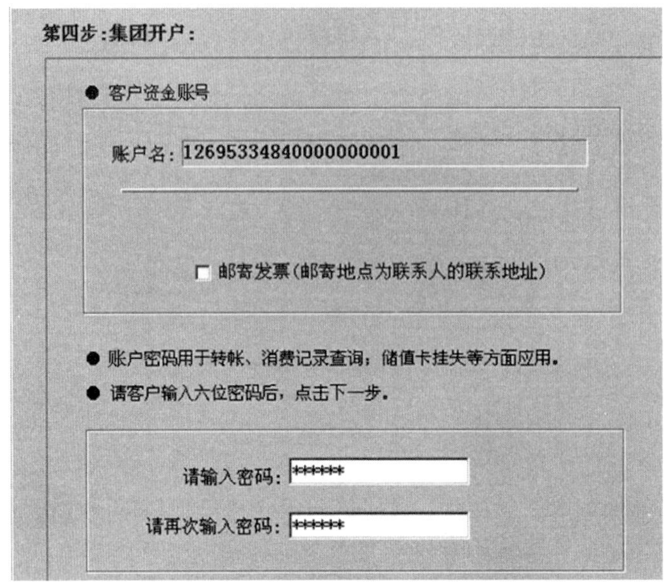

附图 1-154　集团开户界面

系统提示操作成功,如附图 1-155 所示。

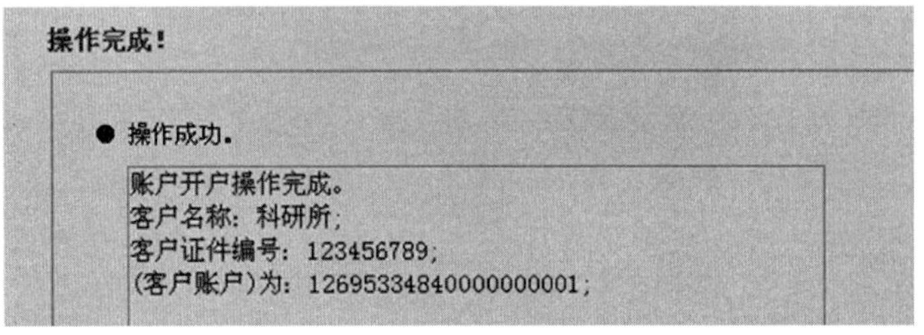

附图 1-155　操作成功提示界面

2. 操作流程图

集团账户开户操作流程如附图 1-156 所示。

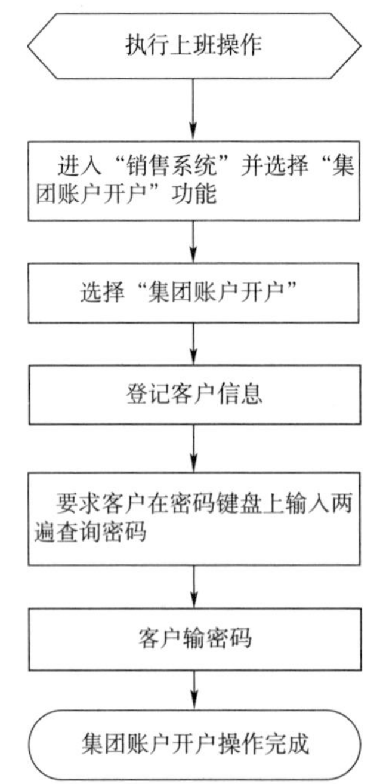

附图 1-156　集团账户开户操作流程图

四十五、集团账户售卡操作流程

1. 操作说明

第一步：选择[1] 储值卡售出，点击【下一步】，如附图1-157所示。

附图1-157　选择业务界面

第二步：登记客户信息。

填写相关申请人资料，或输入曾经申请过电子标签的客户的证件编号（集团用户登记的证件必须为·营业执照；客户名称填写企业全名）。点击【下一步】进入下一步操作，如附图1-158所示。

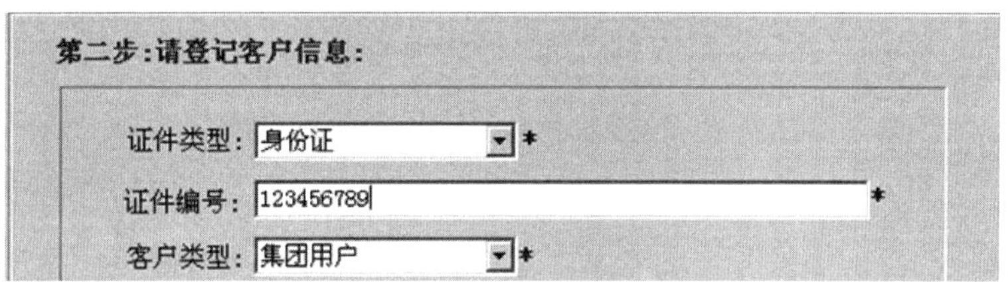

附图1-158　登记客户信息界面

第三步：如果该用户之前完成了账户开户，或者之前登记购买过储值卡，本次就直接进行相关车辆信息的录入操作，可进行车卡绑定和优惠车的选定，如附图1-159所示。

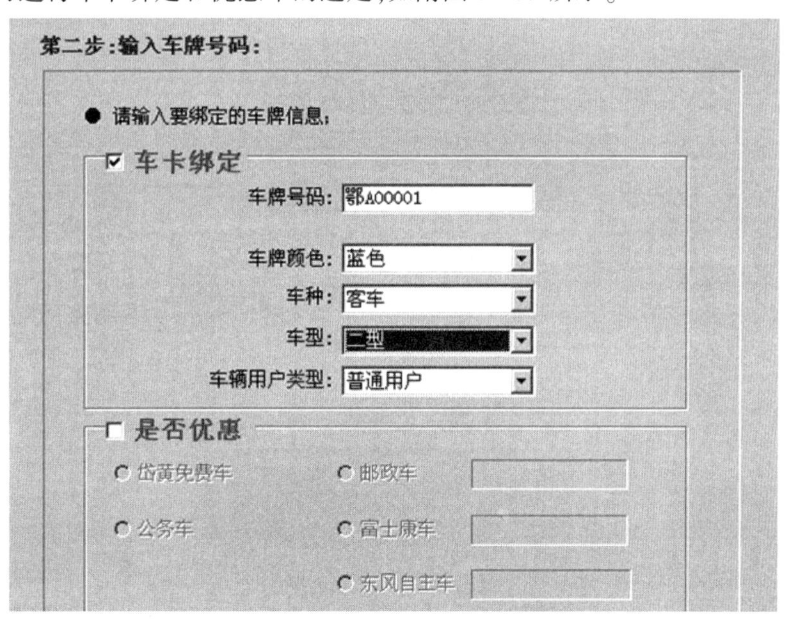

附图1-159　输入车牌信息界面

如果该用户是新用户，之前没有进行过资金账户开户，也没有登记购买过储值卡，则需要输入客户查询密码，客户查询密码用于查询或修改客户登记信息等操作，如附图1-160所示。

第四步：售出储值卡。

将储值卡放置在卡读写器上，系统验证储值卡的有效性；操作员输入工本费和是否邮寄相关信息；然后由客户输入账户密码；点击【下一步】进入下一步操作。储值卡编号同时也是客户账户编号；客户账户密码用于转账、消费记录查询、储值卡挂失和解挂等应用。如附图1-161所示。

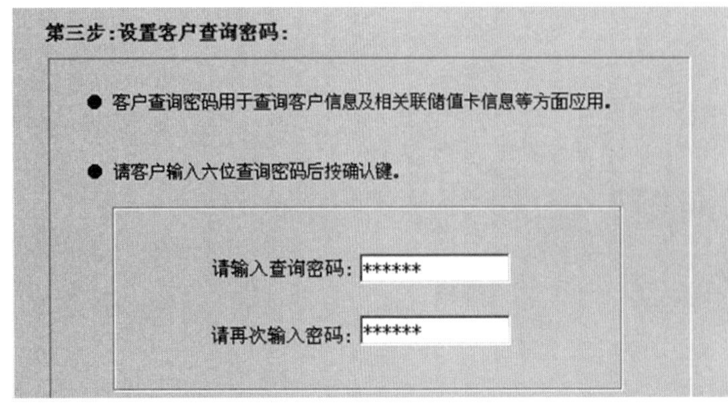

附图 1-160　设置客户查询密码界面

附图 1-161　储值卡界面

系统提示操作成功，如附图 1-162 所示。

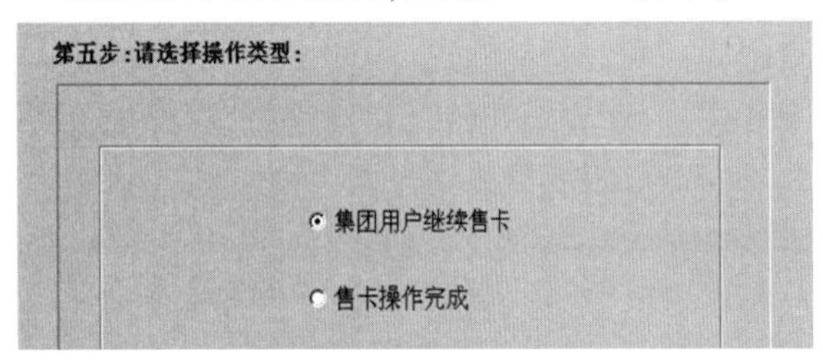

a)操作类型选择

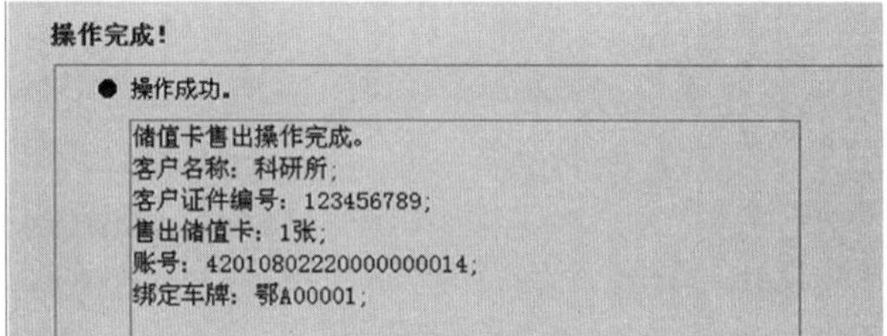

b)操作成功

附图 1-162　操作选择与提示界面

打印充值发票和回执。

点击“打印回执”按钮，将本次操作回执打印出来，由客户签字。点击“打印发票”按钮，弹出如附图 1-163 所示的发票打印界面。

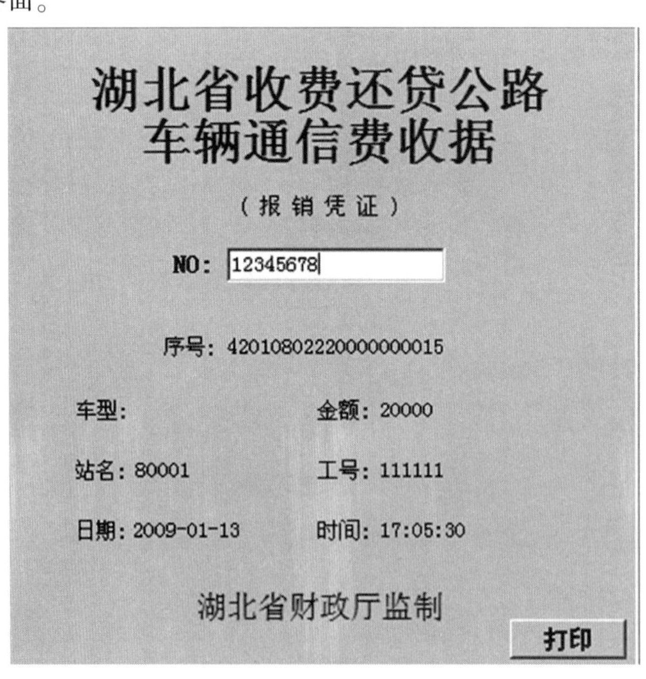

附图 1-163　发票打印界面

操作员必须正确输入当前发票的 8 位发票号，核实正确后，点击“打印”按钮。

2. 操作流程图

集团账户售卡操作流程如附图 1-164 所示。

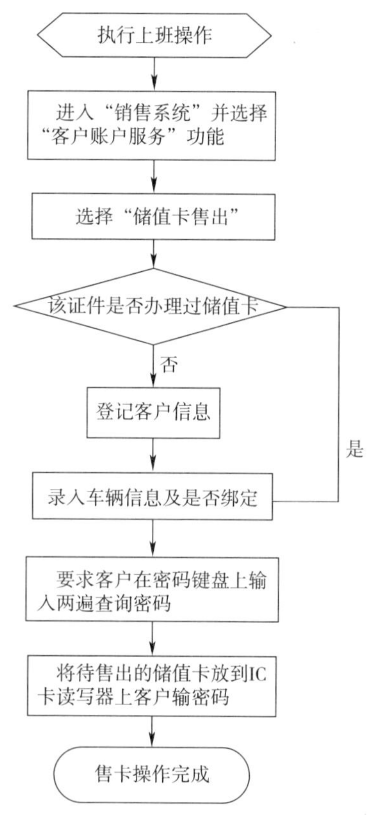

附图1-164　集团账户售卡操作流程图

四十六、车卡绑定操作流程

1. 操作说明

客户初开户时所购买的储值卡可以在任何车辆上使用；当客户想让储值卡提供给专属车辆使用，防止储值卡被其他车辆使用时，可以选择车卡绑定，将储值卡与车辆绑定在一起。一旦绑定成功，该储值卡将不允许在其他车辆上使用。

(1)选择[5] 车卡绑定，如附图1-165所示。

(2)刷需要进行车卡绑定的储值卡，输入相关车辆信息，如附图1-166所示。

(3)车卡绑定不需要卡内金额小于200元。

(4)车卡绑定操作成功，如附图1-167所示。

附图1-165　车卡绑定界面

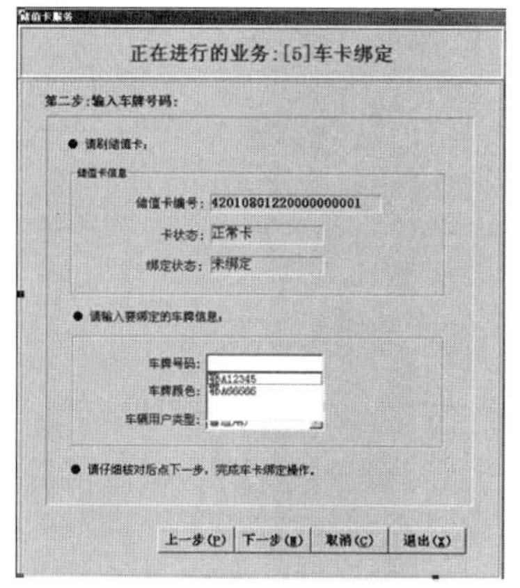

附图1-166　车辆信息输入界面

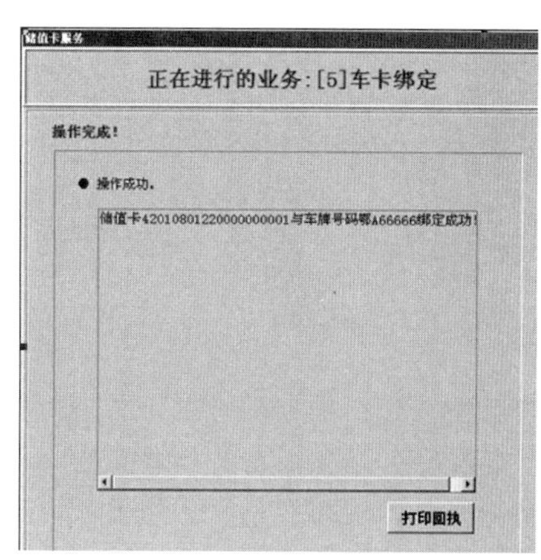

附图1-167　操作完成提示界面

2. 操作流程图

车卡绑定操作流程如附图 1-168 所示。

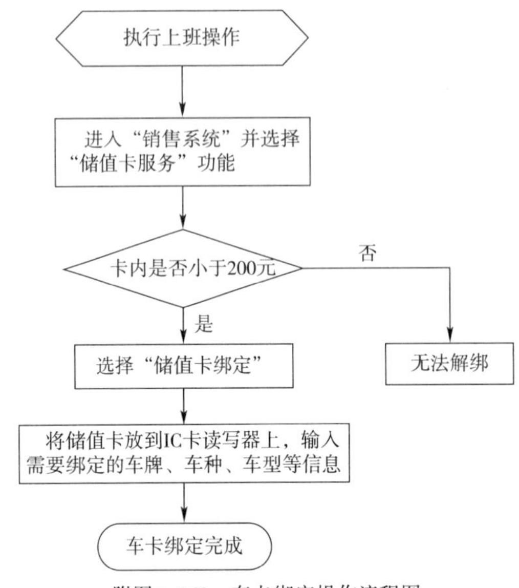

附图 1-168　车卡绑定操作流程图

四十七、车卡解绑操作流程

1. 操作说明

客户可以选择将进行过车卡绑定的储值卡进行解绑,供其他车辆使用。

(1)选择[6] 车卡解绑,如附图 1-169 所示。

附图 1-169　车卡解绑界面

(2)刷需要进行车卡解绑的储值卡。

操作员刷需要解绑的储值卡,仔细核实客户提供的身份证明,然后点击【下一步】完成车卡解绑操作。如附图 1-170 所示。

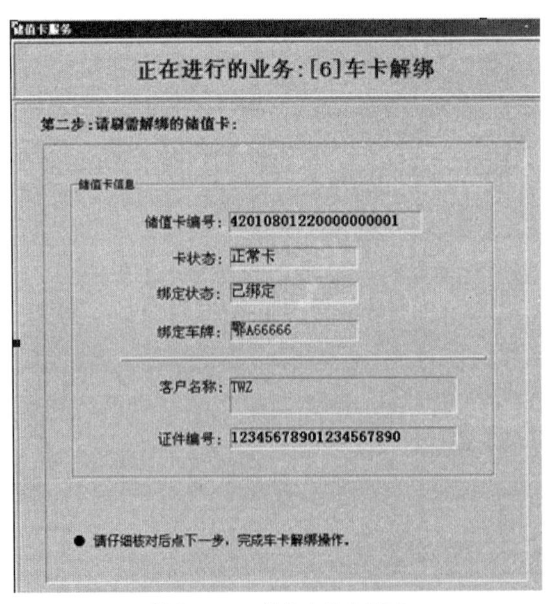

附图 1-170　储值卡信息界面

(3)车卡绑定卡内金额必须小于200元。

(4)车卡解绑操作成功,如附图1-171所示。

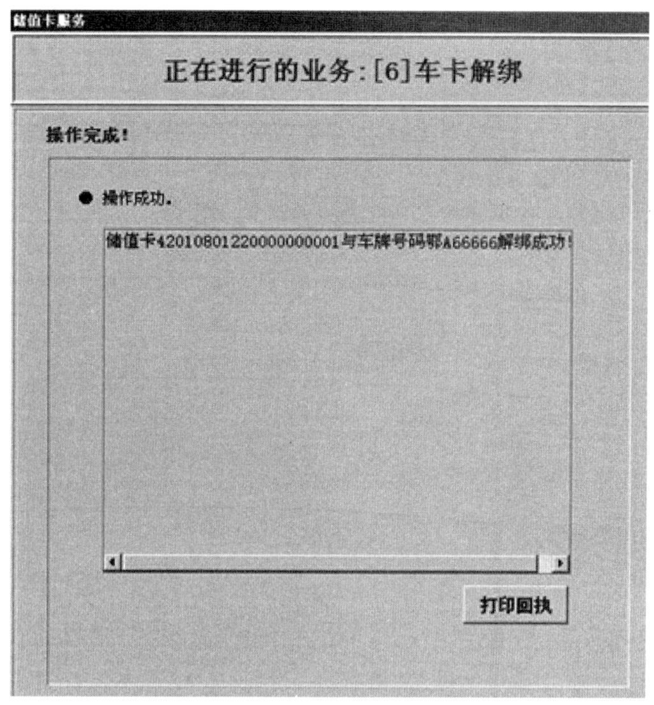

附图1-171　操作成功提示界面

2.操作流程图

车卡解绑操作流程如附图1-172所示。

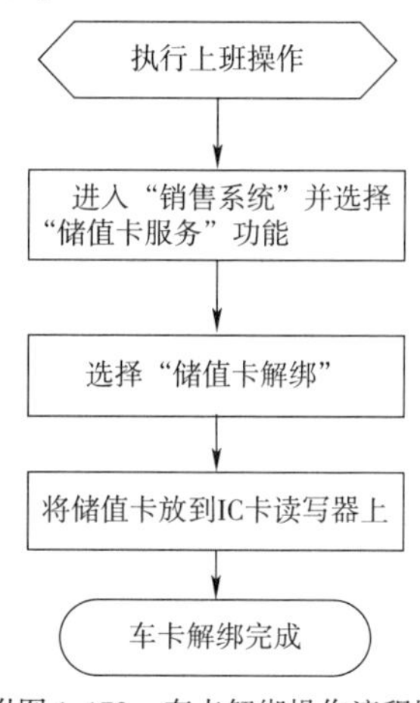

附图1-172　车卡解绑操作流程图

四十八、车卡充值操作流程

1.操作说明

客户需对其账户充值后,然后才能通过圈存客户端(POS点和收费站车道)将账户内的金额圈存到储值卡中供其消费。账户充值和圈存操作是不可逆的。

(1)选择[4]资金账户充值,点击【下一步】。如附图1-173所示。

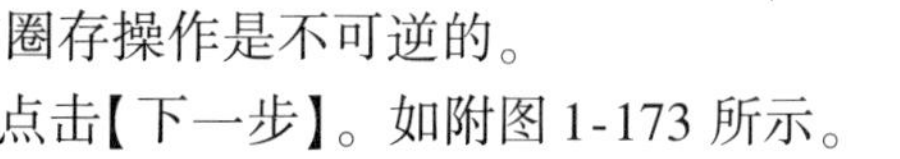

附图1-173　资金账户充值界面

(2)输入充值金额,点击【下一步】。输入客户账户编号,或将储值卡放置在卡读写器上,系统取出资金账户相关信息;操作员核对客户提供的资料正确无误后,输入充值金额,仔细核对金额无误;点击【下一步】。如附图1-174所示。

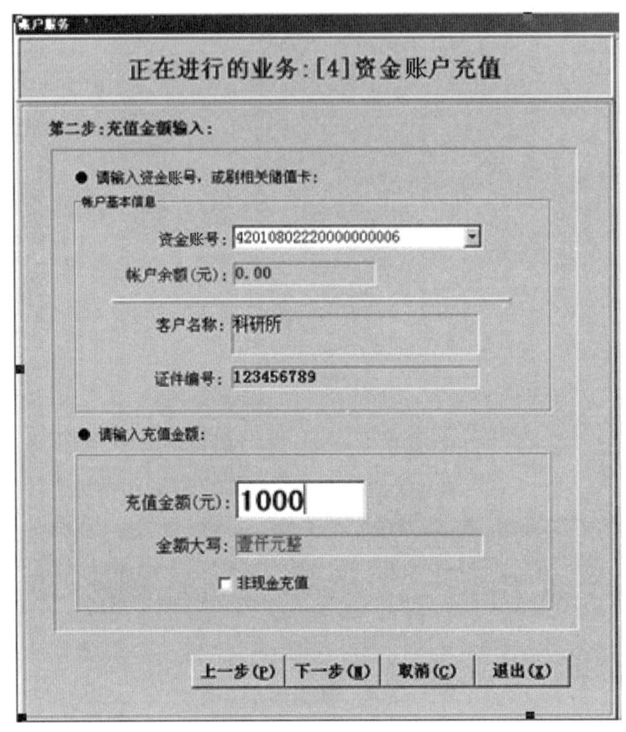

附图1-174　充值信息界面

(3)系统提示操作成功。如附图1-175所示。

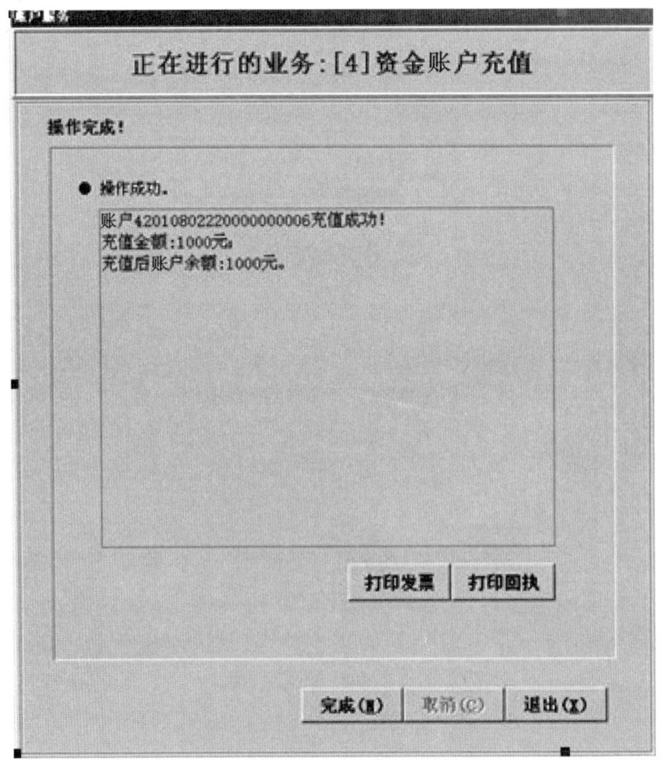

附图1-175　操作成功提示界面

2. 操作流程图

车卡充值操作流程如附图1-176所示。

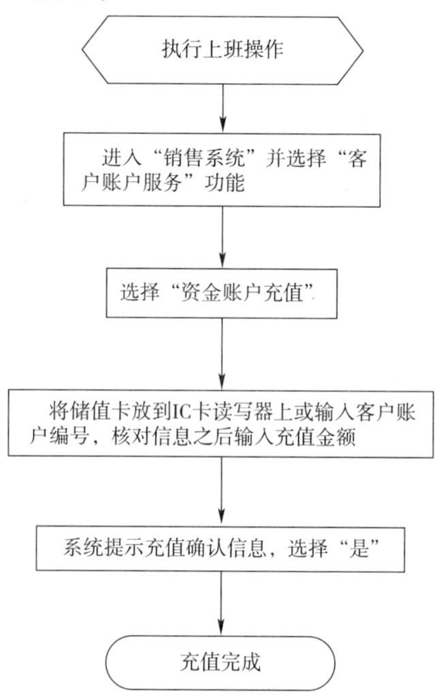

附图1-176　车卡充值操作流程图

四十九、集团账户充值操作流程

1. 操作说明

(1)在桌面上点击"集团充值"功能，出现登录对话框后，将身份卡放在读写器上，输入密码，点击确认。进入集团充值界面。选择"需要充值的账户号"，并选择客户支付方式。如附图1-177所示。

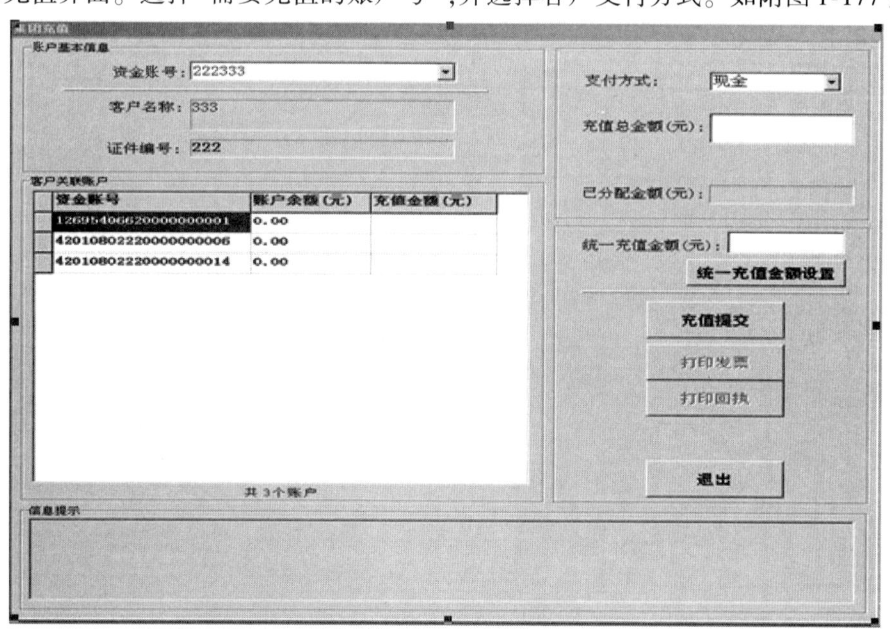

附图1-177　账户信息界面

(2)输入充值总金额，在每个需要充值的子账户后面输入充值金额(如果每个账户充值金额相同，可在统一充值金额框中输入子账户金额，然后点击统一充值金额按钮，每个子账户后面就自动录入了金额)。核对充值金额是否正确后，点击充值提交按钮，如附图1-178所示。

附图 1-178 充值界面

(3)充值完成后,打印发票和打印回执按钮会变亮,然后点击打印发票和打印回执。出现发票打印界面后再次核对票号,账户信息,金额,然后点击打印按钮。如附图 1-179 所示。

附图 1-179 提示界面

2. 操作流程图

集团账户充值操作流程如附图 1-180 所示。

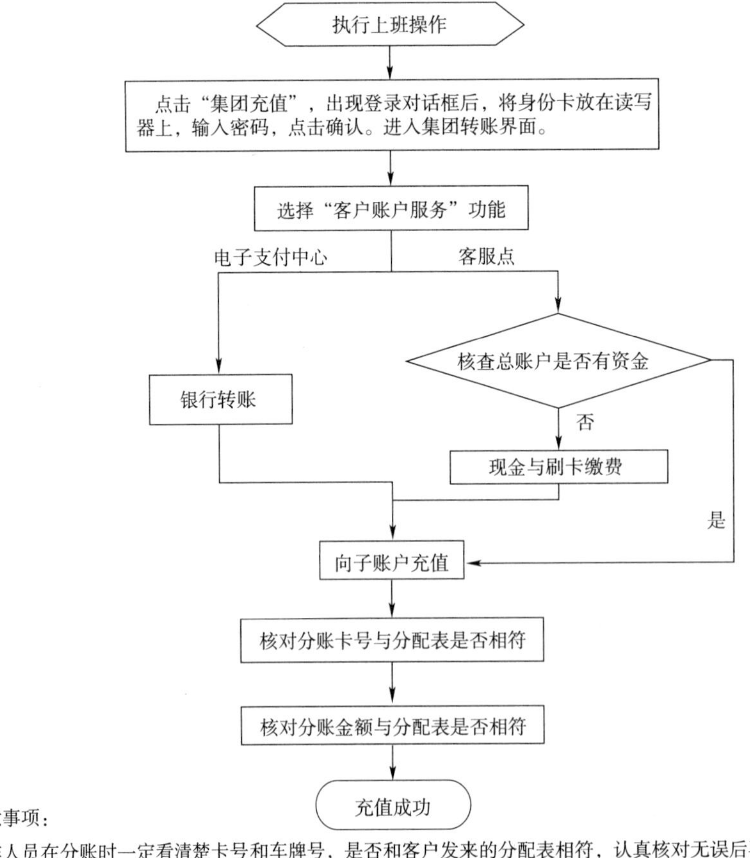

附图 1-180 集团账户充值操作流程图

五十、储值卡圈存操作流程

1. 操作说明

客户只有将账户内的金额圈存到储值卡中，才能在车道使用储值卡消费。

（1）选择［3］储值卡圈存，点击【下一步】。如附图1-181所示。

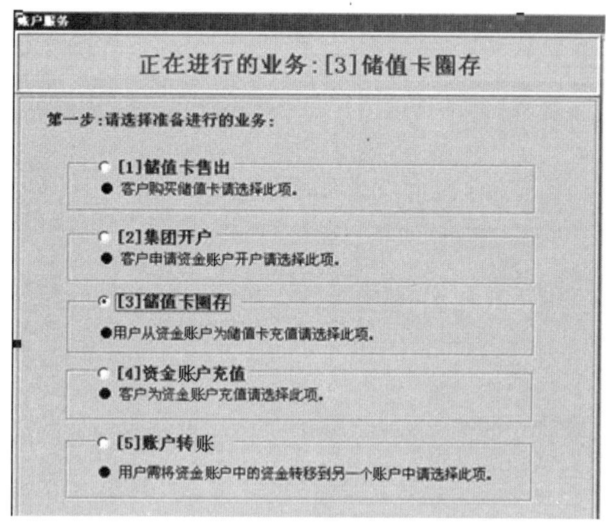

附图1-181　储值卡圈存界面

（2）将需要圈存的储值卡放置在卡读写器上，点击【下一步】。如附图1-182所示。

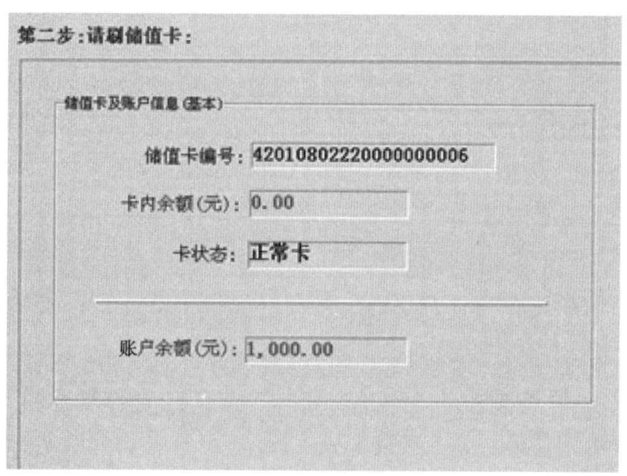

附图1-182　储值卡信息界面

（3）系统提示操作成功，如附图1-183所示。

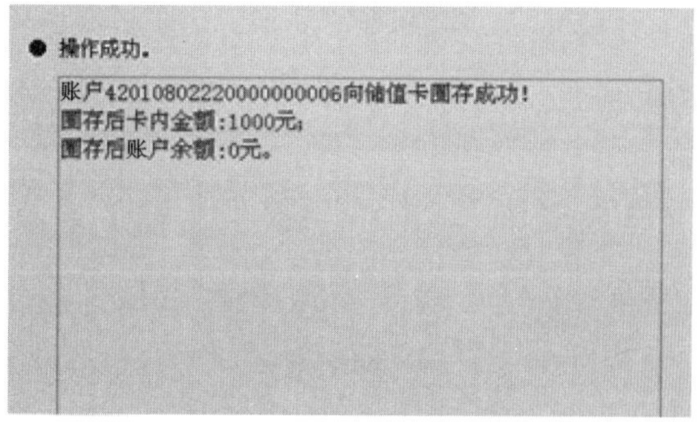

附图1-183　操作成功提示界面

2. 操作流程图

储值卡圈存操作流程如附图 1-184 所示。

注意事项：
圈存后储值卡内最大余额为20000元。

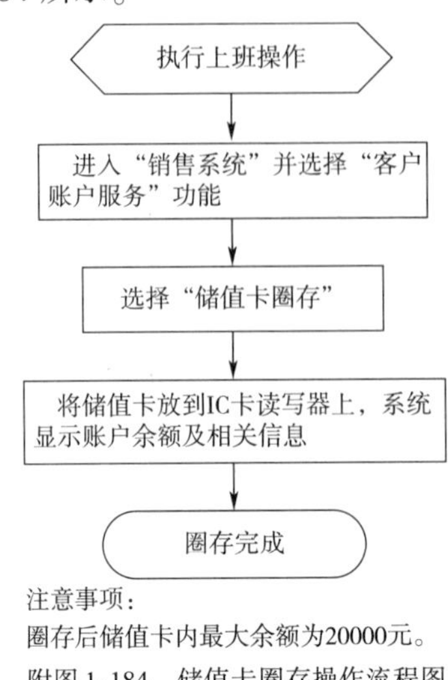

附图 1-184　储值卡圈存操作流程图

五十一、储值卡挂失操作流程

1. 操作说明

客户丢失储值卡，必须及时到 POS 点进行储值卡挂失操作。

(1)选择[1] 储值卡挂失，如附图 1-185 所示。

(2)输入需挂失的储值卡编号，操作员输入需挂失的储值卡编号后，仔细核实客户提供的身份证明，并要求客户输入账户密码；然后点击【下一步】完成储值卡挂失操作。如附图 1-186 所示。

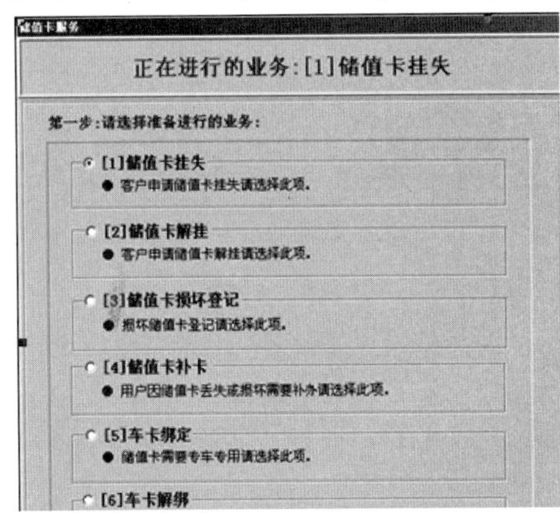

附图 1-185　储值卡挂失界面

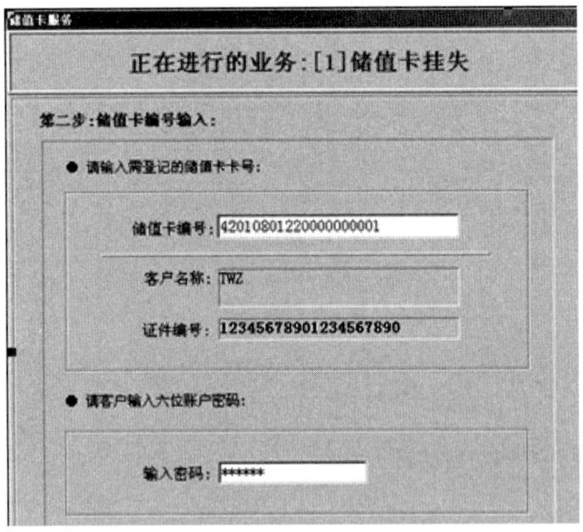

附图 1-186　信息输入界面

(3)操作完成。储值卡一旦挂失，系统自动将储值卡记入黑名单，并在 24 小时后生效；在生效之前此卡的消费由客户承担。如附图 1-187 所示。

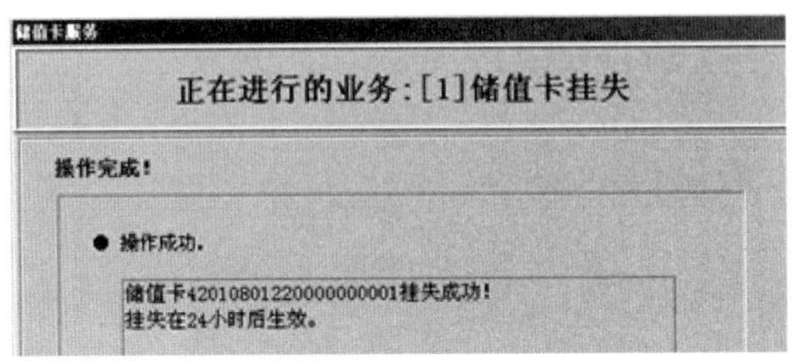

附图 1-187　操作成功提示界面

2. 操作流程图

储值卡挂失操作流程如附图1-188所示。

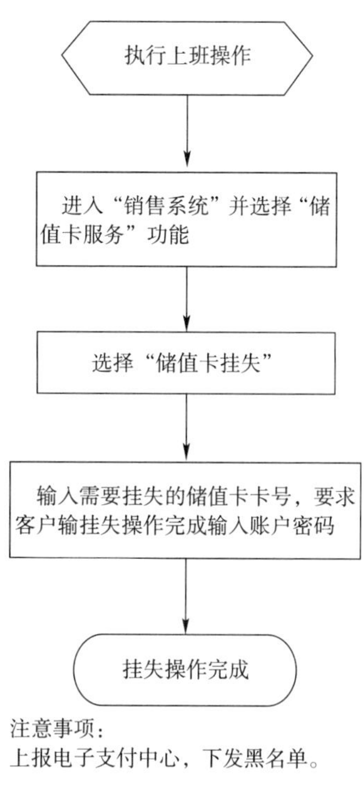

附图1-188　储值卡挂失操作流程图

五十二、储值卡解挂操作流程

1. 操作说明

(1)选择[2]储值卡解挂，客户在完成挂失操作后，任何时候都可以进行解挂操作。如附图1-189所示。

(2)将需解挂的储值卡放置在卡读写器上，操作员将需解挂的储值卡放置在卡读写器上，仔细核实客户提供的身份证明，并要求客户输入账户密码；然后点击【下一步】完成储值卡挂失操作。如附图1-190所示。

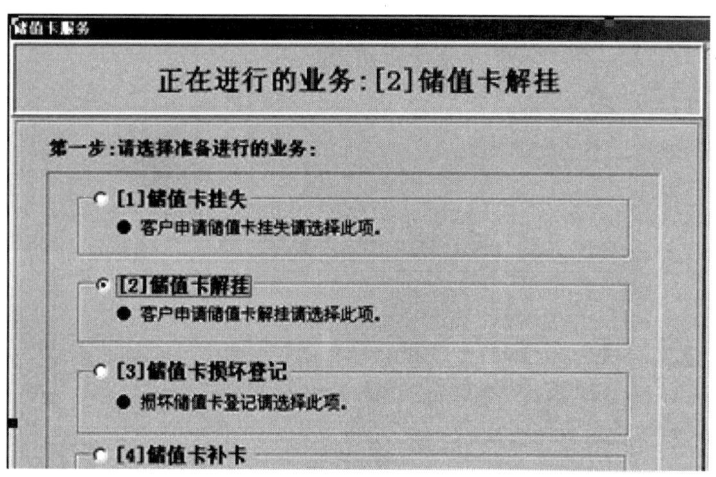

附图1-189　储值卡解挂界面

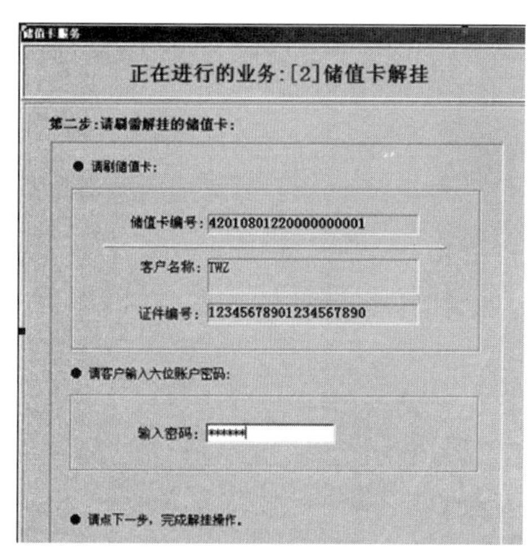

附图1-190　信息输入界面

(3)操作成功,储值卡解挂操作24小时后才能生效。如附图1-191所示。

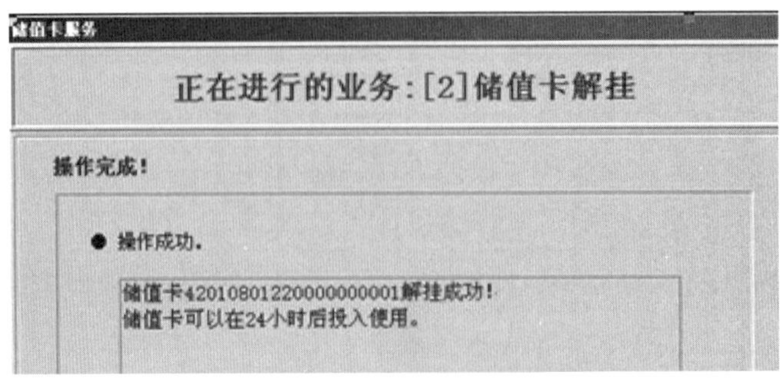

附图1-191　操作成功提示界面

2.操作流程图

储值卡解挂操作流程如附图1-192所示。

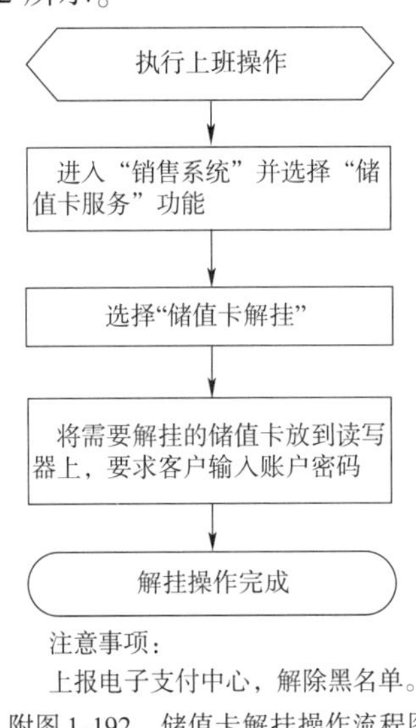

附图1-192　储值卡解挂操作流程图

五十三、储值卡损坏登记操作流程

1.操作说明

客户的储值卡损坏失效后,必须及时到POS点进行储值卡损坏登记;在登记后5个工作日,再进行坏卡补卡操作。

(1)选择[3]储值卡损坏登记,如附图1-193所示。

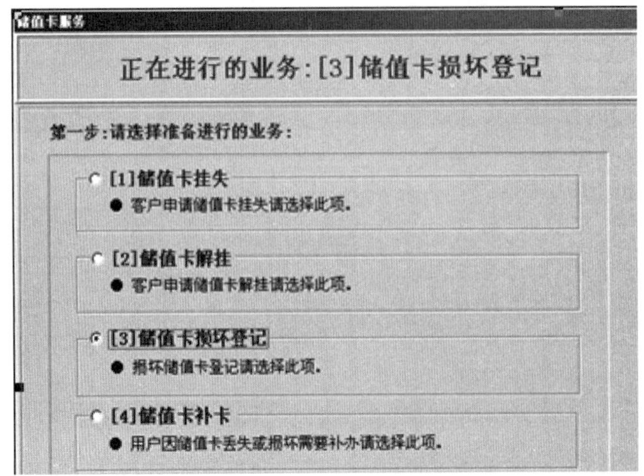

附图1-193　储值卡损坏登记界面

(2)输入损坏的储值卡编号。

操作员输入损坏的储值卡编号后,仔细核实客户提供的身份证明,并要求客户输入账户密码;然后点击【下一步】完成储值卡坏卡登记操作,如附图 1-194 所示。

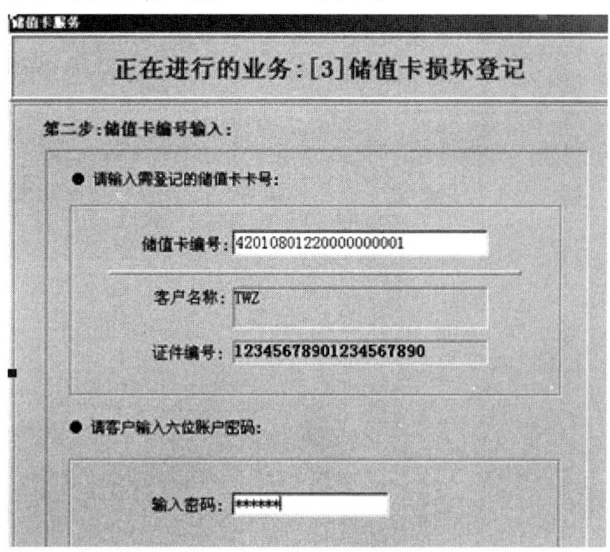

附图 1-194　信息输入界面

(3)操作成功,如附图 1-195 所示。

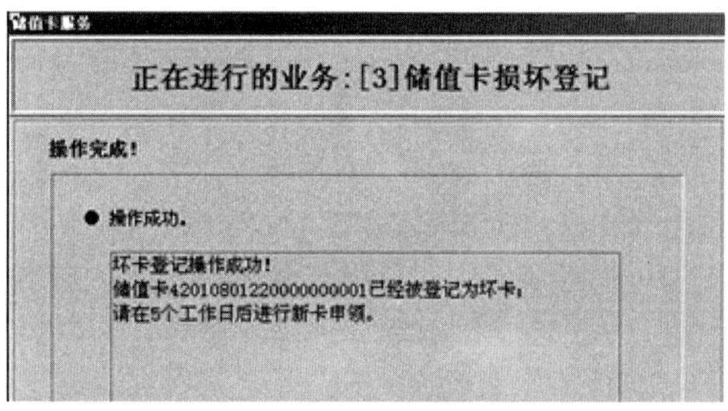

附图 1-195　操作成功提示界面

2. 操作流程图

储值卡损坏登记操作流程如附图 1-196 所示。

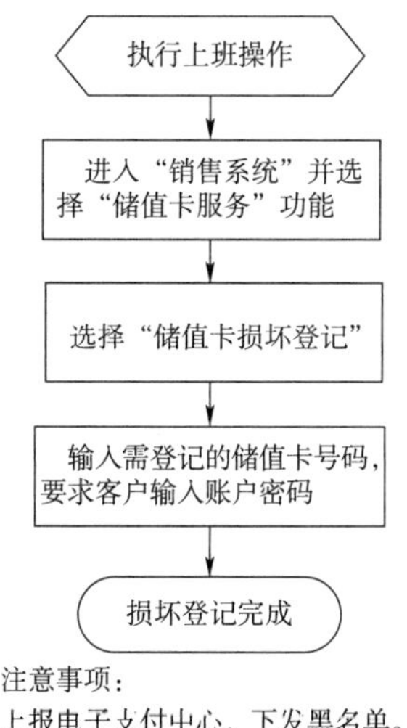

附图 1-196　储值卡损坏登记操作流程图

五十四、储值卡补卡操作流程

1. 操作说明

在客户进行储值卡挂失和储值卡坏卡登记操作5个工作日后，允许客户进行补卡操作。系统将为客户重新开设账户，并将老账户中的余额和挂失或损坏的储值卡中的余额转到新账户和新卡中；同时老账户作废，挂失或损坏的储值卡永久打入黑名单。

（1）选择[4] 储值卡补卡，如附图1-197所示。

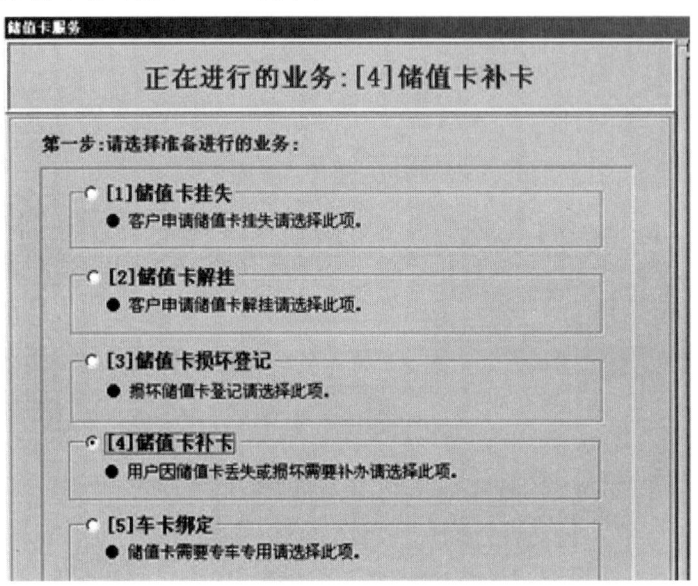

附图1-197　储值卡补卡界面

（2）操作员输入需补办的储值卡编号后，仔细核实客户提供的身份证明，并要求客户输入账户密码；然后点击【下一步】完成储值卡坏卡登记操作，如附图1-198所示。

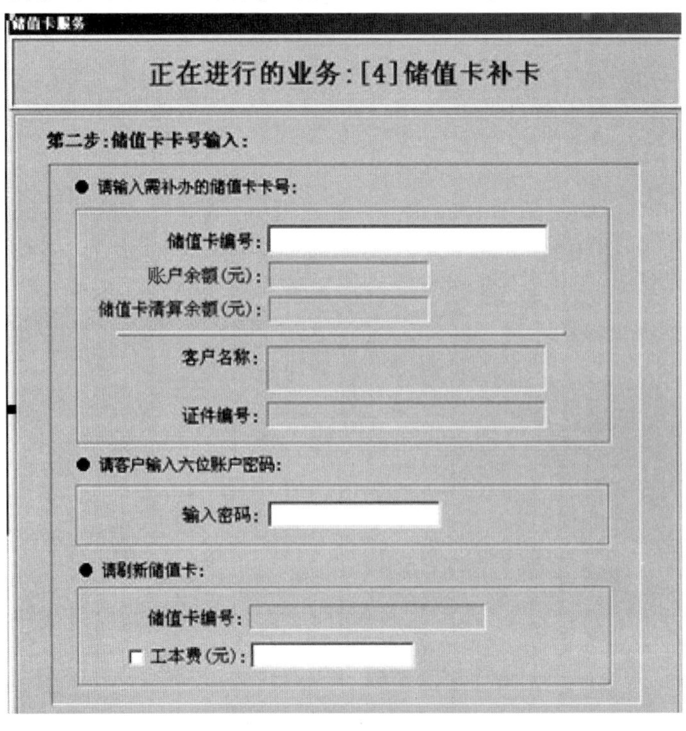

附图1-198　信息输入界面

2. 操作流程图

储值卡补卡操作流程如附图 1-199 所示。

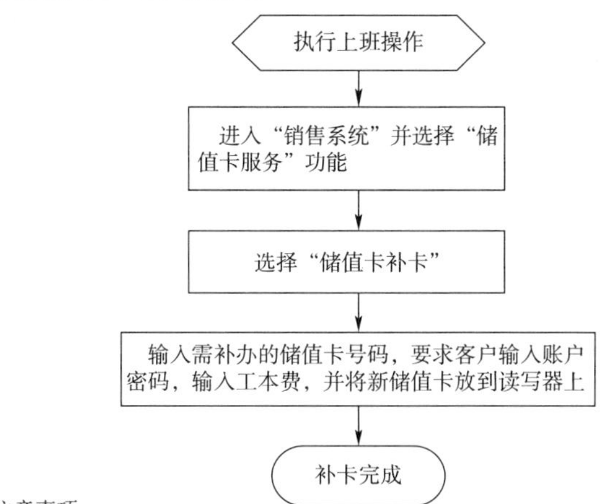

注意事项：

上报电子支付中心，转告客户卡内余额在挂失之后5个工作日才能操作完成。

附图 1-199　储值卡补卡操作流程图

五十五、电子标签损坏登记操作流程

1. 操作说明

当电子标签损坏时，需要进行登记。

（1）选择［2］损坏电子标签登记，点击【下一步】，如附图 1-200 所示。

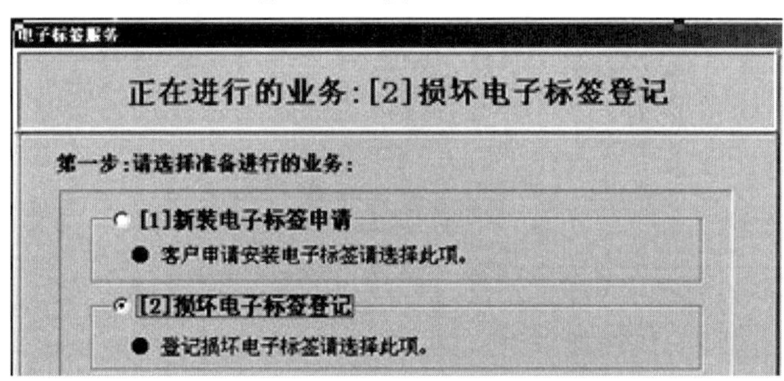

附图 1-200　损坏电子标签登记界面

（2）输入损坏电子标签的编码，核对客户提供的资料正确无误后，点击【下一步】，如附图 1-201 所示。

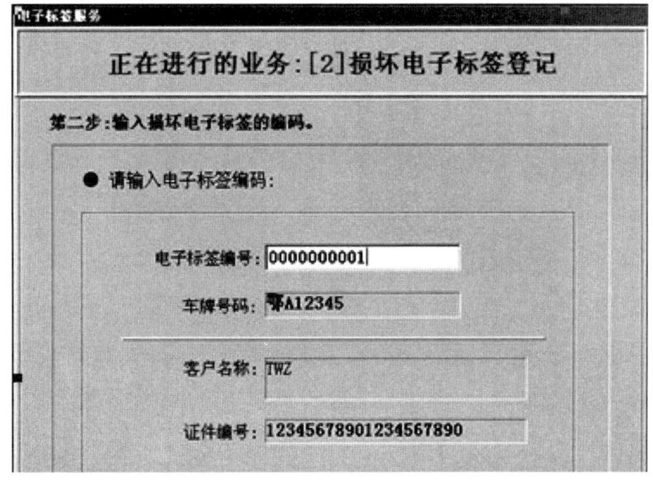

附图 1-201　信息输入界面

(3)损坏电子标签登记操作完成。客户可以选择重新安装新电子标签,如果电子标签是因人为因素损坏,须按照规定收取相关费用。操作界面如附图 1-202 所示。

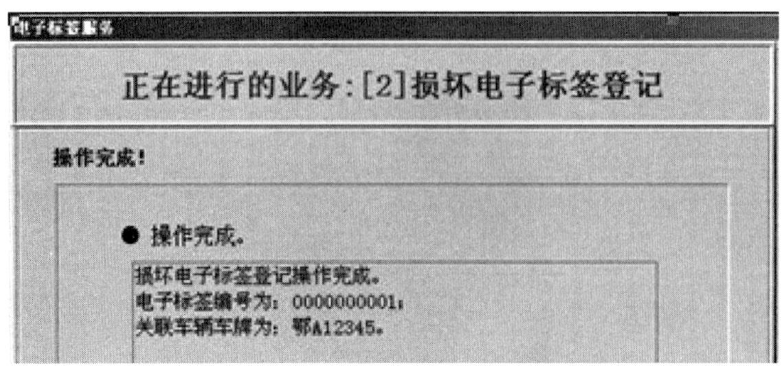

附图 1-202 操作成功提示界面

2. 操作流程图

电子标签损坏登记操作流程如附图 1-203 所示。

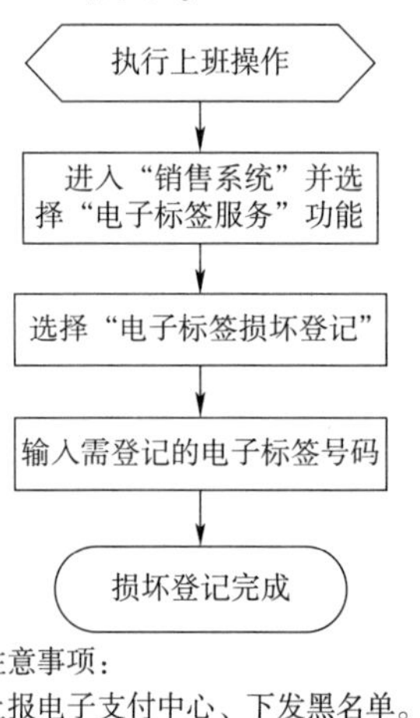

附图 1-203 电子标签损坏登记操作流程图

五十六、电子标签挂失操作流程

1. 操作说明

当客户的电子标签丢失时,需要进行及时挂失。

(1)选择[3] 电子标签挂失,点击【下一步】,如附图 1-204 所示。

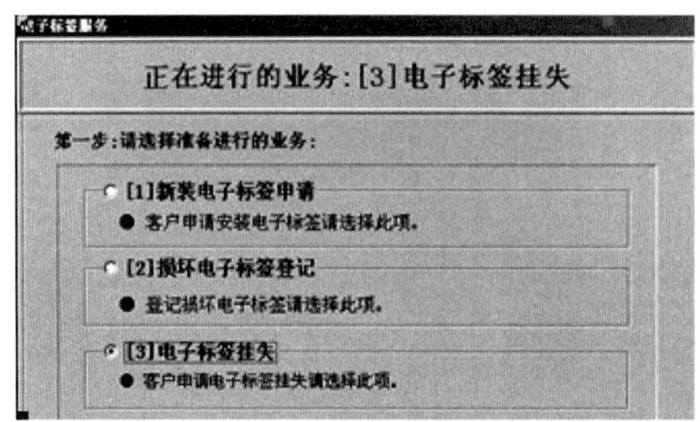

附图 1-204 电子标签挂失界面

(2)输入需挂失的电子标签编码,核对客户提供的资料正确无误后,点击【下一步】,如附图 1-205 所示。

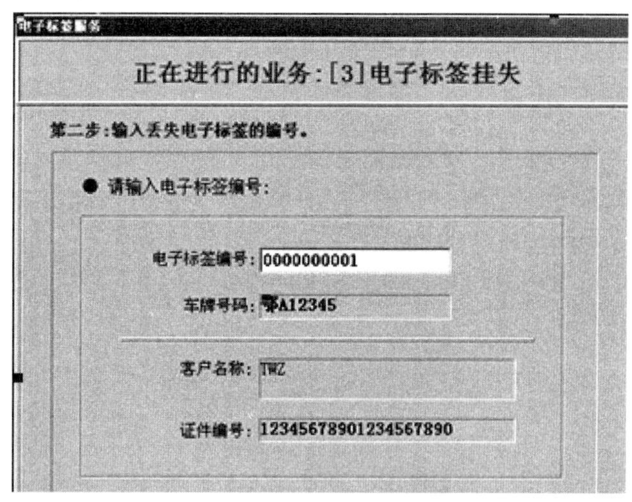

附图1-205　信息输入界面

(3)电子标签挂失操作完成，挂失的电子标签将被打入黑名单，自挂失时起24h后生效。操作界面如附图1-206所示。

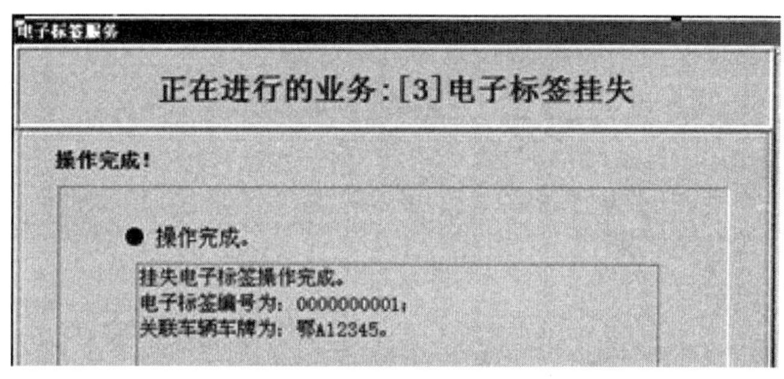

附图1-206　操作完成提示界面

2.操作流程图

电子标签挂失操作流程如附图1-207所示。

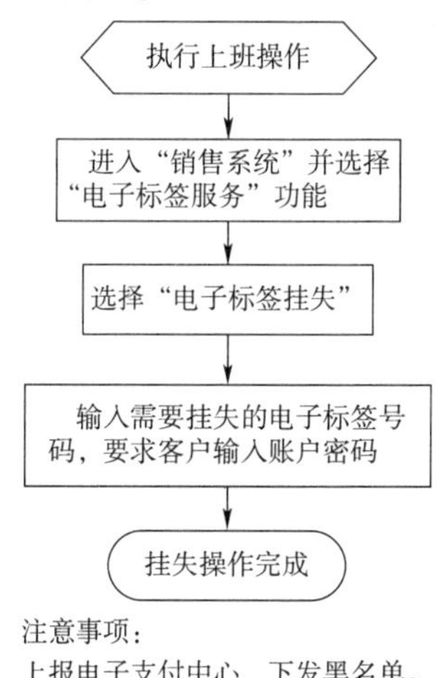

注意事项：
上报电子支付中心、下发黑名单。

附图1-207　电子标签挂失操作流程图

五十七、电子标签解挂操作流程

1.操作说明

当客户丢失的电子标签被找到，而且已经被挂失时，需要进行解挂操作。

(1)选择[4] 电子标签解挂,点击【下一步】,如附图1-208所示。

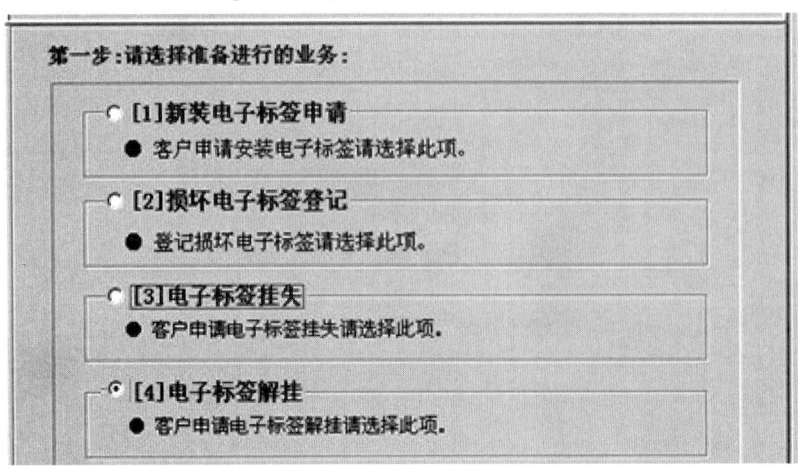

附图1-208 电子标签解挂界面

(2)获取电子标签相关信息,将需解挂的电子标签放在桌面读写器上,读取电子标签相关信息,核对客户提供的资料正确无误后,点击【下一步】,如附图1-209所示。

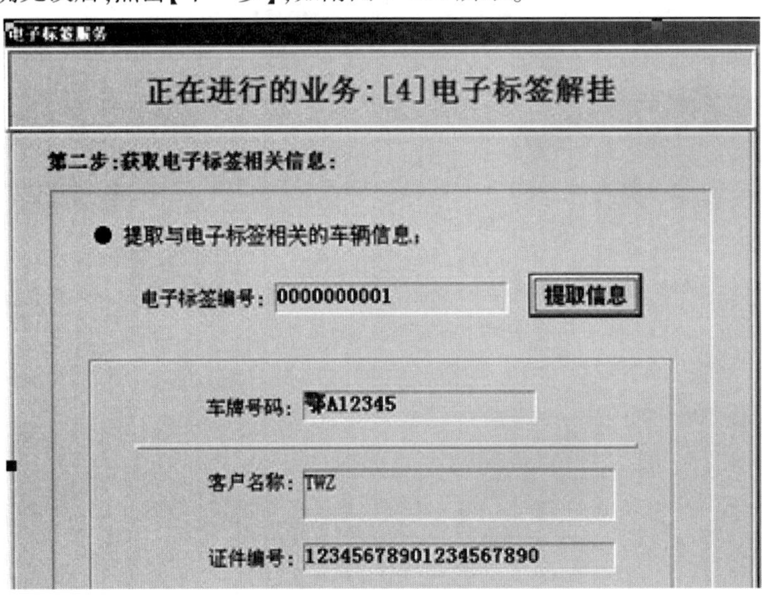

附图1-209 信息提取界面

(3)电子标签解挂操作完成,解挂的电子标签自解挂时起24h后生效。由于电子标签已经被人为拆卸,必须对电子标签进行重新初始化后,才能重新装回客户的车辆。操作完成界面如附图1-210所示。

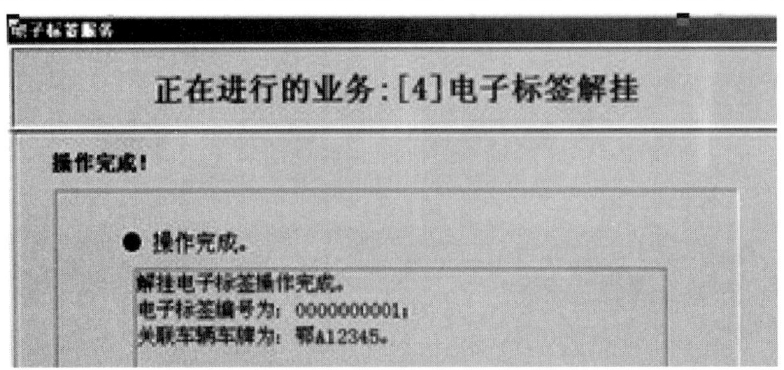

附图1-210 操作完成提示界面

2. 操作流程图

电子标签解挂操作流程如附图1-211所示。

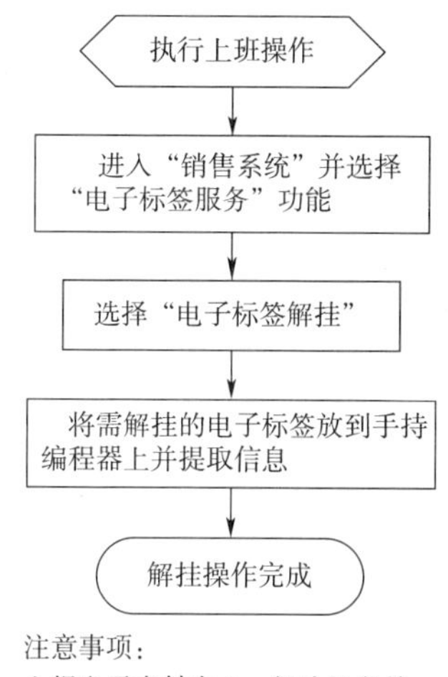

注意事项：
上报电子支付中心，解除黑名单。

附图1-211 电子标签解挂操作流程图

五十八、电子标签注销操作流程

1. 操作说明

(1)选择[5]电子标签注销,点击【下一步】,如附图1-212所示。

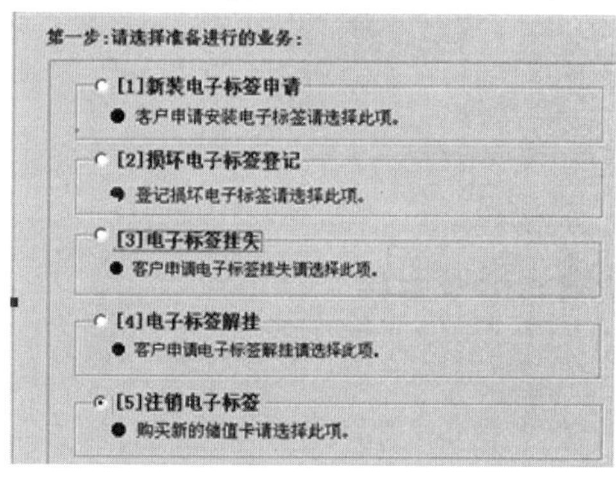

附图1-212 电子标签注销界面

(2)获取电子标签相关信息,将需注销的电子标签放在桌面读写器上,读取电子标签相关信息,核对客户提供的资料正确无误后,点击【下一步】,如附图1-213所示。

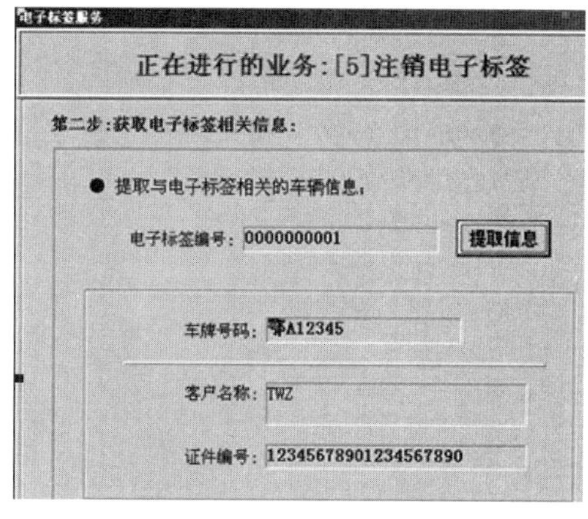

附图1-213 信息提取界面

(3)电子标签注销操作完成,如附图 1-214 所示。

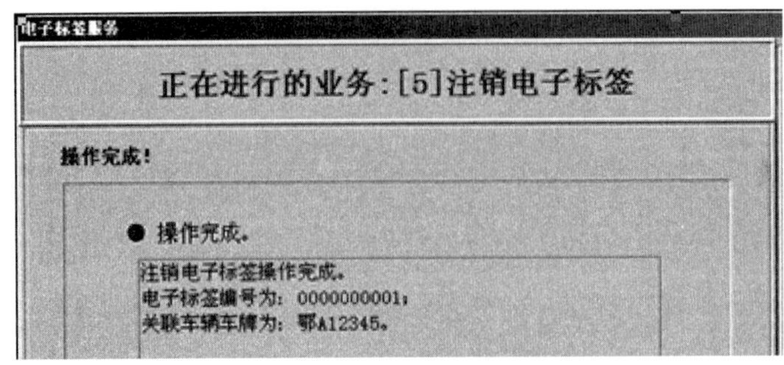

附图 1-214 操作完成提示界面

2. 操作流程图

电子标签注销操作流程如附图 1-215 所示。

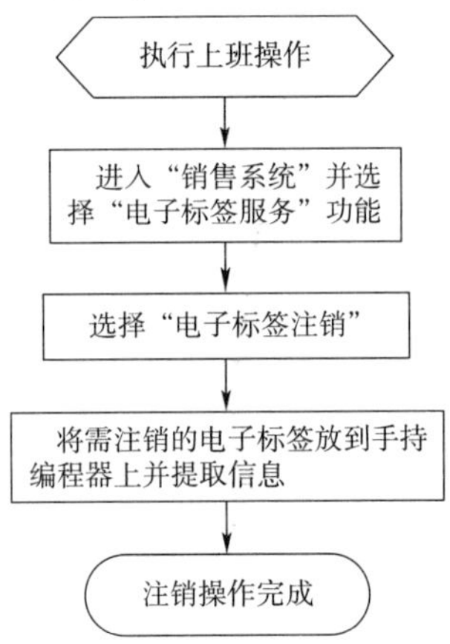

附图 1-215 电子标签注销操作流程图

五十九、电子标签重新初始化操作流程

1. 操作说明

当新安装电子标签时,发现相关车辆信息未成功写入电子标签;或电子标签因人为拆卸失去效用时,需要重新初始化电子标签。

(1)选择[6] 重新初始化电子标签,点击【下一步】,如附图 1-216 所示。

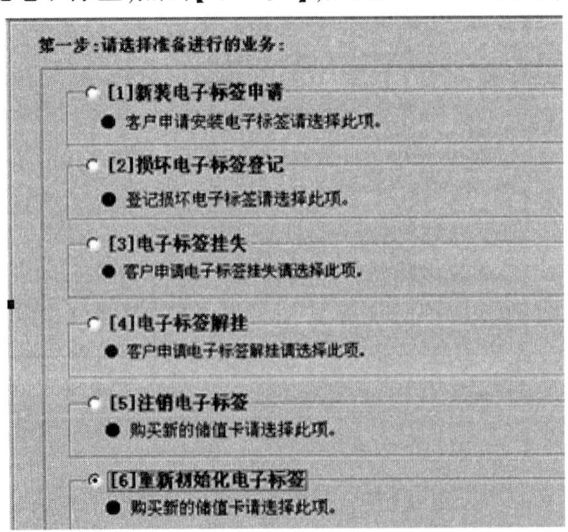

附图 1-216 重新初始化电子标签界面

(2)重新获取注册客户相关信息,将需注销的电子标签放在桌面读写器上,读取电子标签相关信息,核对客户提供的资料正确无误后,点击【下一步】,如附图1-217所示。

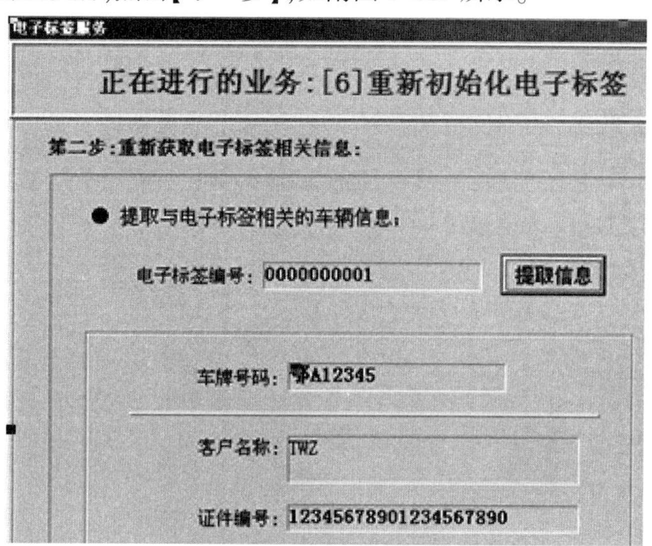

附图1-217　信息提取界面

(3)操作完成。界面如附图1-218所示。

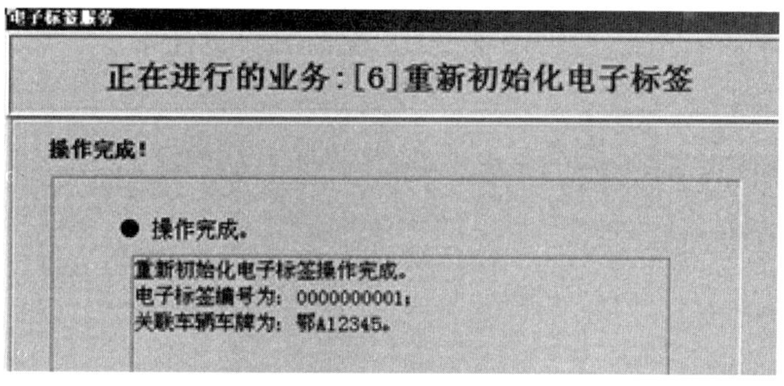

附图1-218　操作完成提示界面

2.操作流程图

电子标签重新初始化操作流程如附图1-219所示。

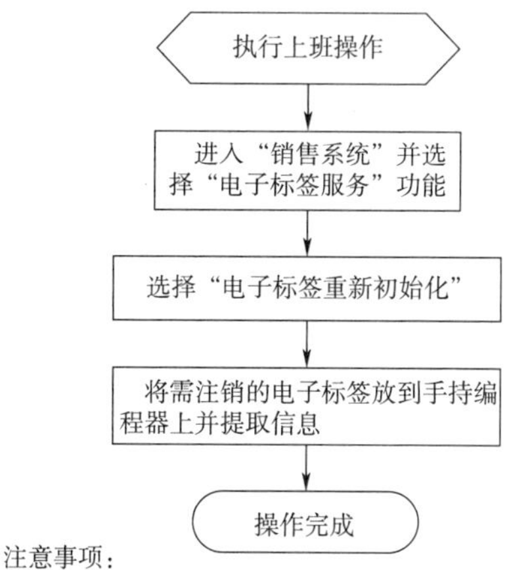

注意事项:

办理过户业务后,各客服点执行电子标签初始化服务。

附图1-219　电子标签重新初始化操作流程图

六十、储值卡充值发票打印操作流程

1.操作说明

(1)点击“充值发票打印”功能,出现登录对话框后,将身份卡放在读写器上,输入密码,点击确认,进入充值发票打印界面,选择需要进行打印的账户号,如附图1-220所示。

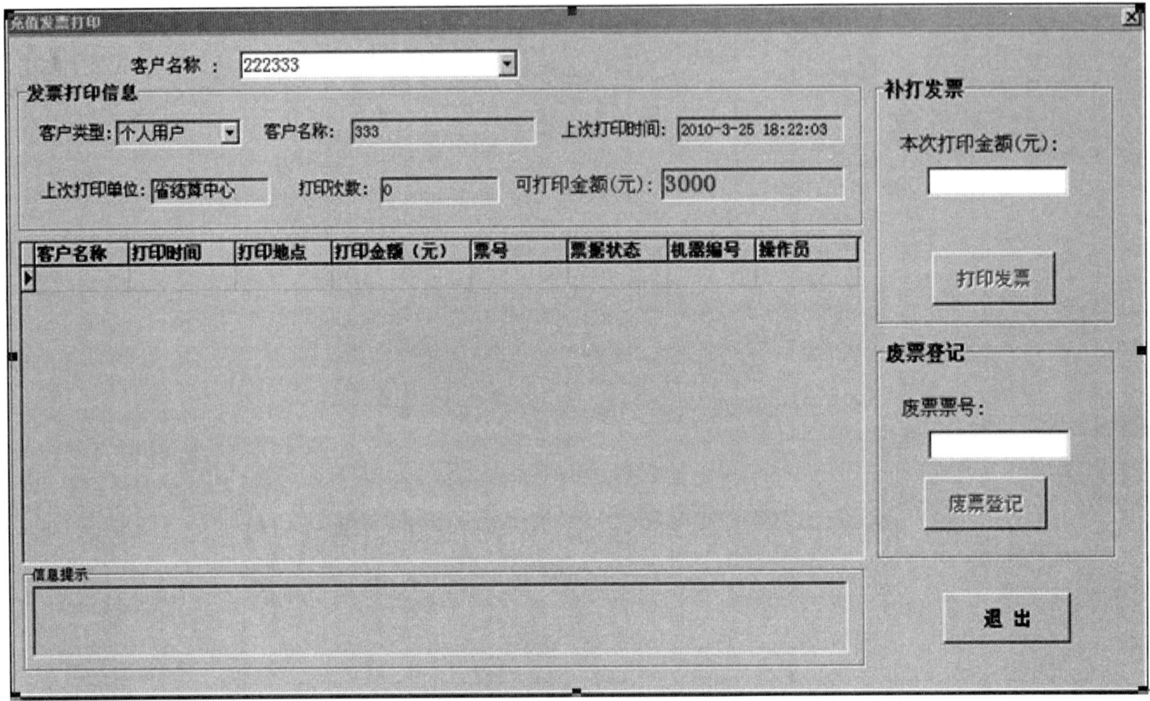

附图1-220　发票打印界面

(2)输入本次要打印的金额数,点击打印发票按钮,如附图1-221所示。

附图1-221　信息输入界面

(3)出现发票打印界面后再次核对票号、账户信息、金额,然后点击打印按钮,如附图1-222所示。

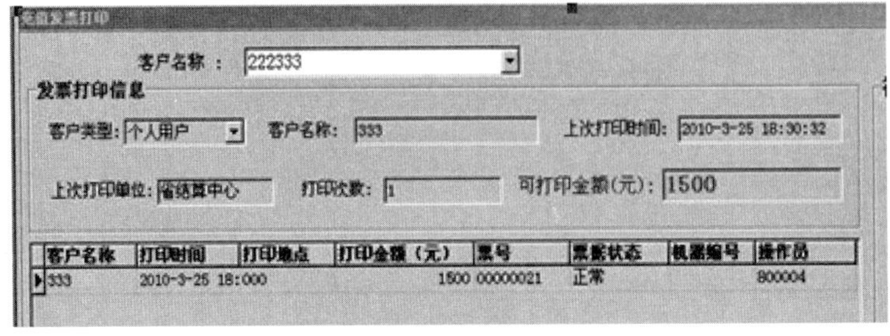

附图1-222　信息确认界面

(4)如果有废票产生,在废票栏里录入废票票号,然后点击废票登记按钮,如附图 1-223 所示。

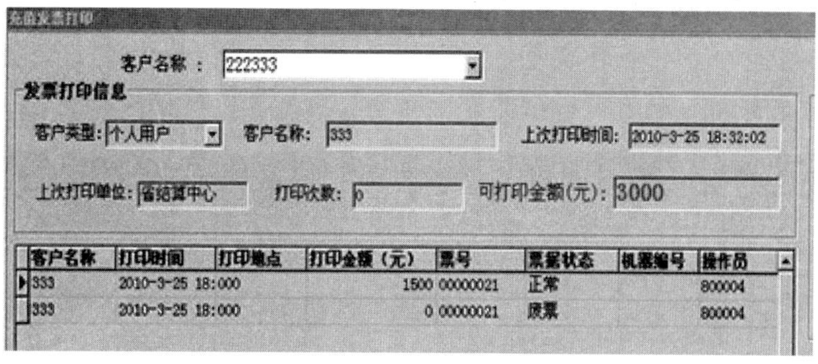

附图 1-223　废票登记界面

(5)废票登记操作完成。界面如附图 1-224 所示。

附图 1-224　操作完成界面

2. 操作流程图

储值卡充值发票打印操作流程如附图 1-225 所示。

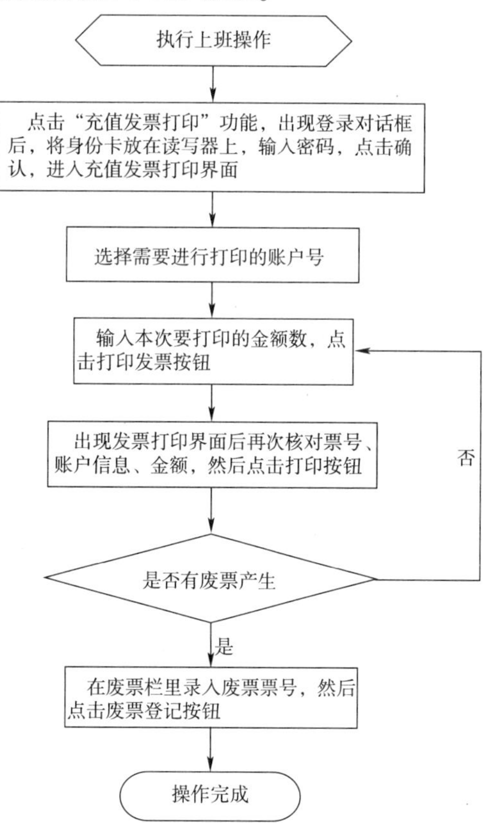

附图 1-225　储值卡充值发票打印操作流程图

六十一、记账卡与银行信用卡绑定操作流程

1. 操作说明

(1)在【POS 服务】中点击【记账卡服务】,选择“[1]记账卡绑定”,点击【下一步】,如附图 1-226 所示。

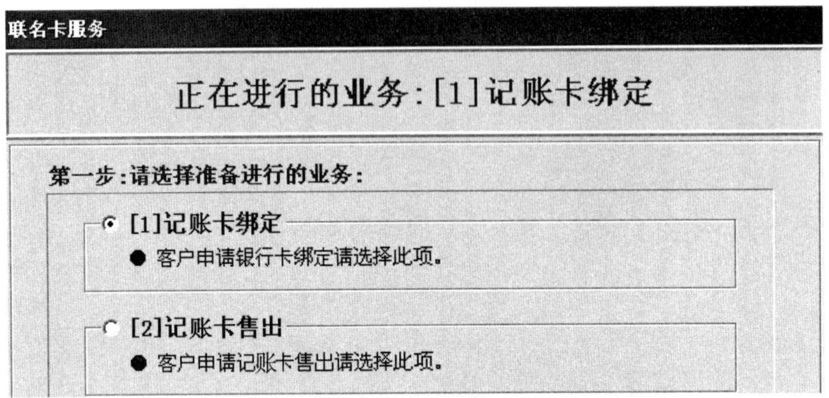

附图 1-226　记账卡绑定界面

(2)在银行卡号编辑框内输入银行卡号,然后点击【查询银行信息】并等待,“账户是否有效”处将显示银行卡有效的反馈信息,如果无效,会在编辑框内显示出具体原因;若有效,则在编辑框内显示“是”,如附图 1-227 所示。

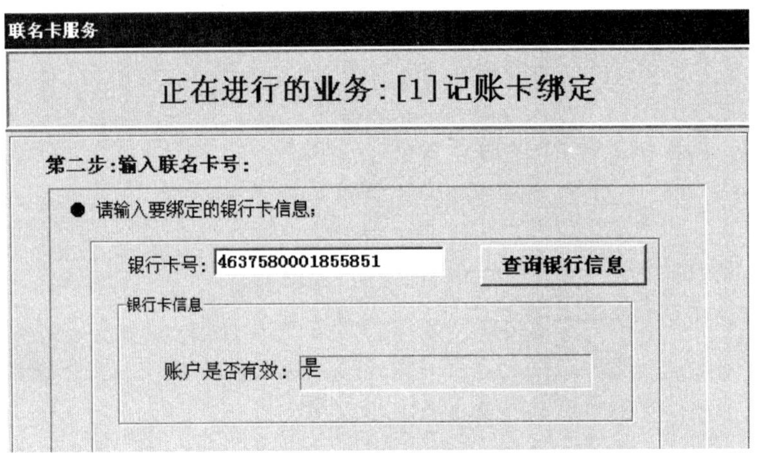

附图 1-227　信息输入界面

(3)若查询银行信息后“账户是否有效”信息为“是”,则刷需要绑定的记账卡,并输入正确的客户名称、证件编号,点击【下一步】,如附图 1-228 所示。

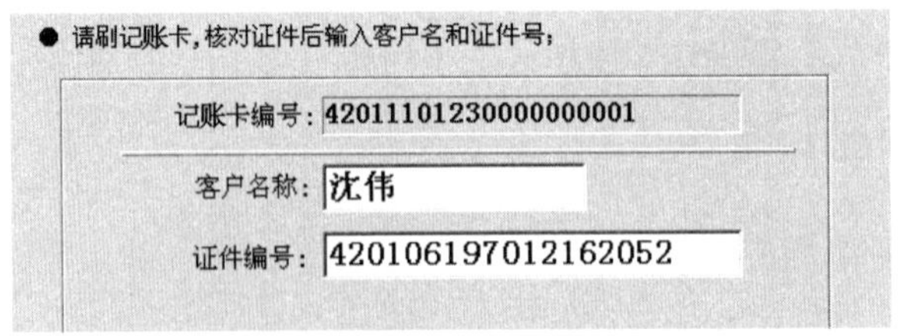

附图 1-228　客户信息输入界面

(4)系统提示操作成功。界面如附图 1-229 所示。

附图 1-229　操作成功提示界面

2. 操作流程图

记账卡与银行信用卡绑定操作流程如附图1-230所示。

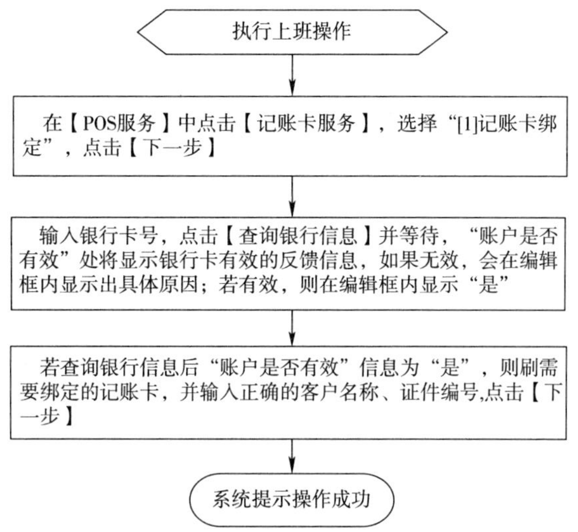

附图1-230　记账卡与银行信用卡绑定操作流程图

六十二、记账卡与银行信用卡解绑操作流程

1. 操作说明

(1)"POS服务"菜单点击【记账卡服务】,选"[3]记账卡解绑",点击【下一步】,如附图1-231所示。

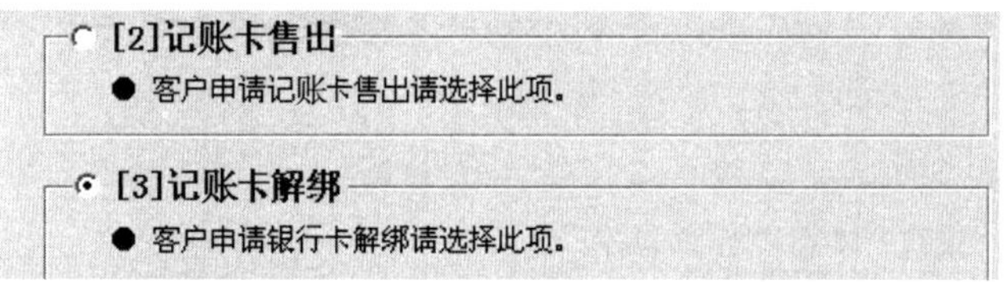

附图1-231　记账卡解绑界面

(2)将需要解绑的记账卡放在读写器上,核对客户名称以及绑定的银行卡信息是否正确,点击【下一步】,如附图1-232所示。

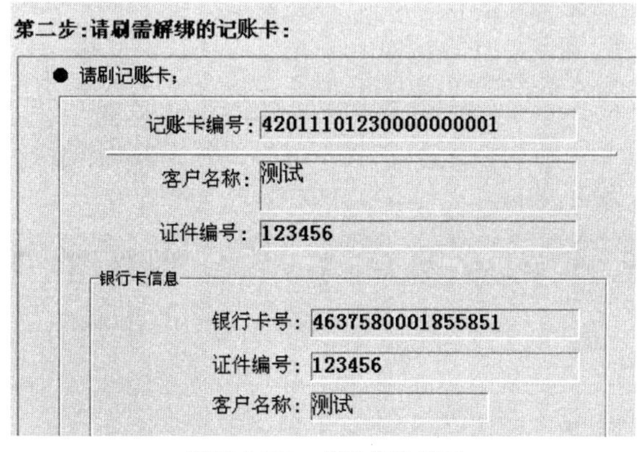

附图1-232　核对信息界面

(3)系统提示操作成功。界面如附图1-233所示。

附图1-233　操作成功提示界面

注意事项：

记账卡绑定 7 天后才能解绑。

2. 操作流程图

记账卡与银行信用卡解绑操作流程如附图 1-234 所示。

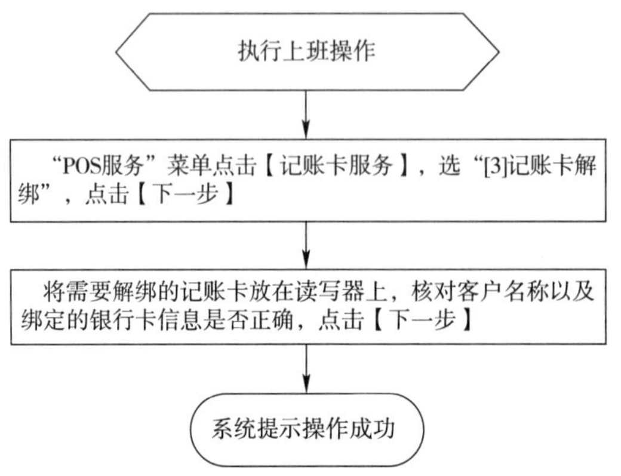

附图 1-234　记账卡与银行信用卡解绑操作流程图

六十三、记账卡售出操作流程

1. 操作说明

(1)"POS 服务"菜单点击【记账卡服务】，选"[2]记账卡售出"，点击【下一步】，如附图 1-235 所示。

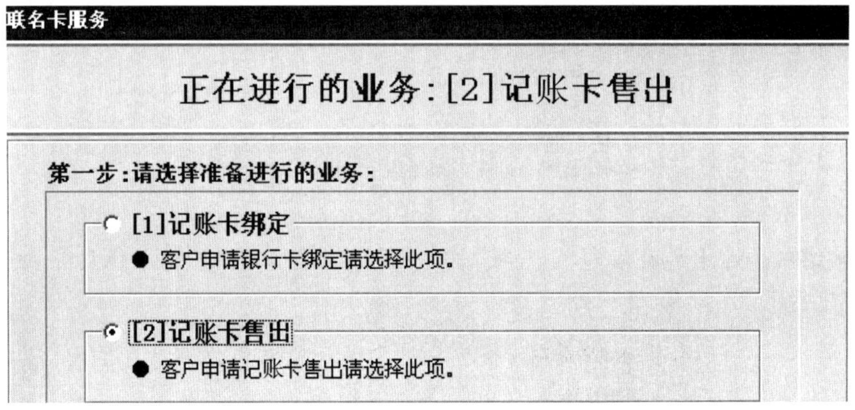

附图 1-235　记账卡售出界面

(2)登记客户信息。填写相关申请人资料，或输入曾经申请过储值卡或者电子标签的客户的证件编号。点击【下一步】，如附图 1-236 所示。

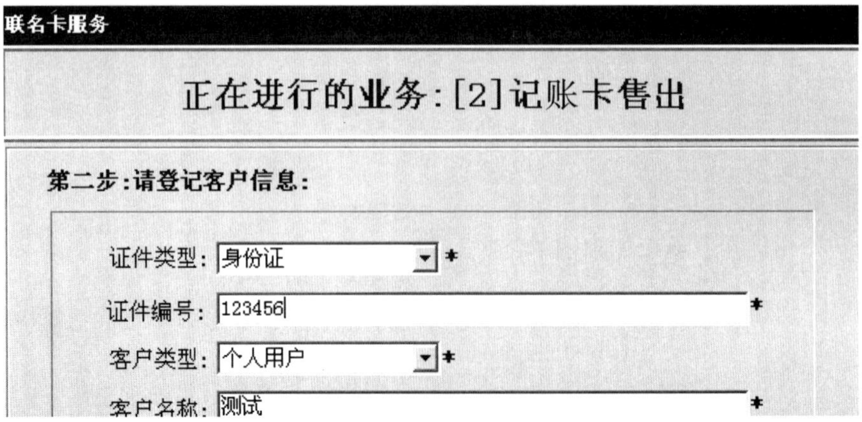

联名卡服务

正在进行的业务：[2]记账卡售出

第二步：请登记客户信息：

证件类型：身份证 *

证件编号：123456 *

客户类型：个人用户 *

客户名称：测试 *

附图 1-236　信息输入界面

(3)如果该用户之前完成了账户开户,或者之前登记购买过储值卡,本次就直接进行相关车辆信息的录入操作,可进行车卡绑定和优惠车的选定,如果该用户是新用户,之前没有进行过资金账户开户,也没有登记购买过储值卡,则需要输入客户查询密码,客户查询密码用于查询或修改客户登记信息等操作,如附图1-237所示。

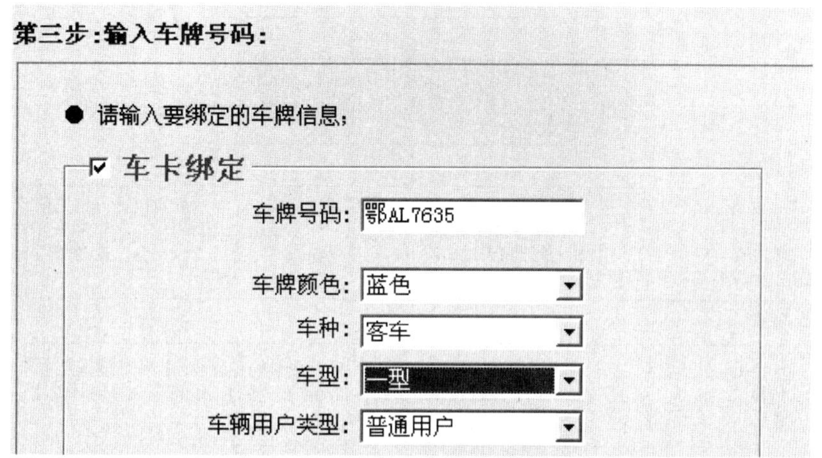

附图1-237　车辆信息输入界面

(4)售出记账卡。将记账卡放置在卡读写器上,系统验证记账卡的有效性;操作员输入工本费和是否邮寄相关信息;然后由客户输入账户密码;点击【下一步】。记账卡编号同时也是客户账户编号;客户账户密码用于消费记录查询等应用。界面如附图1-238所示。

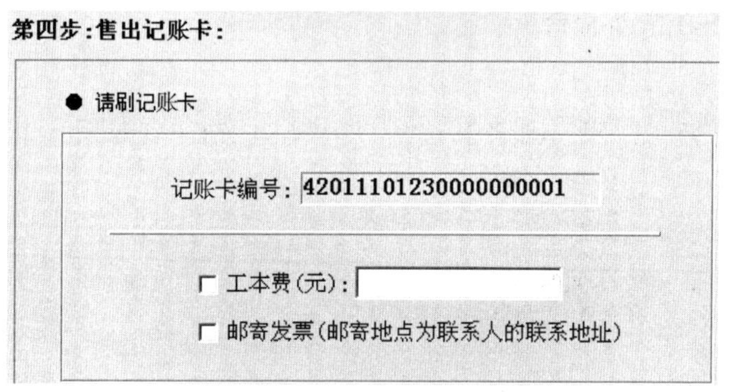

附图1-238　确认界面

(5)系统提示操作成功。界面如附图1-239所示。

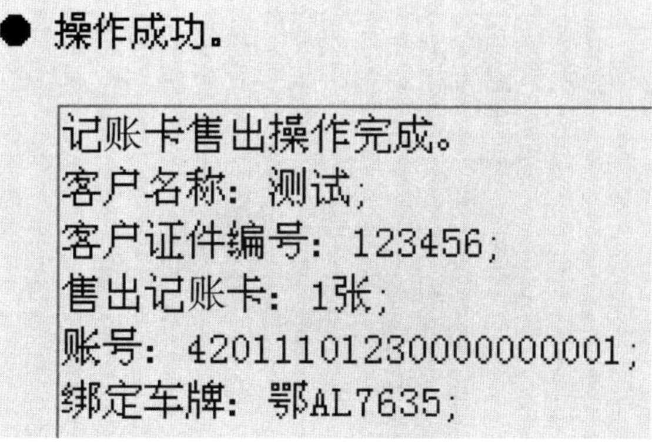

附图1-239　操作成功提示界面

2. 操作流程图

记账卡售出操作流程如附图1-240所示。

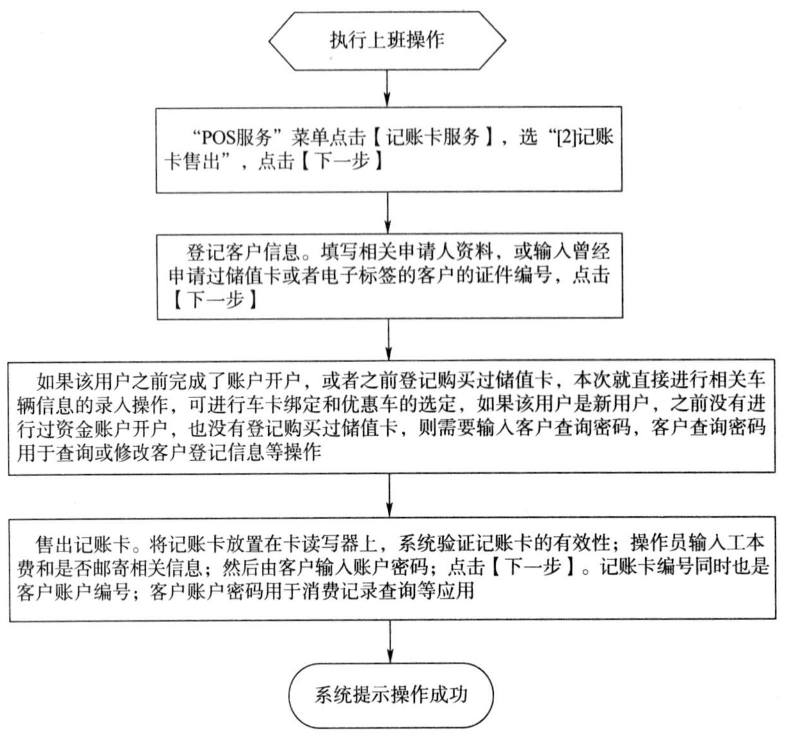

附图 1-240　记账卡售出操作流程图

六十四、记账卡注销操作流程

1. 操作说明

(1)"POS 服务"菜单点击【记账卡服务】,选"[4]记账卡注销",点击【下一步】,如附图 1-241 所示。

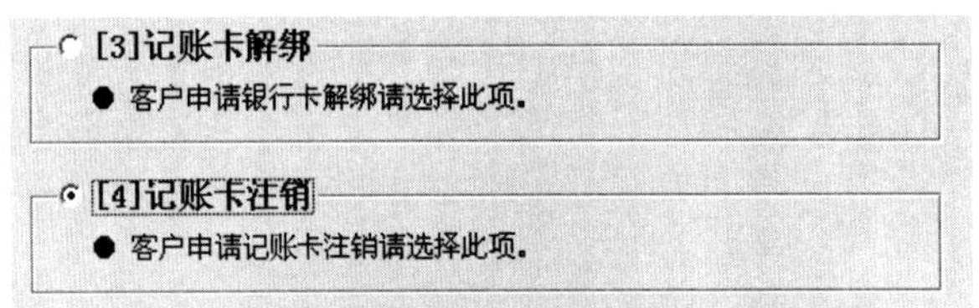

附图 1-241　记账卡注销界面

(2)刷需要注销的记账卡,核对客户名称和证件编号,然后根据提示音输入账户密码,点击【下一步】,如附图 1-242 所示。

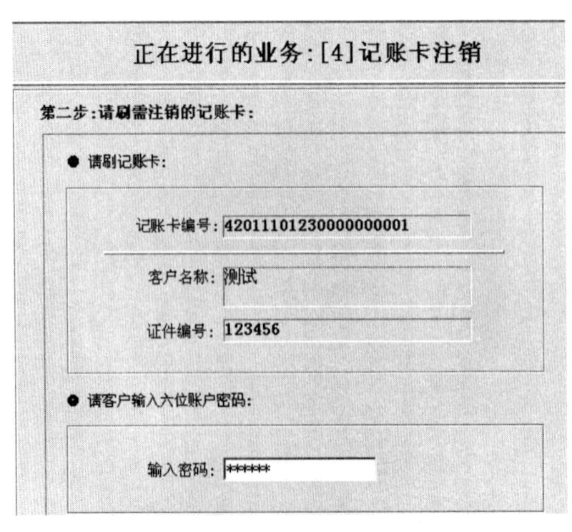

附图 1-242　信息输入界面

(3)系统提示操作成功。界面如附图 1-243 所示。

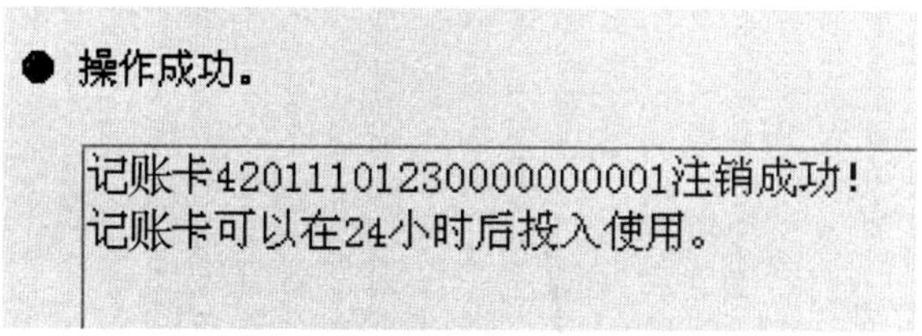

● **操作成功。**

记账卡42011101230000000001注销成功！
记账卡可以在24小时后投入使用。

附图 1-243　操作成功提示界面

2. 操作流程图

记账卡注销操作流程如附图 1-244 所示。

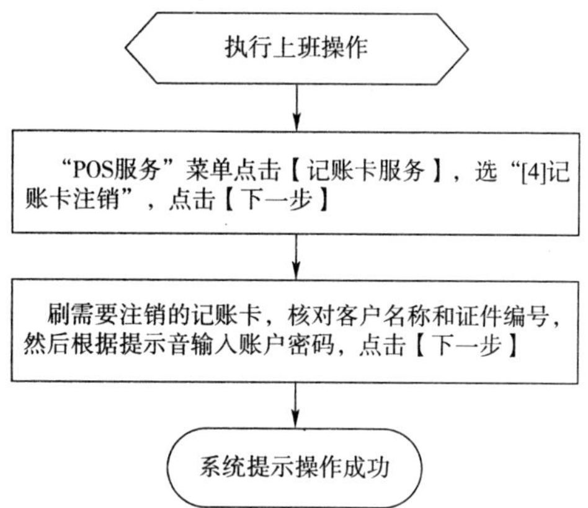

附图 1-244　记账卡注销操作流程图

附录2　岗位工作流程

一、日审工作流程

日审工作流程如附图2-1所示。

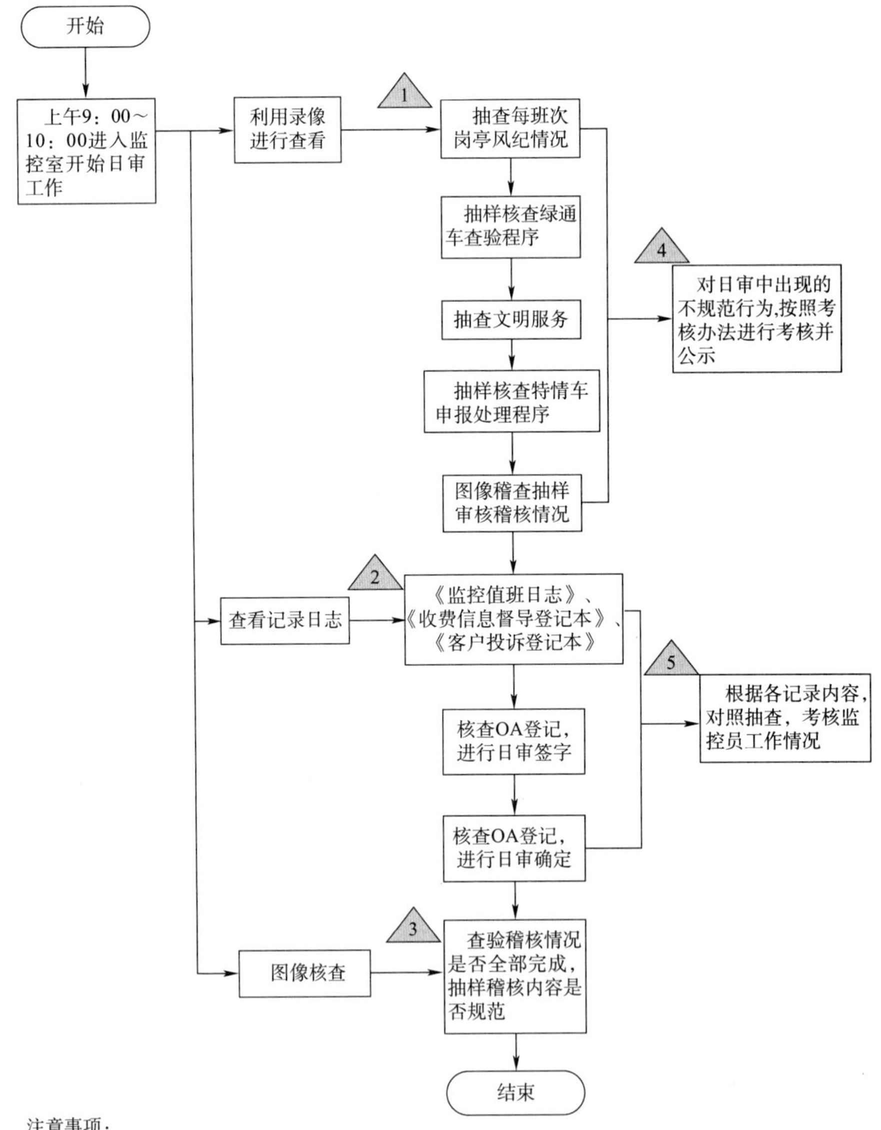

注意事项：
1.禁止收受驾驶人贿赂，将不属于绿色通道范围的车辆免费放行；
2.禁止为谋取个人私利，对不符合政策规定的车辆进行减免通行费操作；
3.禁止为谋私利，在施工车管理上不严格查控，将未按规定通行的车辆免费放行；
4.禁止未按章操作，多收钱或少给票，截留通行费或长款；
5.禁止未按流程处理的操作；
6.禁止未按规定留取异常事件记录。

附图2-1　日审工作流程图

二、收费管理员日常工作流程

收费管理员日常工作流程如附图 2-2 所示。

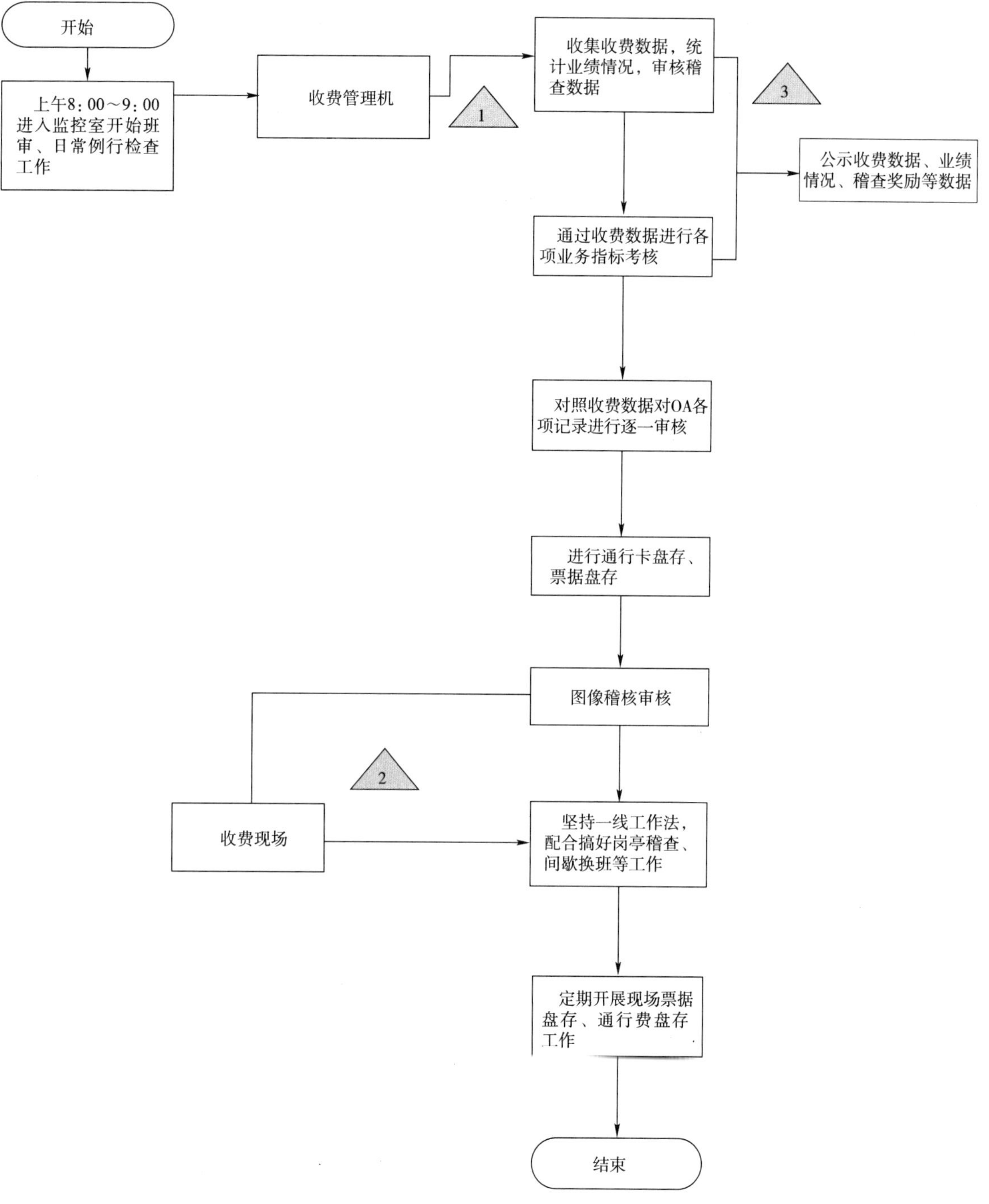

注意事项：

1.公示各项考核、业绩、奖惩数据，避免因公示不明造成的团结问题；

2.审核各项业务处理流程，防止因按流程处置出现违纪行为；

3.避免人员间歇期造成的堵车排队；

4.不私自留存废弃票。

附图 2-2　收费管理员日常工作流程图

三、监控值班工作流程

监控值班工作流程如附图 2-3 所示。

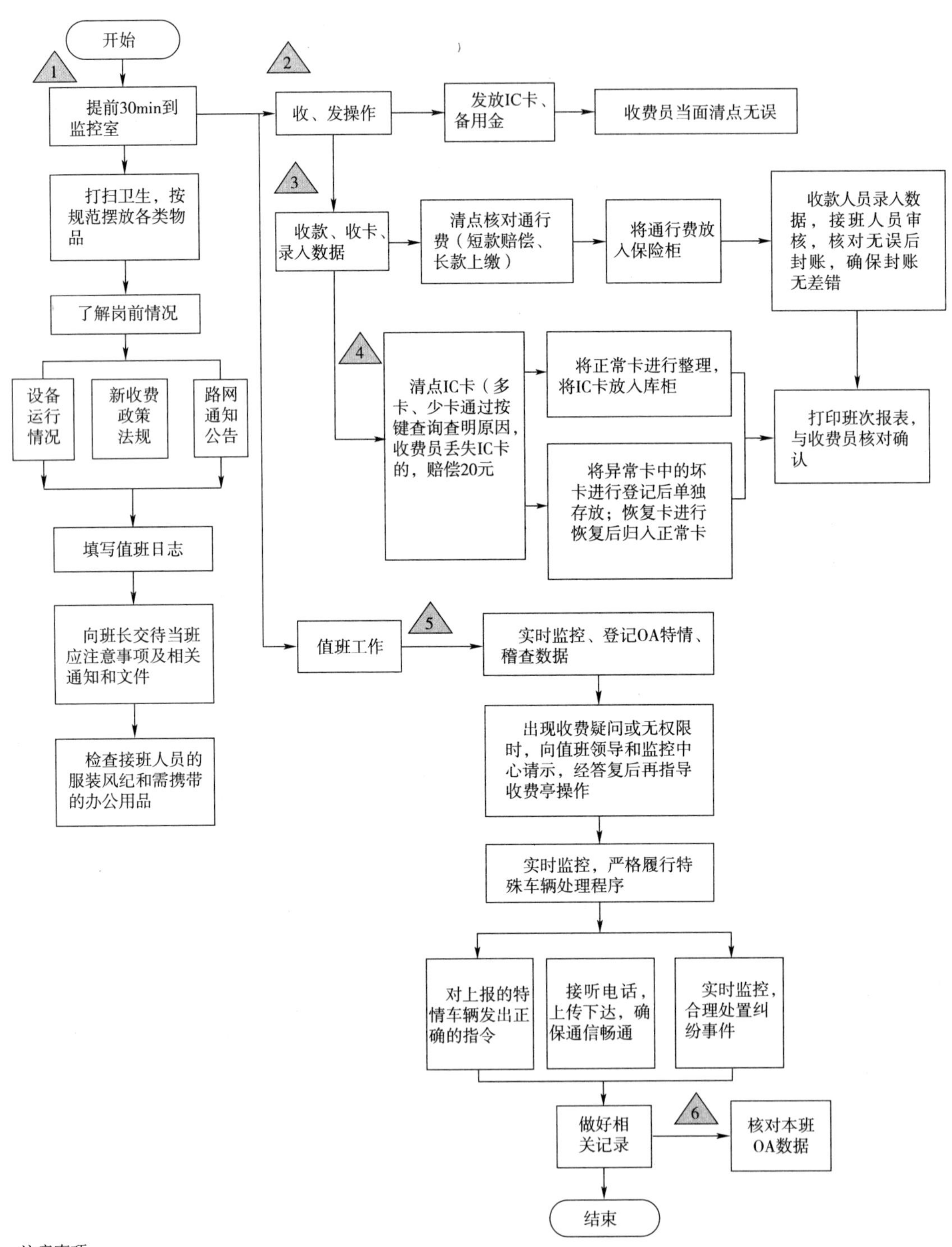

注意事项：
1.岗前准备时，检查收费员是否携带私款、通信工具等违禁物品上岗；
2.实时监控，避免擅自进行通行费减免操作；
3.清点通行费，做好解缴款，避免通行费、长款截留、挪用；
4.对特情、免费、优惠等操作，应先上报审核后再进行处理，严禁先处理后上报操作。

附图 2-3　监控值班工作流程图

四、机电维护员工作流程

1. 每日工作流程

每日工作流程如附图 2-4 所示。

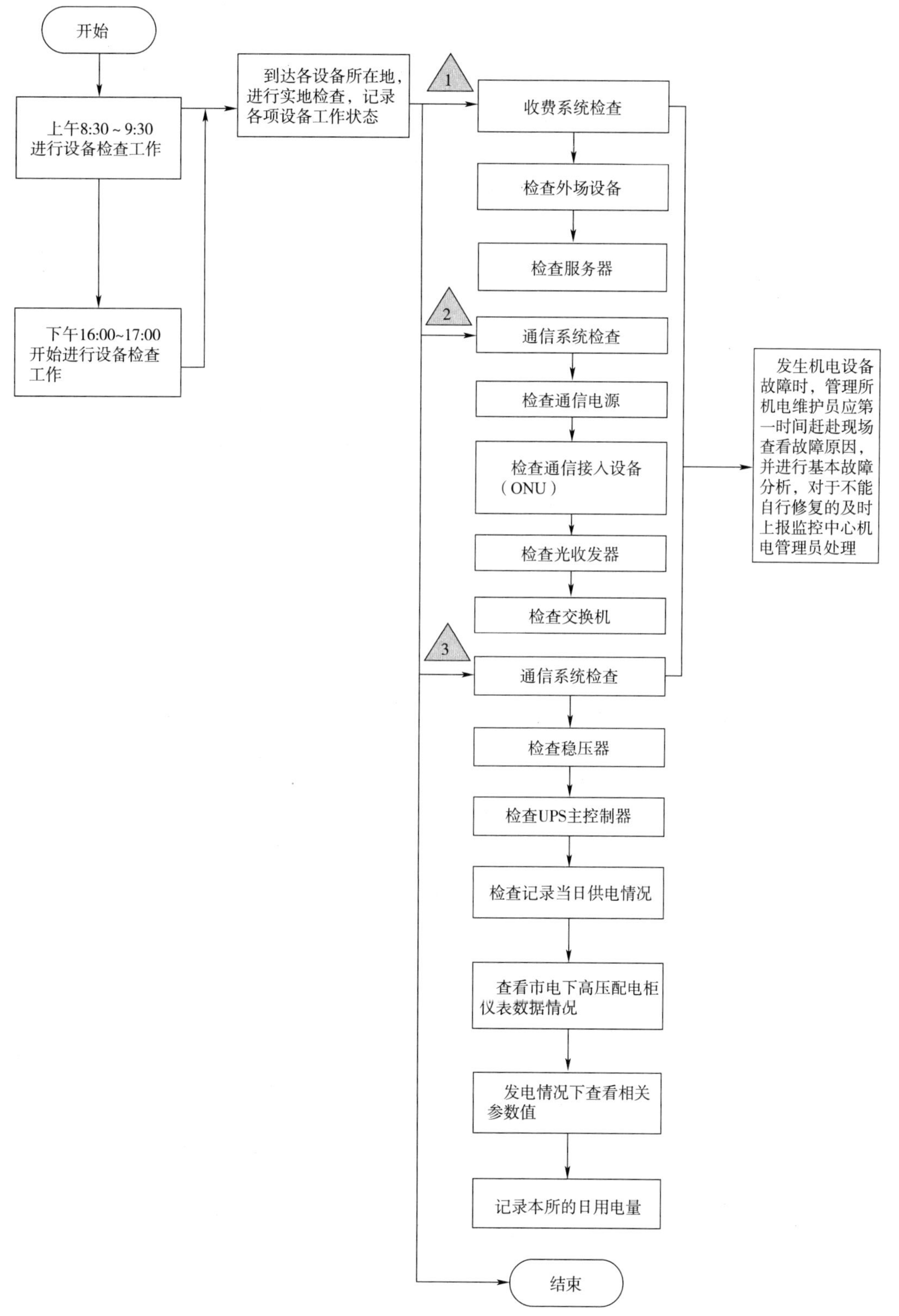

附图 2-4　每日工作流程图

2. 每旬工作流程

每旬工作流程如附图 2-5 所示。

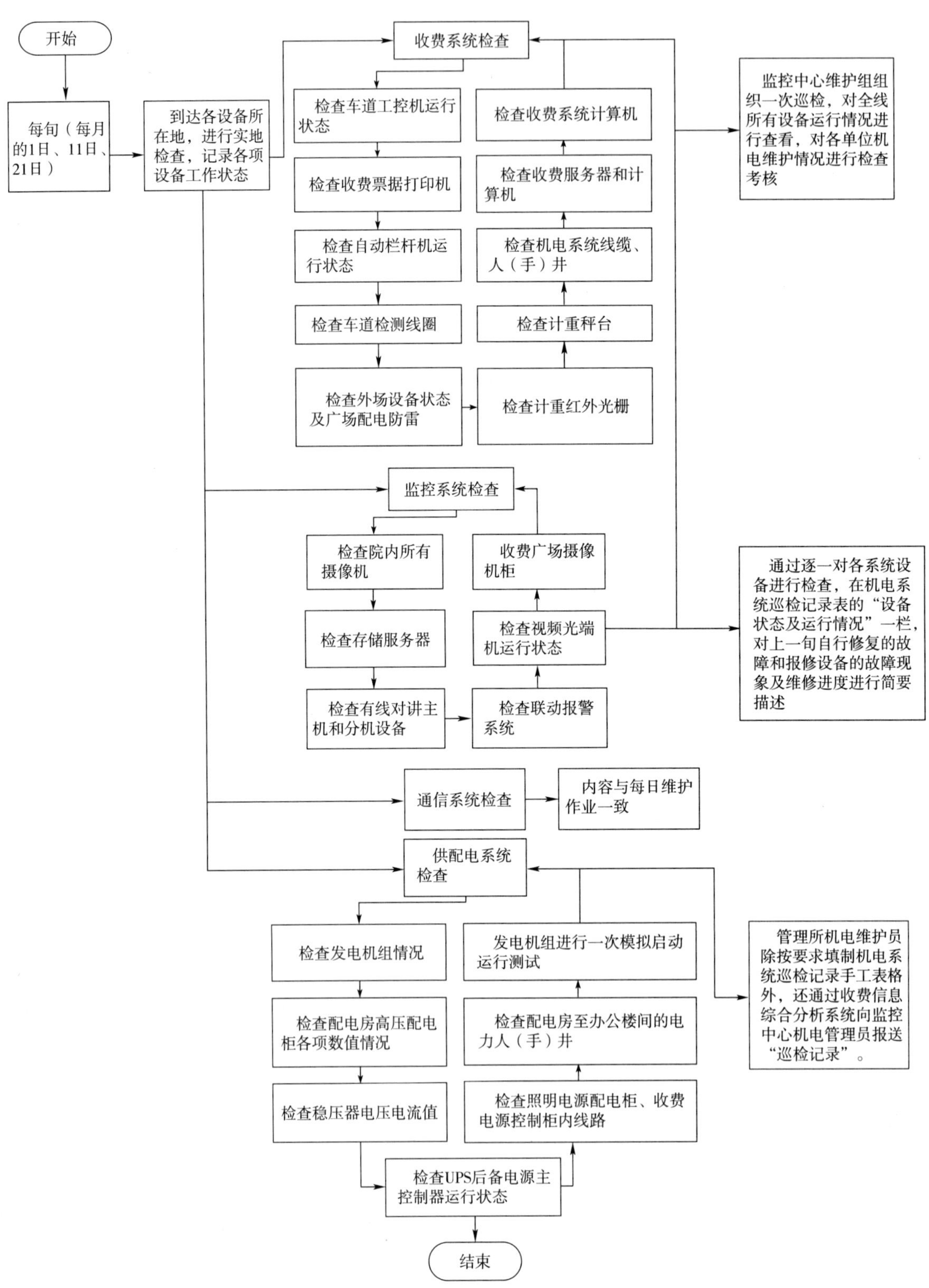

附图 2-5　每旬工作流程图

3. 月、季、年工作流程

月、季、年工作流程如附图 2-6 所示。

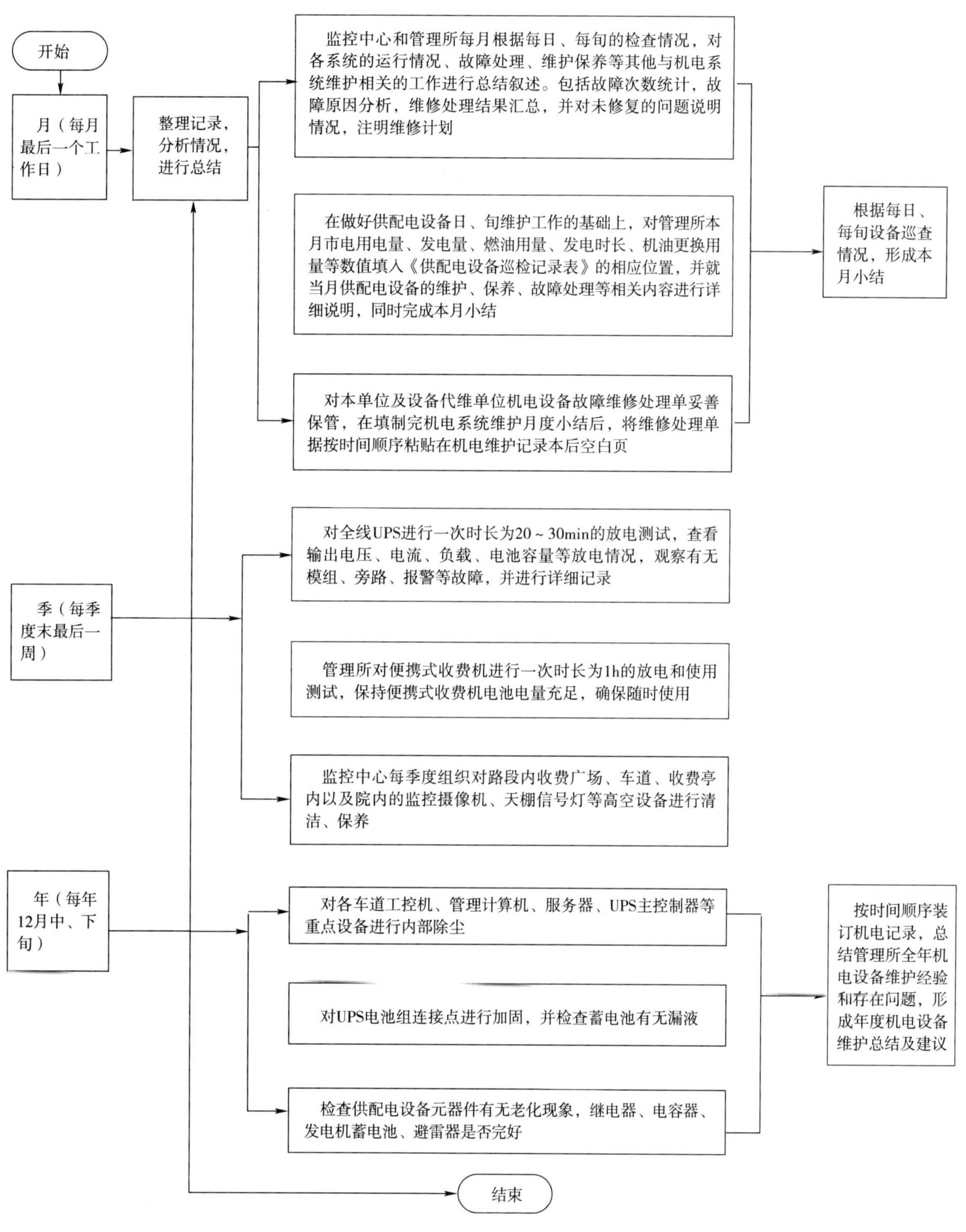

附图 2-6　月、季、年工作流程图

附录3　安全应急工作流程

一、应急处置流程

应急处理流程如附图3-1所示。

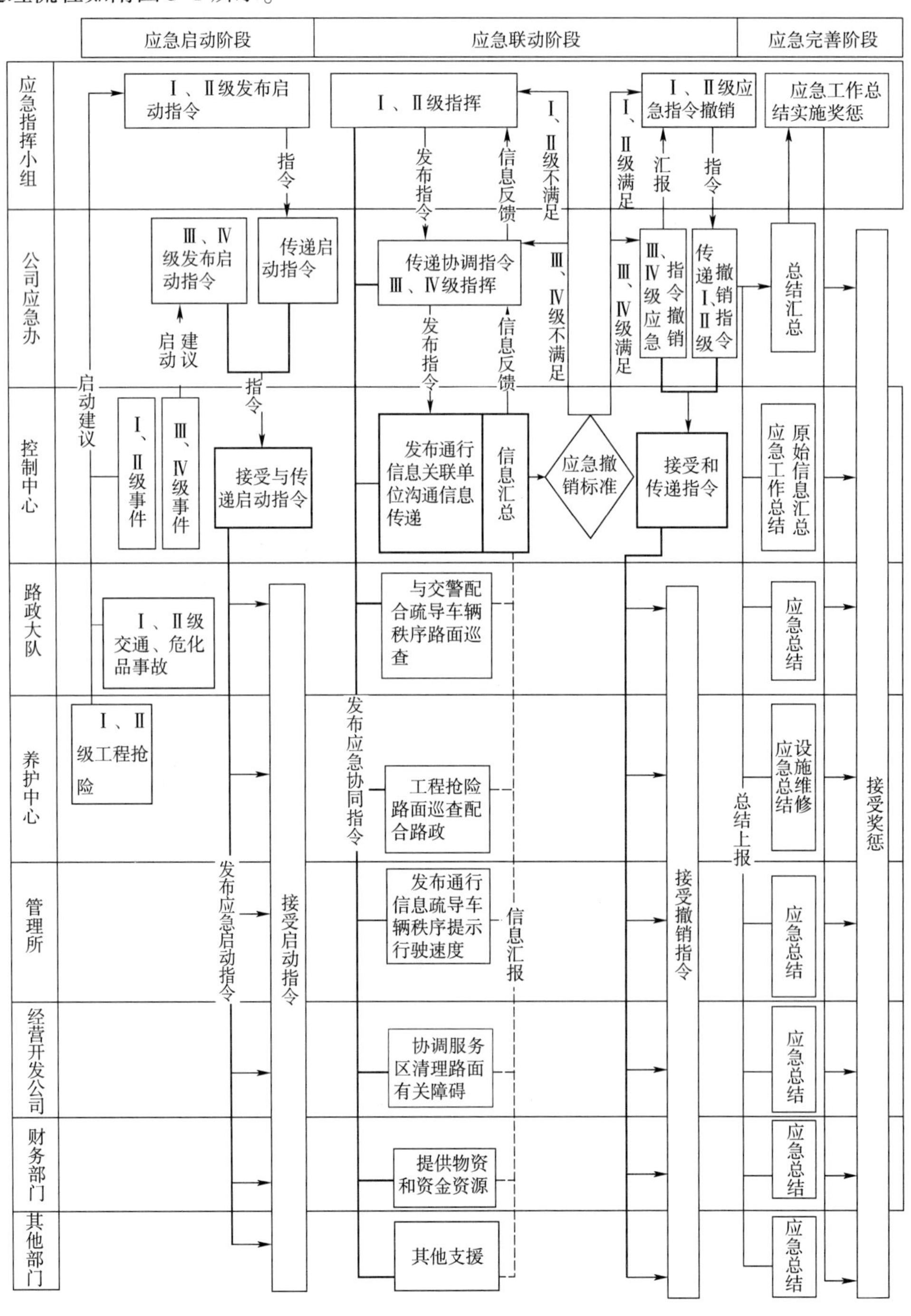

附图3-1　应急处置流程图

二、特、重大交通事故应急流程

1. 交通事故Ⅰ级应急信息报送与方案启动流程

交通事故Ⅰ级应急信息报送与方案启动流程如附图 3-2 所示。

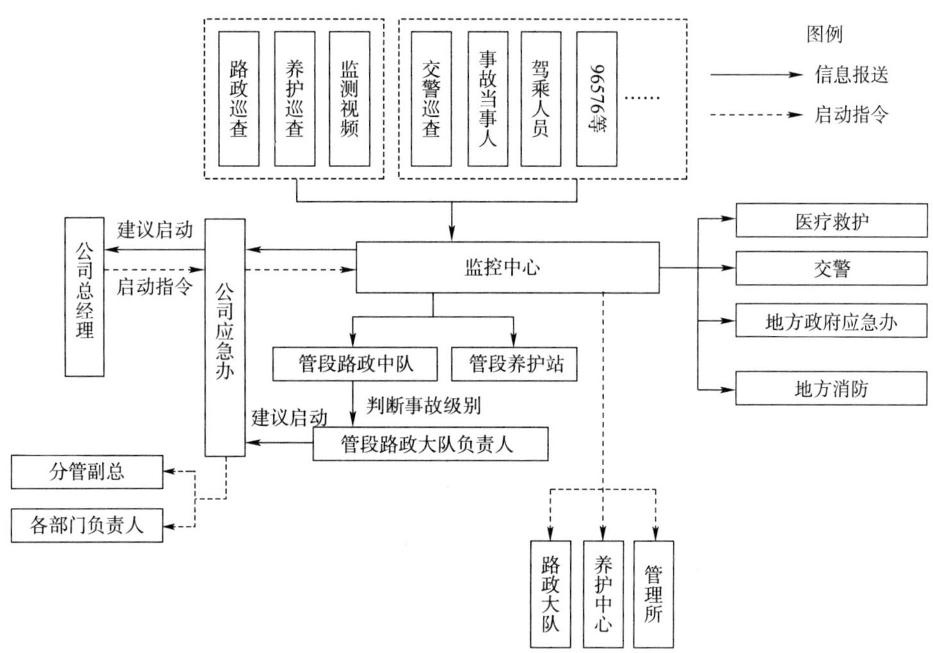

附图 3-2　交通事故Ⅰ级应急方案信息报送与方案启动示意图

2. 交通事故Ⅱ级应急信息报送与方案启动流程

交通事故Ⅱ级应急信息报送与方案启动流程如附图 3-3 所示。

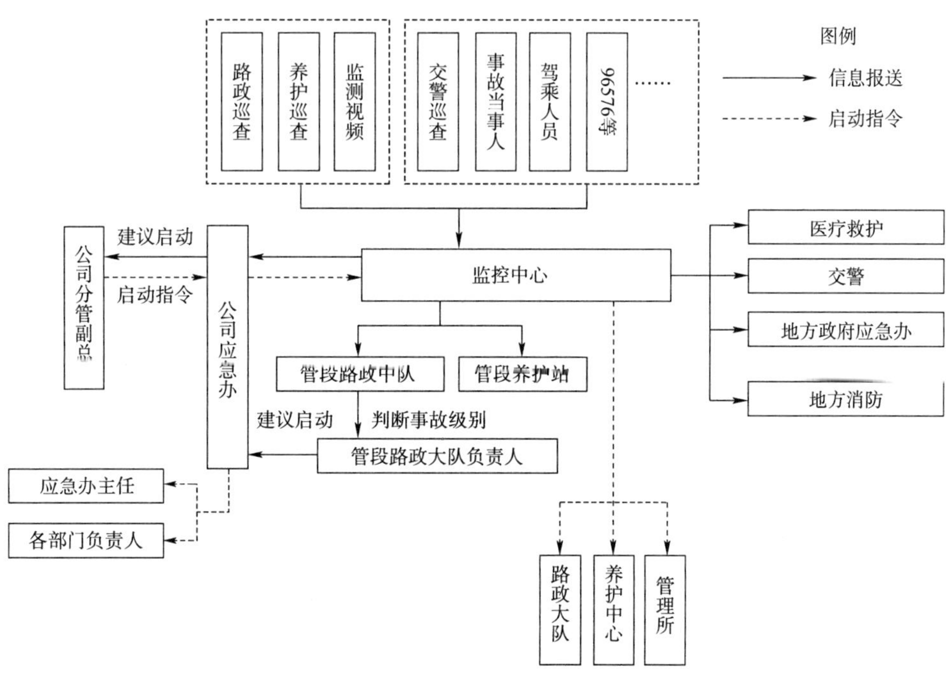

附图 3-3　交通事故Ⅱ级应急信息报送与方案启动示意图

3. 交通事故Ⅲ级应急信息报送与方案启动流程

交通事故Ⅲ级应急信息报送与方案启动流程如附图 3-4 所示。

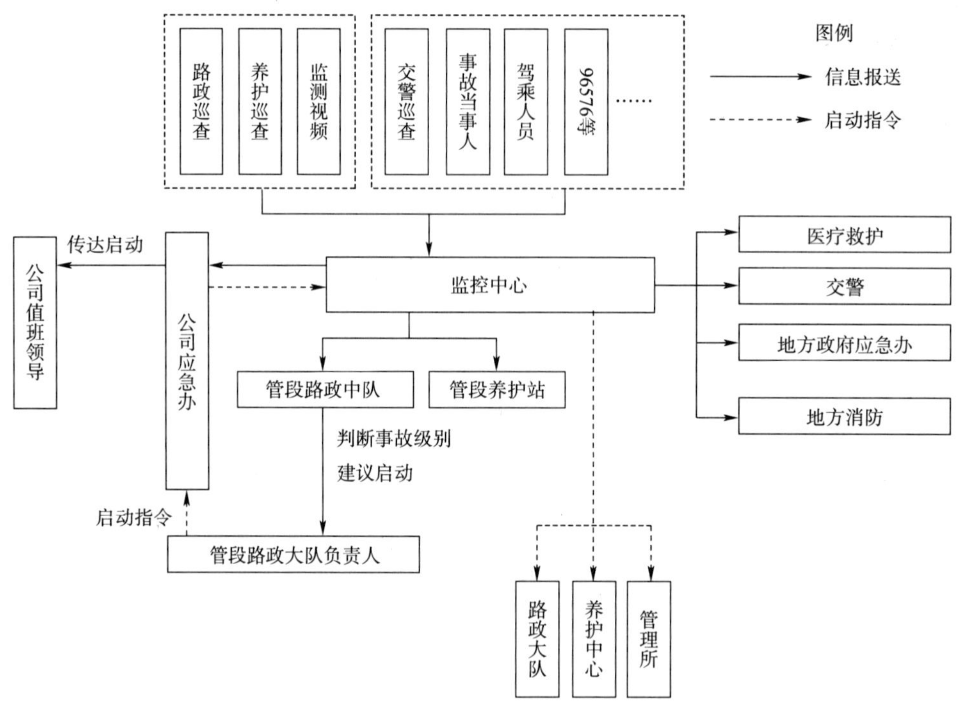

附图 3-4　交通事故Ⅲ级应急信息报送与方案启动示意图

三、危化品运输事故应急流程

1. 危化品运输事故Ⅰ级应急信息报送与方案启动流程

危化品运输事故Ⅰ级应急信息报送与方案启动流程如附图 3-5 所示。

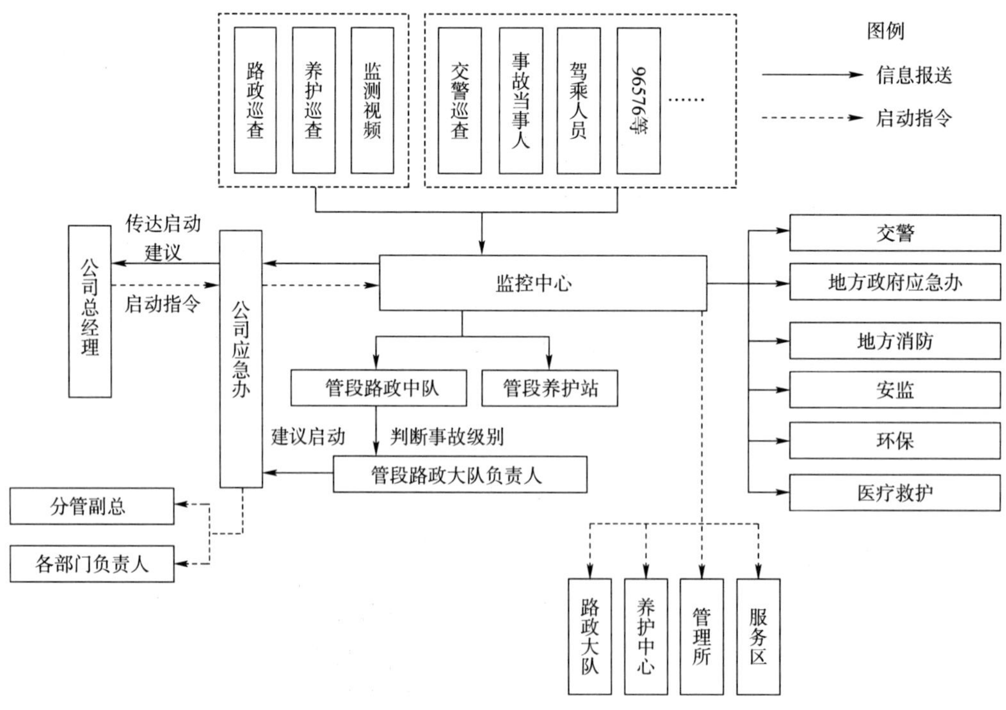

附图 3-5　危化品运输事故Ⅰ级应急信息报送与方案启动流程图

2. 危化品运输事故Ⅱ级应急信息报送与方案启动流程

危化品运输事故Ⅱ级应急信息报送与方案启动流程如附图 3-6 所示。

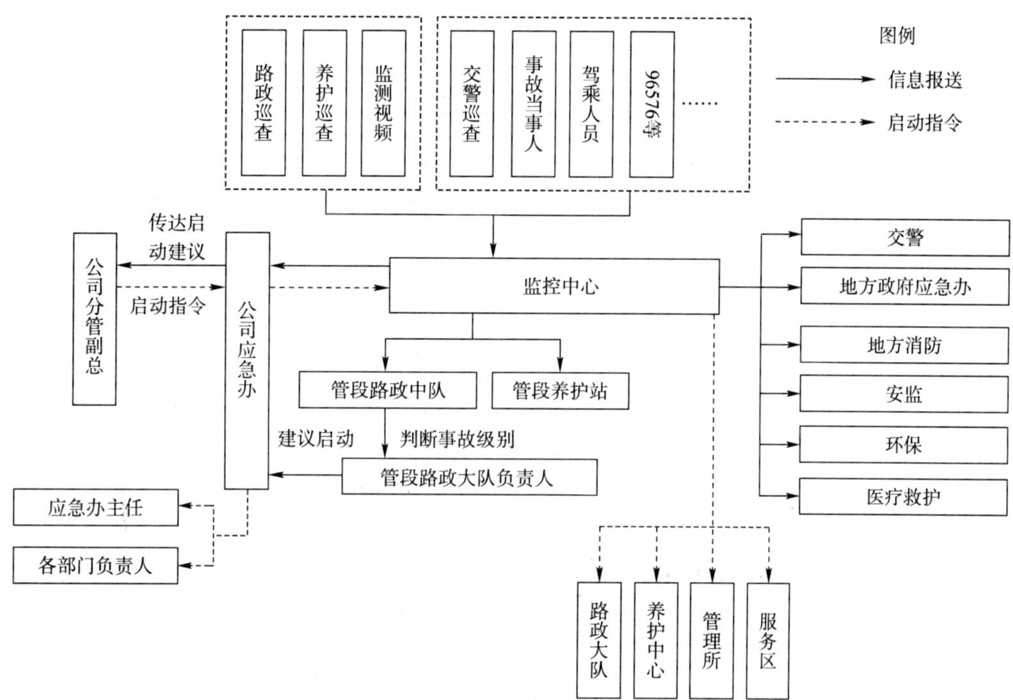

附图 3-6　危化品运输事故Ⅱ级应急信息报送与方案启动流程图

3. 危化品运输事故Ⅲ级应急信息报送与方案启动流程

危化品运输事故Ⅲ级应急信息报送与方案启动流程如附图 3-7 所示。

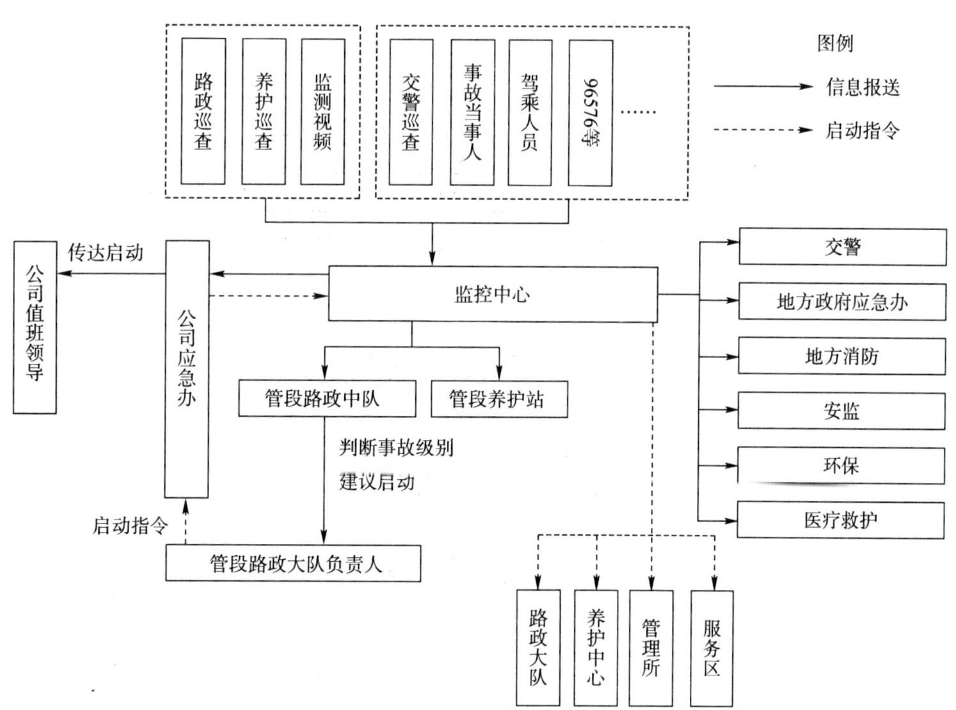

附图 3-7　危化品运输事故Ⅲ级应急信息报送与方案启动流程图

四、恶劣天气应急流程

1. 恶劣天气Ⅰ级应急启动信息传递流程

恶劣天气Ⅰ级应急启动信息传递流程如附图 3-8 所示。

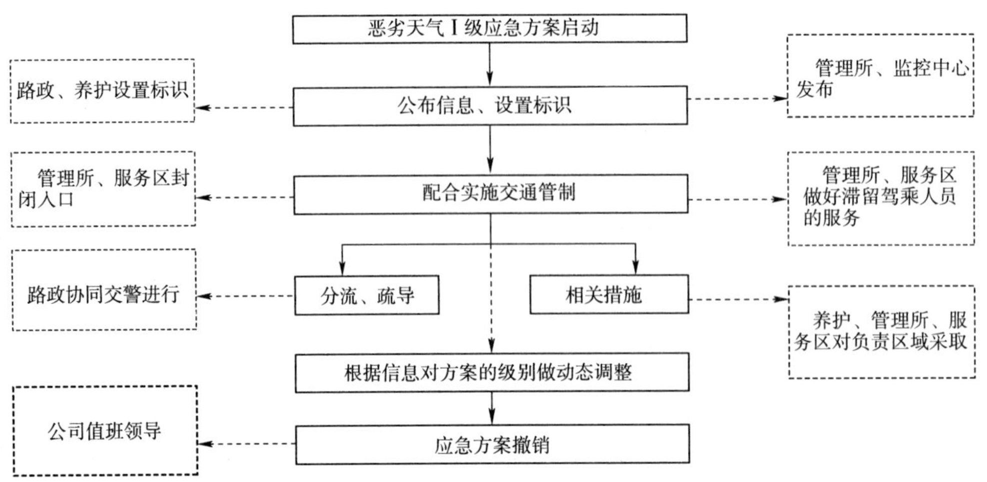

附图 3-8　恶劣天气Ⅰ级应急启动信息传递流程图

2. 恶劣天气Ⅱ级应急启动信息传递流程

恶劣天气Ⅱ级应急启动信息传递流程如附图 3-9 所示。

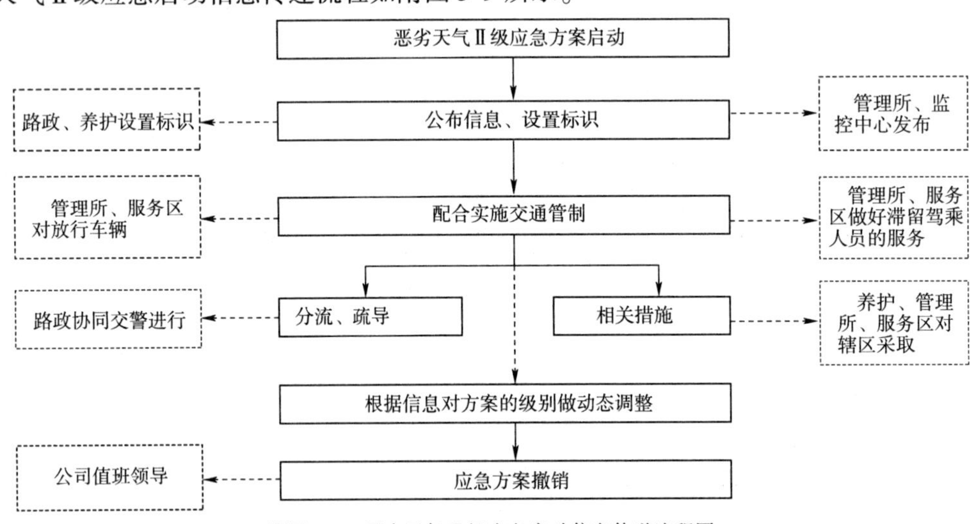

附图 3-9　恶劣天气Ⅱ级应急启动信息传递流程图

3. 恶劣天气Ⅲ级应急启动信息传递流程

恶劣天气Ⅲ级应急启动信息传递流程如附图 3-10 所示。

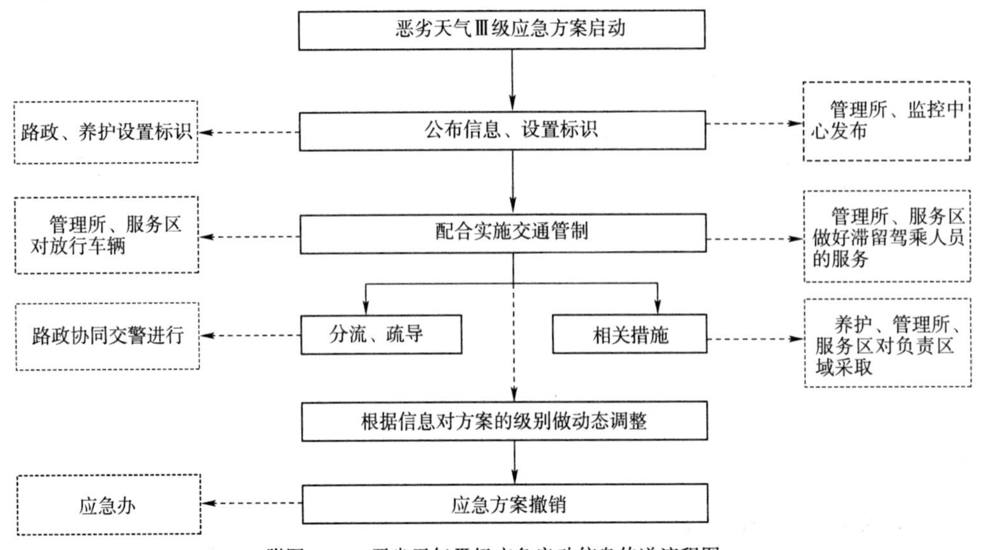

附图 3-10　恶劣天气Ⅲ级应急启动信息传递流程图

五、工程抢险应急流程

1. 工程抢险Ⅰ级应急启动信息传递流程

工程抢险Ⅰ级应急启动信息传递流程如附图3-11所示。

2. 工程抢险Ⅱ级应急启动信息传递流程

工程抢险Ⅱ级应急启动信息传递流程如附图3-12所示。

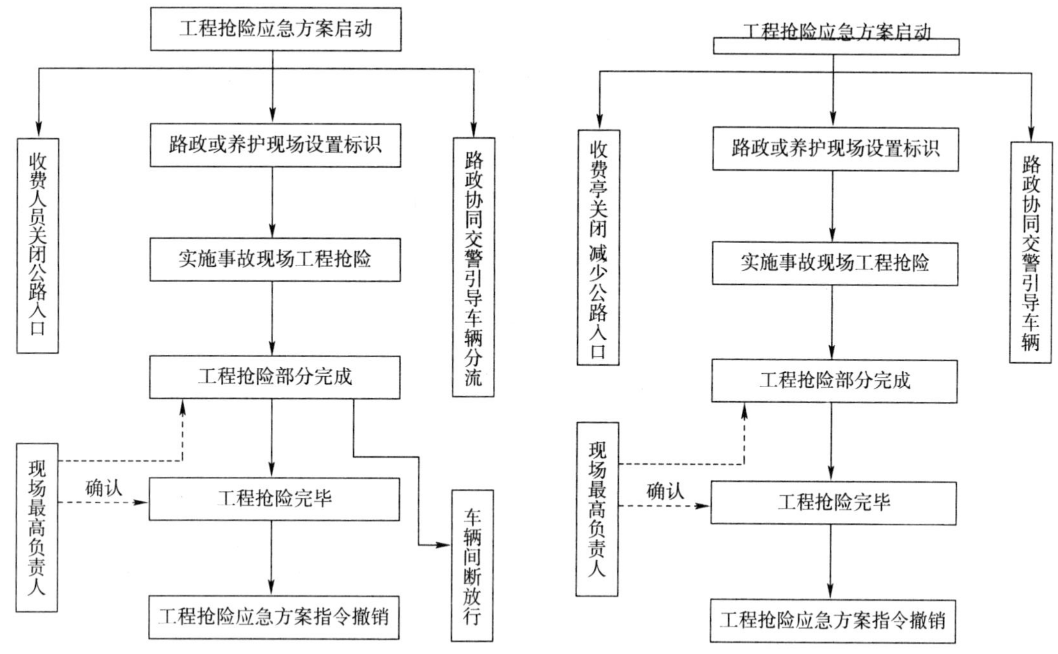

附图3-11　工程抢险Ⅰ级应急启动信息传递流程图

附图3-12　工程抢险Ⅱ级应急启动信息传递流程图

3. 工程抢险Ⅲ级应急启动信息传递流程

工程抢险Ⅲ级应急启动信息传递流程如附图3-13所示。

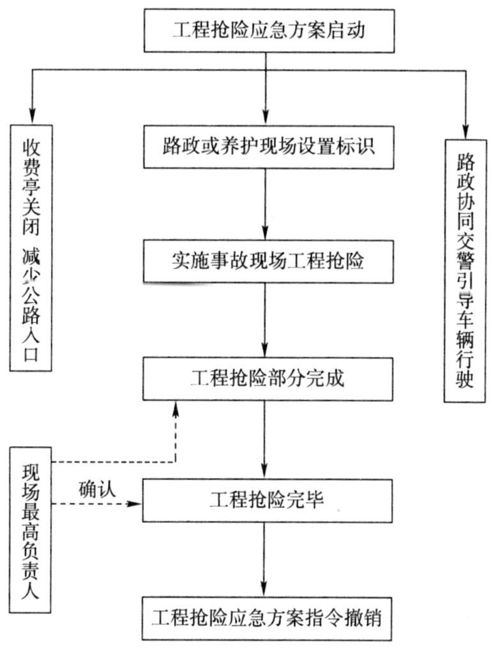

附图3-13　工程抢险Ⅲ级应急启动信息传递流程图

六、机电设备故障应急流程

1. 停电故障处理流程

停电故障处理流程如附图3-14所示。

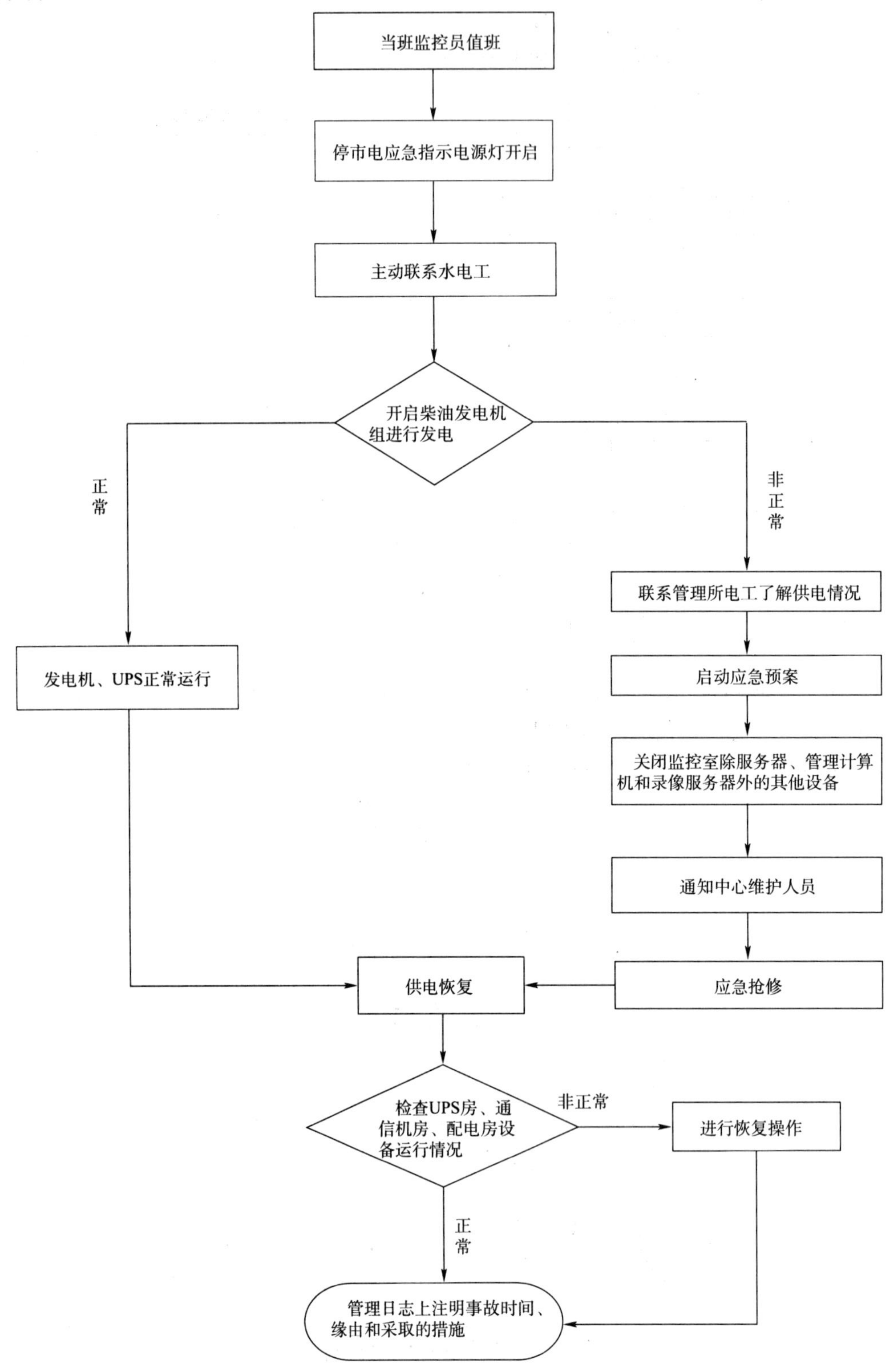

附图3-14　停电故障处理流程图

2. 通信系统故障处理流程

通信系统故障处理流程如附图 3-15 所示。

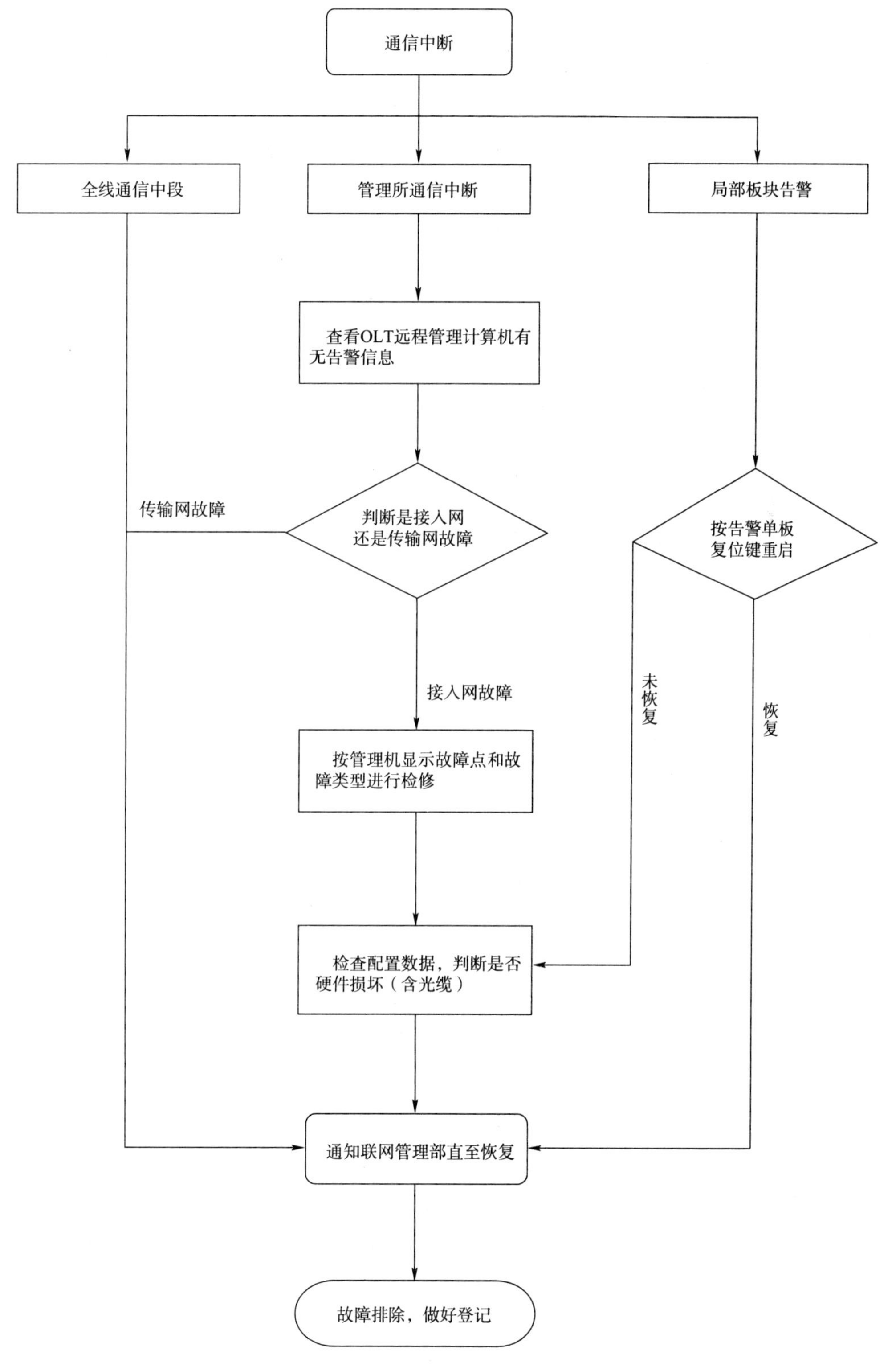

附图 3-15　通信系统故障处理流程图

3. 收费系统软件故障维护流程

收费系统软件故障维护流程如附图 3-16 所示。

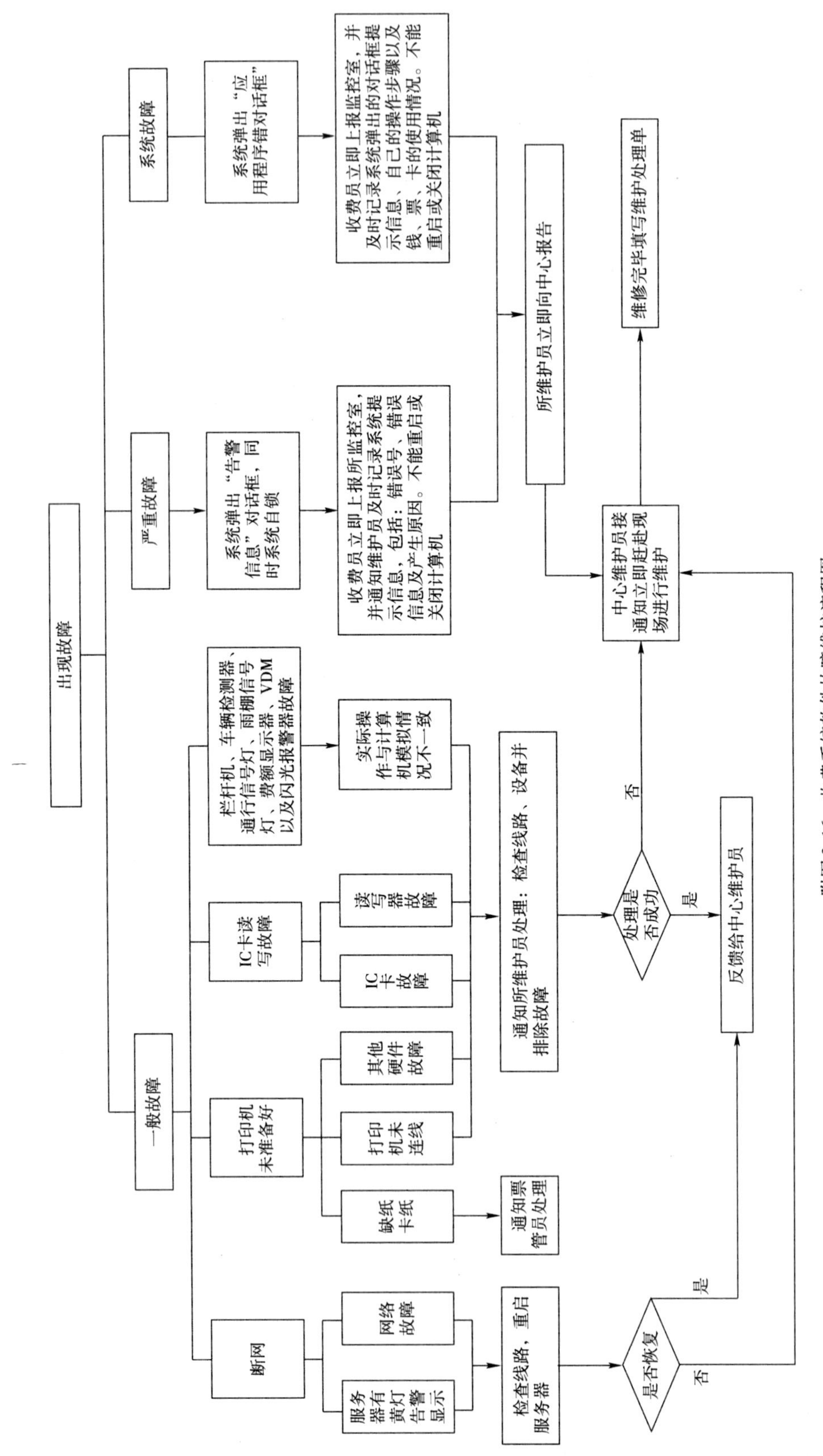

附图 3-16 收费系统软件故障维护流程图

七、节假日车辆滞留应急流程

节假日车辆滞留应急流程如附图3-17所示。

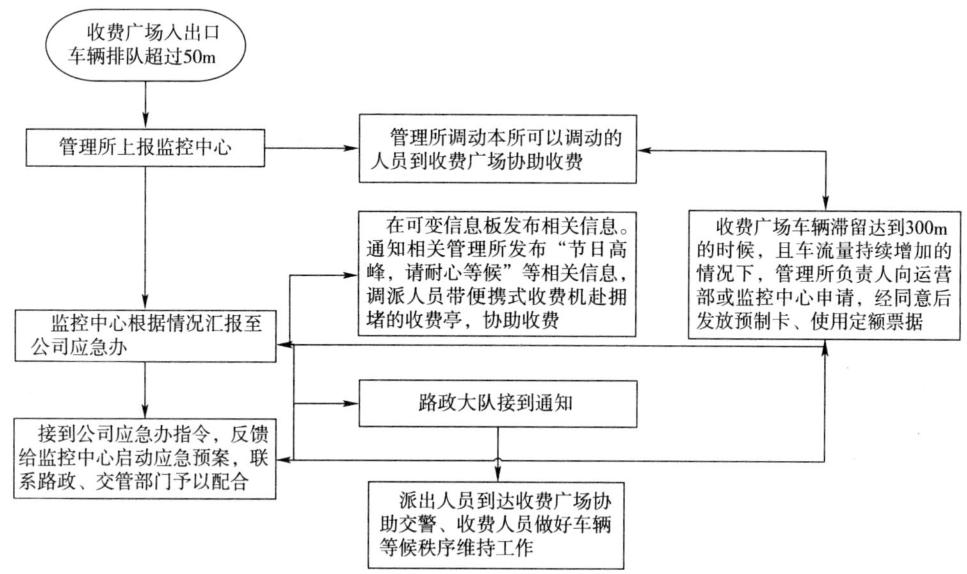

附图3-17　节假日车辆滞留应急流程图

八、群体性事件应急流程

群体性事件应急流程如附图3-18所示。

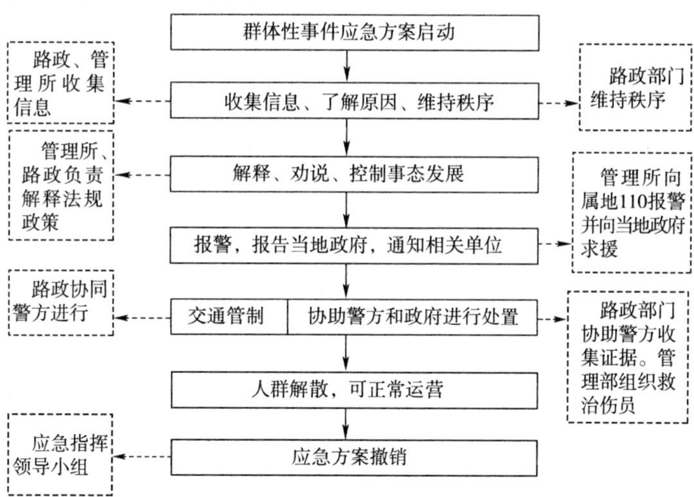

附图3-18　群体性事件应急流程图